Jürgen Kalwa · Dirk Nowitzki

Für Maria, Walter und Doris

Jürgen Kalwa

Dirk Nowitzki – So weit, so gut

Von Würzburg zum Weltstar – eine etwas andere Biographie

Arete Verlag Hildesheim

Bibliografische Information der Deutschen Nationalbibliothek
Die Deutsche Bibliothek verzeichnet diese Publikation in der Deutschen Nationalbibliografie; detaillierte bibliografische Daten sind im Internet über http://dnb.ddb.de abrufbar.

www.arete-verlag.de

Umschlagfoto: David Pillow/Dreamstime
Layout, Satz und Umschlaggestaltung: Composizione Katrin Rampp, Kempten
Druck und Verarbeitung: Pressel, Remshalden
ISBN 978-3-96423-011-9

Vorwort

Wer sich mit einer derart großen Sportnation wie den Vereinigten Staaten beschäftigt, wird ziemlich rasch herausfinden, wie gut die besten Athleten in diesem Land tatsächlich sind. Es handelt sich nicht nur um die begabtesten, einfallsreichsten, reaktionsschnellsten, zielstrebigsten, leistungsstärksten und ehrgeizigsten Repräsentanten ihrer Sportarten. Sie sind Siegertypen, ausgestattet mit einem enormen Selbstbewusstsein. Und verbunden mit einer Ausstrahlung, die etwaige Selbstzweifel einfach übertüncht.

Die Besten demonstrieren, wie riesig das Geschäft mit Sport mittlerweile ist. Sie werden von ihren Clubs hervorragend bezahlt, mit lukrativen Werbeverträgen eingedeckt und führen ein Luxusleben mit riesigen Häusern, teuren Autos und einer Entourage von Freunden, Betreuern und Agenten. Leider entwickeln allzu viele keinen Sinn für Nachhaltigkeit. „Hier im Basketball und Football“, hat der ehemalige NBA-Profi Detlef Schrempf festgestellt, sind „60 bis 70 Prozent aller Spieler innerhalb von drei Jahren nach der Karriere bankrott. Das ist unglaublich. Einige haben über 100 Millionen Dollar gemacht. Ich kann das gar nicht fassen. Aber so leben sie halt.“

Mit anderen Worten: So gut sie sind und so weit sie gekommen sind – eine Unzahl von ihnen kommt und geht und verglüht gleich danach wie Sternschnuppen beim Eintritt in die Erdatmosphäre.

Andersherum gesagt: Nur sehr wenige schaffen es, sich zu überragenden Sympathieträgern und Identifikationsfiguren mit Wiedererkennungswert zu entwickeln. Die meisten kommen nicht so weit. Und sie sind wohl auch nicht wirklich gut.

Für den Weg dahin gibt es keine Landkarte und keine Routenempfehlung via GPS. Und also auch keinerlei Garantie, dass man jemals an diesen Punkt kommt, wenn man im Alter von 20 Jahren bei einem Profi-Team im amerikanischen Mannschaftssport anheuert. Weshalb dieser kurze Moment am 28. Februar 2019 in dem mit mehr als 20.000 Zuschauern ausverkauften Staples Center in Los Angeles auch so bemerkenswert war.

Da ordnete Doc Rivers, der Trainer der Los Angeles Clippers, neun Sekunden vor dem Ende des Spiels gegen die Dallas Mavericks eine Auszeit an und griff sich ein Mikrofon, um aus freien Stücken auf einen Spieler der Gästemannschaft zu sprechen zu kommen, der nicht wusste, wie ihm geschah.

„Dirk Nowitzki", sagte Doc Rivers und zeigte mit dem Finger auf den Gegenspieler mit der Nummer 41, „einer der Größten aller Zeiten."

Die Zuschauer brauchten nicht lange, um sich zu erheben und ihn, den besten nicht-amerikanischen Basketballer in der Geschichte dieser uramerikanischen Sportart, mit riesigem Applaus zu feiern.

Nowitzki, bekannt als bescheidener, trainingsfleißiger und vor allem treffsicherer Spieler, der seinen Platz im Rampenlicht des amerikanischen Sports nur zögernd akzeptiert hat, wusste nicht, was er sagen sollte. Außer, dass dieser Moment schlichtweg etwas Besonderes gewesen war: „Das hat mich wirklich berührt", meinte er. „Es war sehr emotional."

Hinter der Geste von Rivers („Ich hatte das nicht geplant. Er verdient es einfach") steckte durchaus ein logischer Aufhänger. Das Match an diesem Abend war Pflichtspiel Nummer 1.500 für Nowitzki, dem man anmerkt, dass ihm mit zunehmendem Alter die Anforderungen der Sportart auf die Knochen gehen. Erst im Sommer davor hatte er sich an seinem linken Knöchel abgestorbenes Gewebe operativ entfernen lassen und war danach wieder so fit geworden, um die Leistungen zu bringen, die man in seiner neuen Rolle – jemand, der von der Bank aus zu einem späten Zeitpunkt ins Spiel kommt – erwarten kann.

Aber mit den Jubiläen ist das im amerikanischen Sport so eine Sache. Denn genau genommen war es Spiel Nummer 1645. Denn was bei solchen Zählweisen gerne unter den Tisch fällt, ist das Datenmaterial aus den Playoffs, die Nowitzki in den 21 Jahren bei den Mavericks insgesamt 15-mal erreicht hat.

Aber solche Kleinigkeiten stören im ansonsten statistikversessenen amerikanischen Sport nur die wenigsten. Das kann man zum Beispiel daran ablesen, dass zwar sehr gerne im Zusammenhang mit den ganz großen Stars über diese Rangliste gesprochen wird, für die man bei *Wikipedia* sogar einen eigenen Eintrag eingerichtet hat (Überschrift: „Liste der nach Punkten erfolgreichsten NBA-Spieler"). Sie ist selbstverständlich unvollständig. Auch hier fehlen die Playoff-Angaben.

In dem erwähnten Ranking stand Nowitzki an jenem Abend im Staples Center auf Platz sieben hinter anderen Jahrhundert-Basketballern: Kareem Abdul-Jabbar, Karl Malone, Michael Jordan, Kobe Bryant, LeBron James und Wilt Chamberlain. Aber er befand sich in Reichweite von Chamberlain, um bis zum Ende der Saison einen Rang weiter vorzurücken.

Der amerikanische Sport zehrt übrigens von vielen nüchternen Verstrebungen. Sie sind alle jener fundamentalen Logik geschuldet: Sport ist ein Geschäft. und zwar riesiger denn je. So werden Spieler bisweilen ganz unromantisch und gegen ihren Willen an andere Clubs abgegeben oder sogar ganze Teams verpflanzt und notfalls mit einem völlig neuen Namen versehen.

Doch so kalt kalkulierend solche Transaktionen auch sind. Parallel umweht diesem schnöden Geschäft seit ewigen Zeiten eine Aura des Kultischen. Etwas, was sich zum Beispiel in der Verehrung legendärer Ausnahmeerscheinungen widerspiegelt. Man betrachtet die Besten eben nicht nur durch die Brille statistischer Informationen und bewertet sie nicht nur nach der Zahl der errungenen Titel und Auszeichnungen. Man überhöht sie geradezu und lädt die öffentliche Wahrnehmung mit Ehrbezeugungen auf, die eigens für den Sport erfunden wurden. Zum Beispiel die Hall of Fame, in die Spieler einmal im Jahr feierlich aufgenommen und damit in den Rang ewiger Legenden erhoben werden.

Kein Wunder, dass man sich von ihnen auch so intensiv verabschiedet, sobald klar ist, dass sie von der Bühne abtreten.

Dirk Nowitzkis erging es im Frühjahr 2019 mit seinem langsamen Abgang nicht anders. Sei es in Boston, Detroit, Toronto, New York oder Los Angeles. Überall bekamen diese Gastspiele „die Anmutung einer Nowitzki-Gala“ (so Sebastian Moll in der *taz*). Ganz egal, wie viele (oder wie wenige) Minuten er zum Einsatz kam. Bei den New York Knicks im Madison Square Garden wurde das vermutlich sachverständigste Basketball-Publikum des Landes gegen Ende des Spiels sogar unruhig und brüllte im Chor „We want Dirk“. Warum? Mavericks-Trainer Rick Carlisle hatte seine Nummer 41 bis dahin noch nicht aufs Feld geschickt.

Als Nowitzki endlich auflief, enttäuschte er nicht. Er lieferte einen Dreier, der über alle Gegner hinweg in den Korb segelte, ohne auch nur den Ring zu berühren, und stieg anschließend zielsicher mehrfach zu seinem berühmt gewordenen Sprungwurf auf.

Nowitzki selbst wollte im März – nur wenige Wochen vor dem Ende der regulären Saison – noch nicht verbindlich sagen, ob er denn seine langen Sneaker (Schuhgröße 54) an den Nagel hängt. Er klang eher so, als ob er noch nach einer Hintertür suchte und das Unvermeidliche noch eine Weile hinausschieben wollte. Typisch seine Reaktion auf die Frage eines Fernseh-Reporters, die dieser mit den Worten einleitete: „Es ist so etwas wie eine Abschiedstour...“. Die Reaktion darauf war zwiespältig: „Sieht so aus, als würden sie die Entscheidung für mich treffen“. Tatsächlich hielt er sich in jenen Tagen noch immer alle Optionen offen: „Mal sehen, was der Rest der Saison noch bringt“, so Nowitzki.

Sollte er, inzwischen vergleichsweise „hölzern und steif“ (Sebastian Moll), noch ein Jahr dranhängen, ändert sich allerdings nichts an der Prämisse eines Buches wie diesem. Es zeichnet auch so den entscheidenden Teil der gesamten Karriere von Dirk Nowitzki in den USA nach. Was allenfalls fehlt, wären ein paar letzte Verästelungen. Die Essenz seiner sportlichen Lebensleistung bliebe davon unangetastet.

Und das unter anderem auch deshalb, weil die amerikanische Basketballgemeinde schon seit einer Weile beschlossen hat, Nowitzki als einen ihrer Top-Spieler und Top-Botschafter zu betrachten. Weshalb es an der Zeit ist, eine Gesamtschau zu erstellen, die belegt, wie ihm dies gelingen konnte und welche Serpentinen er – der moderne Sisyphos – auf dem Weg nach ganz oben bis hin zum absoluten Weltstar bewältigen musste.

Ein solches Buch kann man deshalb schon jetzt, im Frühjahr 2019, schreiben. Es ist so weit. Denn diese Geschichte ist wirklich so gut.

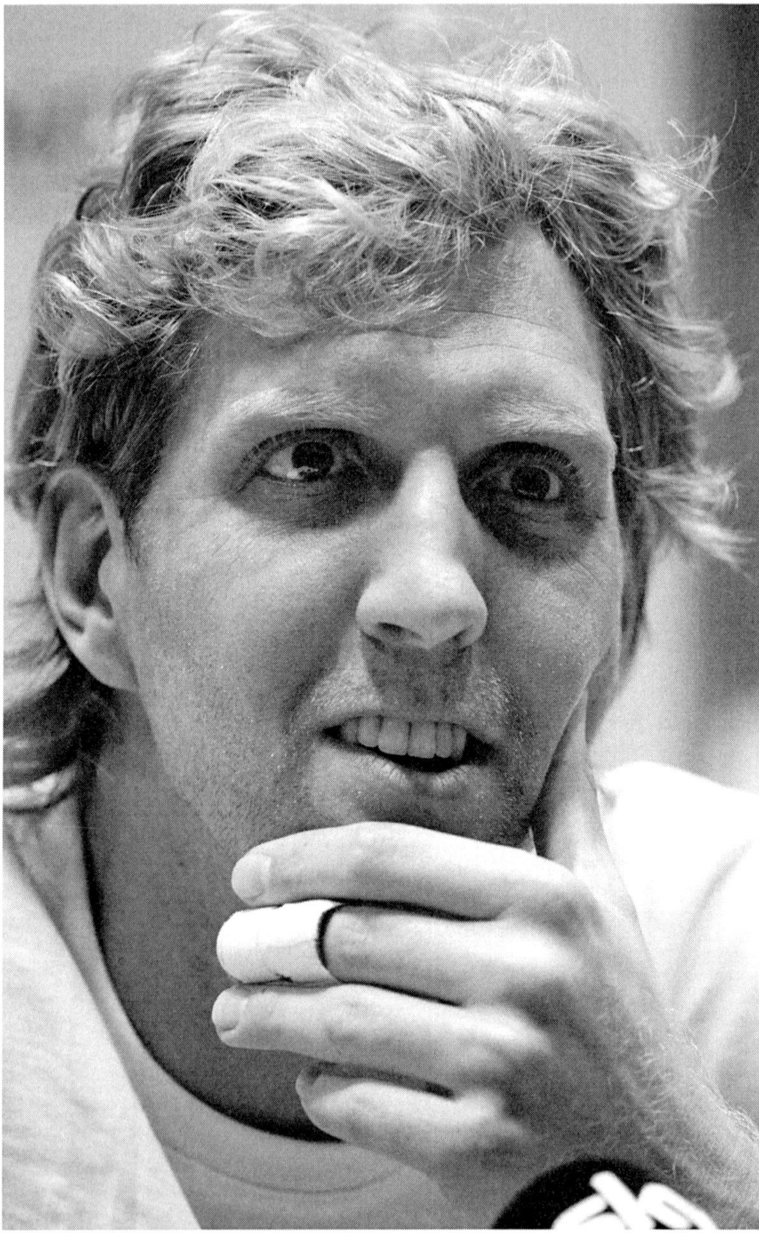

© *imago*

Inhaltsverzeichnis

Einleitung

So weit, so vage – die Erinnerung an eine erste Begegnung mit Dirk Nowitzki

Es hat eine Zeit gegeben, da wusste ich nicht, ob irgendwo zwischen den vielen Tonbandkassetten in der Sammlung meines Recherchematerials aus mehr als zwanzig Jahren eine ganz bestimmte Aufnahme schlummert. Ich meinte mich zu erinnern, dass ich im Frühjahr 1999 in einem Lokal in Dallas einen kleinen Recorder dabei gehabt hatte. Aber wo war die Aufnahme abgeblieben?

Im Idealfall baut ein Journalist sein Archiv von Anfang an so auf wie ein Bibliothekar, weil die Fahndung nach den Utensilien aus zurückliegenden Jahren andernfalls rechtschaffen mühsam wird. Zumal der Berg mit jedem neuen Thema ein bisschen weiter anwächst. Aber die umständliche Suche nach einem Gegenstand kann durchaus eine produktive Seite haben. Sie löst Erinnerungen aus und neue Fragestellungen. Einen Zustand, für den es im Englischen das schöne Wort *serendipity* gibt, das sich leider nur schwer übersetzen lässt: In ihm mischt sich das Prinzip Zufall mit der Lust auf Entdeckungen und Überraschungen zu einem relativ produktiven Lebensgefühl.

Mit anderen Worten: Wer sucht, der findet. Aber nicht unbedingt das, was er sich ausgemalt hatte.

Ich weiß nicht, wer bereits 1999 geahnt hatte, dass eine solche Kassette Jahrzehnte später einen Wert haben würde, der über den eines Souvenirs hinausgeht. Und wer sich damals mit Dirk Nowitzki unterhielt und über jedes übertriebene Wunschdenken hinaus ernsthaft prognostiziert hätte, dass es sich hierbei um eine Ausnahmeerscheinung handelt. Um Jemanden, der nicht nur den Bezugsrahmen des deutschen Sports verändern würde, sondern sogar, im Weltmaßstab betrachtet, die Sportart Basketball. Es muss sich um eine klitzekleine Minderheit gehandelt haben. Um Männer wie die beiden Nelsons zum

Beispiel – Vater Don und Sohn Donn –, die als Denker und Lenker der Dallas Mavericks von dem 20-Jährigen derart beeindruckt waren, dass sie ihn in die NBA holten. Und die in Kauf nahmen, sich den Spott von tausenden von Neunmalklugen einzuhandeln.

Mir war ziemlich lange nicht klar, ob diese Kassette womöglich nur in meiner Phantasie existiert und ich mir stattdessen nach guter alter Reporter-Sitte auf einem Block Notizen gemacht hatte. Aber ich konnte auch keinen Block finden (kein Wunder, denn auch davon besitze ich mehr als genug, und auch die wurden noch nie katalogisiert).

Ich fand jedoch beim Grübeln eine Erklärung für meine löchrige Erinnerung an die damalige Unterhaltung. Mein Gesprächspartner war zwar nicht irgendwer, sondern ein Sportler mit einer guten Leistungsprognose, der wenige Wochen zuvor den Sprung in die große weite Welt riskiert hatte. Aber dieser Mensch, der mir da gegenübersaß, beantwortete Fragen zu seiner beruflichen Entscheidung auf eine Weise, die keinen bleibenden Eindruck hinterließ.

Ich vermutete, dass dies kein Zufall war. Seine Art der Selbstdarstellung wirkte so, als sei sein Verhalten der Intention entsprungen: Nicht viel reden. Nicht viel sagen. Und vor allem nicht viel verraten. Sich einkapseln in eine Idee von Privatsphäre, die dem Hunger der Medien nach Informationen deutlich entgegenlief. Eine Haltung, die er Jahre später zur Premiere des Dokumentarfilms *Nowitzki – Der perfekte Wurf* noch einmal durchblicken ließ. Er hatte beim Dreh bewerkstelligt, dass ihm die Filmemacher „nicht ständig in die Unterhose gekrabbelt" waren, sagte er dem *Stern,* weil er „Aufmerksamkeit nicht so mag" („Halbnackt am Strand von Fans umringt zu werden, ist nicht sein Ding") und hatte sich hinreichend abschirmen können.

Seine Vorsicht im Jahr 1999 wirkte allerdings vergleichsweise übertrieben. Denn was war an dem Privatleben des jungen Profi-Basketballers aus Würzburg in jenen Tagen wirklich außergewöhnlich und *yellow-press*-mäßig interessant?

Er hatte einen auffälligen Haarschnitt, einen Ohrring und eine Freundin, die in Deutschland geblieben war und über die er nicht gerne sprach. Später las man, dass sie eine Basketballerin war, die bei seinem Heimatverein DJK Würzburg spielte. Zusammen mit seiner Schwester Silke.

Ich konnte nicht abschätzen, ob Dirk Nowitzki diesen Impuls schon immer gehabt hatte oder ob er eine extrovertierte Seite besaß, die er gegenüber Journalisten einfach abschaltete. Ich vermute heute das Erstere – angesichts seines bestens dokumentierten fehlenden Interesses an Werbeverträgen und an öffentlichen Auftritten jedweder Art. Extrovertiert? Nein, dieses Wort fällt einem beim Blick auf die Karriere dieses Mannes nicht ein.

Was er damals auf jeden Fall war, dieser Dirk Werner Nowitzki: ein baumlanger Typ, dank eines erstes Vertrages in der besten Basketballliga der Welt bereits ziemlich wohlhabend, aber fern der Heimat eher unsicher. Sich trotz aller Sprachkenntnisse und eines guten basketballerischen Fundaments in dieser anderen Welt überhaupt zurechtzufinden, war eine ganz beachtliche Herausforderung. Dirk Nowitzki hatte damals in seiner ersten Saison in Dallas einfach beim besten Willen noch keinen Grund unter den Füßen.

Er war hingeflogen. Er war da. Er versuchte, sich in der neuen Umgebung zurechtzufinden. Er ging seinem Beruf nach. Er trainierte viel. Gab Interviews. Aber es fehlte etwas: das Urvertrauen in sich und seine neue Umgebung.

Mir fiel ein, dass unser Gespräch an einem spielfreien Tag mitten in der Woche stattfand und wir uns vorher in der Trainingshalle ein paar Kilometer vom Zentrum und meinem Hotel entfernt getroffen hatten. Dass er anschließend diese Kneipe ausgewählt hatte, weil ihm dort die Hamburger schmeckten und ich hinter ihm und seiner nach nichts aussehenden amerikanischen Limousine der Marke Oldsmobile hinterherfuhr, in die er sich mit seinen langen Extremitäten hineinfalten musste. Es lag ihm nicht, sich trotz seiner finanziellen Möglichkeiten ein größeres Fortbewegungsmittel zuzulegen. Und er rechtfertigte dies ausdrücklich mit seiner Genügsamkeit in solchen Dingen, die ihm in Amerika, wo alles größer war, nicht abhandengekommen war.

Der Rookie tat sich schwer. Wie wurde seine vier Jahre ältere Schwester, später die Managerin seiner Stiftung und einer Reihe seiner Privatangelegenheiten, damals zitiert? „Ihm ist vieles peinlich."

Wer das eine oder andere herausfiltern wollte, war auf kleine Brocken angewiesen. Mike Wise etwa berichtete in der *New York Times* 2001 („Die Amerikanisierung von Dirk Nowitzki") von folgender Episode: „Auf einer seiner ersten Reisen mit den Dallas Mavericks 1998 musste der junge, scheue Deutsche Dirk Nowitzki jemanden bitten, ihm zu erklären, was der Begriff *shoot-around* bedeutet, die tägliche Vorbereitung aller NBA-Mannschaften auf ein Spiel am Tag der Begegnung. ‚*Shoot-around* ist so etwas wie *rehearsal*', sagte ihm Mannschaftskollege Gary Trent. Der Neuling nickte wissend, ehe er Trent mit verwirrtem Blick anschaute. ‚Was ist *rehearsal?*'"

Hätte er damals nicht die Freundschaft zu einem kanadischen Mitspieler gefunden, den er bei einem Pressetermin im Juni 1998 zum ersten Mal gesehen hatte, ein Außenseiter so wie er, ein Typ mit einem ebenso komischen Haarschnitt und ein Spieler, der anfänglich von den Fans der Mannschaft wegen seiner schwachen Leistungen ausgebuht wurde – wer weiß, was aus Nowitzki sportlich geworden wäre.

Heute ist klar: Wir müssen uns nicht in irgendwelche Was-wäre-wenn-Geschichten flüchten. Steve Nash sei Dank. „Wir sind von Anfang an gut miteinander ausgekommen", erzählte der Rookie Juliet Macur von der *Dallas Morning News,* als die Anpassungsschwierigkeiten der Anfangszeit überwunden waren. „Ohne ihn hätte ich mich hier wirklich einsam gefühlt."

Steve Nash ist vier Jahre älter als Nowitzki und hatte bei den Phoenix Suns bereits ein wenig NBA-Luft geschnuppert. Die beiden verbrachten in der ersten gemeinsamen Phase viel Zeit miteinander, gingen abends in eine Kneipe in die Nähe seiner Wohnung, wo sie unerkannt Hamburger und Bier bestellen konnten.

Es war die Zeit des Ausprobierens. Sie spielten zusammen Gitarre und entdeckten irgendwann einen gemeinsamen Sinn für Spaß und Clownereien, der etwas schräger war, als das sonst im Milieu der NBA vorkommt. „Das war fast so, wie man das aus dem College kennt", erzählte Nash später, nachdem seine Zeit bei den Dallas Mavericks überraschenderweise zu einem abrupten Ende gekommen war und er als Spielmacher der Phoenix Suns zweimal hintereinander den Ehrentitel „wertvollster Spieler der Saison" gewonnen hatte. Auch er war ein Ausnahmetalent, das erst später seine magischen Fähigkeiten entfalten würde.

Ich habe mich im Laufe der Zeit mit vielen Sportlern in den USA ausgiebig unterhalten. Einige hinterließen nachhaltigen Eindruck. An die Momente mit Charles Barkley in der Umkleidekabine der Phoenix Suns erinnere ich mich vor allem deshalb, weil er mit einer pausbäckigen Lust laut kontroverse Sprüche von sich gab und jeden Fragesteller aus der Reserve lockte und provozierte. Bei einer langen Unterhaltung mit Detlef Schrempf lag dieser während unseres Gesprächs in einem Fitnessstudio in Indianapolis auf einem Massagetisch und ließ sich behandeln, aber wirkte bisweilen so, als wäre er am liebsten einfach gegangen. Unvergessen, wie Carl Lewis redete – schnell und ohne Punkt und Komma. Wie Michael Phelps auf seinem Stuhl herumrutschte und ins Nichts schaute. Wie man Christian Welp regelrecht belagern musste, damit wir uns in Seattle trafen. Jackie Joyner-Kersee war *smooth* und bestens präpariert. Der ehemalige Radprofi Tyler Hamilton, der als wichtiger Zeuge Lance Armstrong zu Fall brachte, war offen und zugänglich. Anders wiederum John Carlos, der 1968 bei den Olympischen Spielen in Mexico City auf dem Podest während der Siegerehrung die Faust im Handschuh in den nächtlichen Himmel gereckt hatte und dafür von seinem Verband bestraft worden war. Der wirkte all die Jahre später einerseits erstaunlich kapriziös, aber skeptisch und voller Vorbehalte zugleich.

Aus so etwas besteht der Reporter-Alltag. Man trifft sich. Man stellt Fragen. Man sammelt Erinnerungen und destilliert sie im Kopf zu einem Gemisch der Deutungen.

Es gibt Athleten, die mögen es in solchen Situation, von ihren Interviewern in Unterhaltungen in die Schlaufen ihrer Gehirnzellenketten hineingedrängt zu werden, weil sie ebenfalls Fans von *serendipity* sind. Weil sie diesen Teil ihres Athletendaseins nie abgeschaltet haben. Weil sie wie mit Hilfe einer Logarithmen-Tabelle die fehlenden Werte ermitteln wollen, die man braucht, um das Dreieck des eigenen Sportlerlebens zu verorten.

Ich war mir damals nicht sicher. Heute weiß ich es: Zu denen gehörte der Absolvent des Röntgen-Gymnasiums in Würzburg nicht.

Ich war deshalb froh, auf derselben Reise ein paar wohlmeinende Menschen kennenzulernen, die einem helfen konnten, das ziemlich weiße, leere Blatt zu füllen, das dieser Dirk Nowitzki einem in seinem ersten Profijahr entgegenhielt. Darunter: der damalige Trainer der deutschen Basketballnationalmannschaft Henrik Dettmann und Jörg Nowitzki, die beide zur selben Zeit ebenfalls in der Stadt waren. Der Vater, um seinem Sohn in dessen Junggesellen-Apartment in Oak Lawn mit ein paar Handreichungen zu helfen.

Auch Marc Stein, damals der Beat-Reporter der *Dallas Morning News,* heute, nach einer längeren Zeit bei *ESPN,* bei der *New York Times* unter Vertrag, wusste ein paar Dinge.

Ich hätte damals auch gerne mit Holger Geschwindner, seinem Förderer und Manager gesprochen, aber der hatte zu jener Zeit Masern und war in Deutschland geblieben. Wir konnten das allerdings Jahre später nachholen.

Gegenüber Stein fremdelte Dirk Nowitzki irgendwann nicht mehr so wie gegenüber anderen. Und so deutete er ihm gegenüber schon bald offener seine Stimmung an und wie er in der Arbeit mit Geschwindner, dem Tüftler und persönlichen Trainer nach einem Weg suchte: „Ich habe ein bisschen den Spaß verloren. Wir verbringen unsere Zeit damit zu reden, wir arbeiten an meinem Wurf und versuchen, ein wenig Spaß zu haben. Ich muss den Rhythmus zurückbekommen, muss ein bisschen Vertrauen in meinen Wurf zurückgewinnen."

Ich hatte vorher bereits mehrere Jahre lang die NBA verfolgt und dabei die Entwicklung von Detlef Schrempf begleitet, einem anderen Deutschen, an dem man den jungen Nowitzki irgendwie messen wollte, obwohl die Ausgangslage eine völlig andere war. Schrempf hatte 1985 in der NBA debütiert, nachdem er – im Unterschied zu Nowitzki – in den USA am College wichtige Basketball-Erfahrung gesammelt hatte. Auch er war von den Dallas Mavericks gedraftet worden (als Achter seines Jahrgangs).

Nowitzkis Profikarriere hatte von Anfang an einen anderen Zuschnitt. Nicht nur in Dallas, sondern auch im Deutschland des Jahres 1999, in dem sich die Ansicht breitgemacht hatte, dass sein Wechsel in die NBA nur eines heißen konnte: Dieses Talent werde nun einfach zwangsläufig im Mutterland der Sportart für Aufsehen sorgen. Auch wenn alle Erkenntnisse aus der Anfangsphase eher das Gegenteil signalisierten.

Es gab allerdings Ähnlichkeiten. Auch Schrempf war ein Typ, dessen sportliche und menschliche Qualitäten sich hinter einer Hülle verbargen. „Ich kann zwar hinausgehen und ganz entspannt sein. Aber ich spiele einfach besser, wenn ich aggressiv bin", verriet er mir bei einem unserer Interviews. So kam er nicht wie ein strahlender Sieger herüber, sondern wie ein fleißiger Arbeiter, der nicht viel Brimborium um seine Leistungen machte. Aber er war 1999 längst über seinen Zenit hinaus, nachdem er 1996 die eine große Chance seiner Karriere auf den Meisterschaftstitel nicht nutzen konnte, als er mit den Seattle SuperSonics gegen die Chicago Bulls in der Finalserie verlor.

Er war ein Basketballer auf dem Weg zum Aggregatzustand der Marginalie. Auf dem Weg zum Exoten in den Köpfen von Leuten, die Pop-Kultur für Komödien wie die Fernsehsendung „Parks and Recreation" ausschlachten. Von Leuten, die suppige Balladen schreiben, wie die aus Seattle stammende Rockgruppe Band of Horses, die auf ihrem Album Cease to Begin 2007 den Song mit dem Titel *Detlef Schrempf* veröffentlichte.

Von solchen Aspekten des amerikanischen Alltags wusste man in Deutschland nur wenig, obwohl die vorherrschende Maßlosigkeit im Urteil über die Verhältnisse im Sport in den Vereinigten Staaten im allgemeinen und das Milliardenunternehmen NBA im Besonderen, Stand Frühjahr 1999, ganz beachtlich war.

Weshalb allein das damals sicher eine eigene Geschichte wert gewesen wäre. Aber wegen einer derartigen Analyse hatte mich mein Auftraggeber, das Hamburger Wochenmagazin Stern, nicht losgeschickt. Zu den vielen Grundsätzen unseres Milieus, mit denen der Wert und Unwert von Themen ausgelotet werden, gehört nämlich unter anderem dieser: Seifenblasen zersticht man nicht. Die lässt man in Ruhe. Die ignoriert man. Die platzen bekanntlich irgendwann von alleine.

Eine Geschichte, die man über vier oder fünf Seiten aufreißen und von einem eigens angeheuerten Fotografen bebildern konnte, funktionierte im Rahmen der üblichen Medienlogik deshalb eigentlich nur mit einer Prämisse: Junges, deutsches Riesentalent holt in der besten Basketballliga der Welt Gurkentruppe aus dem Tabellenkeller.

Es war ein Märchen, aber es sollte sich möglichst so wohlig anfühlen wie die Schurken-Soap *Dallas* in den achtziger Jahren, in der alles so simpel wirkte: die Gier, der Geiz, der Neid.

Also was tun? Wie serviert man in dieser Situation, in der der Basketballclub in Dallas wegen seiner langjährigen chronischen Leistungsschwäche als das schlechteste Basketball-Team der neunziger Jahre in der Popularität weit hinter dem Football-Club Dallas Cowboys und dem Eishockey-Team Dallas Stars rangiert, einem 20-jährigen Liga-Neuling aus dem Ausland die Frage, die so simpel und so surreal zugleich ist: Wie läuft's, Dirk Nowitzki? Sind Sie auf dem Sprung zum Super-Star? Sind Sie der Retter der Mavericks?

Angesichts der Erwartungshaltung in Deutschland und der dicken Seifenblasen sah ich damals davon ab, über vieles zu schreiben, was ich höchst interessant fand. Zum Beispiel nichts über den ein Jahr vorher als Wunderheiler angeheuerten Chefmanager und Trainer Don Nelson, der damals in Dallas unter enormem Druck stand, weil er niemandem genauer erklären konnte, wieso er angesichts ziemlich schlechter Resultate so fest und visionär an diese zwei Spieler Steve Nash und Dirk Nowitzki glaubte.

Dabei war dieser Don Nelson die ausschlaggebende Person, die mit ihren Entscheidungen nicht zum ersten Mal in ihrer Trainer-Laufbahn zielbewusst gegen herkömmliches konventionelles Denken verstieß. Ein Magier, den man damals ziemlich rasch zu einem der großen Verlierer des Draft-Abends von Vancouver abgestempelt hatte, bei dem er Nowitzki und Nash nach Dallas geholt hatte. Das Fachpublikum hätte sich lieber für jemanden wie Paul Pierce entschieden, der an der Universität Kansas drei Jahre lang gezeigt hatte, was in ihm steckt.

Besonders das Tauschgeschäft an diesem Abend mit den Milwaukee Bucks – Robert Traylor gegen gleich zwei Spieler im Paket, gegen Dirk Nowitzki und den Amerikaner Pat Garrity – wurde dem Mavericks-General-Manager und Trainer anschließend immer wieder zum Vorwurf gemacht. Vor allem von Leuten, die den Grund für das Manöver gar nicht kannten. Und die sich von dem Eindruck blenden ließen, den der muskulöse Flügelspieler Traylor 1995 produziert hatte, als er noch in der Highschool war und neben Spielern wie Vince Carter, Kevin Garnett, Paul Pierce, Chauncey Billups und Stephon Marbury zu einem Hoffnungsträger hochstilisiert wurde.

Nelson interessierte sich ganz und gar nicht für Traylor. Er war auf einen kompletten Neuaufbau aus und für den auf ein „überhyptes ausländisches Talent" fixiert, wie er von Nörglern beschimpft wurde. Eine Kritik, wie sie in den legendären Worten des Sportjournalisten Eddie Sefko zum Ausdruck kam, der damals für den *Houston Chronicle* schrieb und später zu den *Dallas Morning News* wechselte (und inzwischen in der Medienabteilung der Dallas Mavericks arbeitet): „Europäer sind ein derartiges Risiko. So viele Pleiten. So wenige Blüten. Und Nash ist pures Pokern."

Sefko gab den Mavericks für ihren Schachzug die schlechteste Note im klassischen amerikanischen Bewertungsschema – ein F. Mangelhaft. Durchgefallen. Verzockt.

Die Mavericks hätten nämlich damals alternativ zum Beispiel einen trickreichen Spielmacher wie Jason Williams haben können, der später mit dem Spitznamen *White Chocolate* ausstaffiert wurde, weil er, der Weiße aus West Virginia, so effektvoll und kreativ spielte wie viele schwarze Basketballer. Nelson hatte auch den ignoriert. Er glaubte an Nash.

Von Nelson und seinen Überlegungen und Rochaden wird in diesem Buch noch ausführlich die Rede sein. An dieser Stelle sei deshalb nur noch einmal betont, was heute alle wissen, aber damals die wenigsten für möglich gehalten hatten. Nelsons Draft-Entscheidungen erwiesen sich ein paar Jahre später als regelrechte Genieleistungen.

Allerdings in der nach einem Tarifstreit stark verkürzten Saison und einer von einem unverhältnismäßig kurzen Trainingslager geprägten, schwierigen Einspielphase wirkten diese Personalentscheidungen zunächst wie ein totaler Fehlgriff. Die Mavericks spielten mit den beiden Neuen – mit Nowitzki und Nash – so schlecht wie eh und je.

Nur wenige Monate später, im Herbst 1999, kulminierte die miese Stimmung auf eine traurige Weise im selbstzerstörerischen Akt eines hoch begabten, aber psychologisch hilfsbedürftigen jungen Spielers, den Nelson ebenfalls nach Dallas geholt hatte. Dabei handelte es sich um Leon Smith, der versuchte, sich mit einer Überdosis *Aspirin* das Leben zu nehmen. „Sie haben ihn wie ein Stück Fleisch behandelt", klagte Smiths Highschool-Trainer später über die Erfahrungen seines ehemaligen Schützlings in Dallas.

Smith, ein Waisenkind und ohne große schulische Bildung, war in der ersten Runde gedraftet worden und erhielt deshalb einen Garantievertrag über fast 1,5 Millionen Dollar im Jahr. Aber mit seinen 19 Jahren und ohne eine persönliche Betreuung an seiner Seite war er den Herausforderungen des Profi-Lebens einfach nicht gewachsen.

Eine Konstellation, die der kaum ältere Neuling aus Deutschland aus nächster Nähe erlebte und die ihn nicht gerade aufbaute. „Ich habe ihn ewig nicht gesehen", sagte er 2002 nach einem Spiel gegen die Atlanta Hawks, bei denen Smith schließlich nach einer Odyssee gelandet war. „Hoffentlich nutzt er die Gelegenheit und bleibt in der Liga." Das gelang Smith nicht.

Es war nicht Nowitzkis Schuld, in diesem darwinistisch geprägten Milieu gelandet zu sein, nachdem er nach einigem Nachdenken und mit gesunder Skepsis den Avancen gefolgt und aus Würzburg nach Dallas umgezogen war. Es war noch sehr viel weniger seine Schuld, dass er nach den ersten Spielen plötzlich wie die Symbolfigur für die Dauermisere und für das radikale und scheinbar verschwenderische Laborexperiment des Basketball-Düsentriebs Don Nelson wirkte.

Es war auch nicht seine Schuld, dass man ihn wegen seiner Fähigkeit, einen Sprungwurf aus fast allen Distanzen zu versenken, schon auf dem ziemlich hohen Draftplatz Nummer neun aus dem Pool der Nachwuchsspieler gezogen hatte – noch vor dem höher eingeschätzten Paul Pierce. Oder dass er von seinem Trainer Don Nelson zu einem Kandidaten für die Auszeichnung *Rookie of the Year* – den besten Nachwuchsspieler der Saison – hochgejubelt wurde, was eher wie Hohn klang und nicht wie eine kluge Beurteilung der Nowitzkischen Leistungen.

Das Problem war einfach die fehlende Vorstellungskraft so vieler angeblicher Experten, die aber auch rein gar nicht zu erkennen imstande waren, was der Förderer und persönliche Trainer Holger Geschwindner gesehen hatte: Eine Zukunft. Eine Entwicklungslinie. Einen neuen Typ von Basketballer.

So vermochte kaum jemand mal an Dingen vorbeizusehen, die jedem sofort ins Auge fielen.

Nowitzkis Körper? Angeblich zu dünn.

Sein Defensivverhalten? Angeblich zu linkisch.

Seine Punktausbeute? Angeblich zu dürftig.

Sein Spielverständnis? Angeblich zu europäisch fremd.

Dabei war es ganz normal bei jemandem in seinem Alter, davon auszugehen, dass er Zeit brauchen würde, sich zu entwickeln. Was sich in seiner zweiten Saison deutlicher abzeichnete, als der junge Deutsche wenigstens hin und wieder das Niveau erreichte, das man ihm zugetraut hatte. Wohl auch deshalb behielt Don Nelson noch mehrere Jahre seinen Posten. Und Dirk Nowitzki klang von da an etwas froher: „Letztes Jahr haben mich viele Leute aufgegeben“, sagte er. „Ich bin Trainer Nelson dankbar, dass er mir eine Chance gegeben hat.“

Von der wachsenden Stabilität im Team profitierte auch Nowitzki in seiner Entwicklung zu einem überragenden Basketballprofi, der auch noch kommende Generationen durch seine Einzigartigkeit inspirieren wird: So wie er wirft niemand. So sicher trifft kaum einer in den schwierigsten Lagen. Und so stoisch hält niemand durch und gewinnt dann nach dreizehn mühsamen Jahren, schlussendlich, das Championat, von dem sich der Ausnahmestatus eines Spielers nun einmal ableitet.

Aber zurück zum Frühjahr 1999.

Ich flog damals von Dallas mit einem schlechten Gefühl nach Hause. Einem Gefühl, das einen immer beschleicht, wenn man weiß, welche Erwartungen und welche Einschätzungen in der Redaktion existieren: dass ich die gewünschte Geschichte nicht liefern konnte, weil sich das Würzburger Talent ganz und gar nicht im Begriff befand, Amerika zu erobern und sich zum Super-Star zu entwickeln. Scheu war er. Und durchaus willens, das Ganze höchst realistisch zu betrachten und schlimmstenfalls nach drei Jahren mit Ablauf seines Vertrages in seine Heimat zurückzukehren.

„Ich bin so jung“, hatte er ein paar Tage vor unserem Treffen gegenüber Marc Stein gesagt, der den nervös gewordenen Lesern der *Dallas Morning News* ganz offensichtlich ein wenig Mut machen wollte, damit sie nicht vollends in Zynismus versinken. Die Welt käme schon noch in die Reihe, versprach der Deutsche. „Wenn ich 22 oder 23 bin.“

Mir gegenüber, in seiner Muttersprache, formulierte er solche Gedanken lieber in der dritten Person Singular und schuf sich so jene mentale Distanz, um die Lage zu skizzieren. Wir brauchten deshalb gar nicht erst über Details zu reden. Der Stand der Dinge ließ sich deutlich genug auch so erfassen. „Klar, in ein paar Situationen ist man traurig oder enttäuscht“, sagte er mir, und ich reichte dies an die Leser des Magazins weiter.

So wie den Gedanken, den er damals hinzufügte und der zu einer Art Motto seiner Karriere wurde und sich auch heute noch als letzter Satz in dem Artikel ganz gut liest, der am 22. April 1999 an den deutschen Kiosken ausgeliefert wurde. „Aber da", sagte er, „muß man durch."

Es ist ratsam, diesen Satz noch ein bisschen nachklingen zu lassen, wenn man sich mit Dirk Nowitzki beschäftigt, dessen Biographie eine Moritat darüber ist, wie jemand im Spitzensport von heute nur dann ganz oben ankommen kann, wenn er es verkraftet, dauernd zu scheitern und sich trotzdem nicht von seinem Ziel abbringen lässt: den Gewinn der Meisterschaft in einer Liga, in der solche unumstrittenen Stars wie Michael Jordan, Kobe Bryant und Shaquille O'Neal, LeBron James und Steph Curry spielen und gespielt haben. Wo es für den Teenager in Würzburg Vorbilder gab, die er verehrt hatte, ohne jemals auch nur im Traum daran zu denken, gegen solche Leute auf dem Platz zu stehen.

Seine sportliche Laufbahn ging dann doch in Amerika weiter, wo er immer wieder Niederlagen und Rückschläge verkraften musste und gleichzeitig einer tiefschürfenden Beschäftigung mit der ganz offensichtlichen Frage auswich, die jeden umtrieb, der den Verdacht hatte, dass die ganze Chemie in Dallas nicht stimmte, um etwas wirklich Herausragendes zu erreichen. Wieso setzt sich jemand angesichts der Misserfolge nicht aus einem solchen Milieu ab? Wieso glaubt er einem monomanischen Clubbesitzer wie Mark Cuban, dass der schon alles Notwendige tun werde? Wieso lässt einer nicht mittelmäßige Mitspieler und Trainer hinter sich und sucht woanders den Erfolg?

Dirk Nowitzki war offensichtlich nicht daran interessiert, intensiv über Alternativen nachzudenken. Er probierte lieber das aus, was der Schriftsteller und Existenzialist Albert Camus in seiner Schrift „Der Mythos des Sisyphos" als „Philosophie des Absurden" bezeichnet hatte. Er machte weiter, trainingsfleißig, unermüdlich und mit einer störrischen Lakonie. Wozu es unter anderem gehörte, die vielen Verballhornungen zu akzeptieren, die amerikanische Wortspiel-Artisten mit seinem Namen veranstalteten.

Hier wurde er zum Bespiel *Dork* genannt statt Dirk – ein Slangwort, das eine unbeholfene und gesellschaftlich nicht akzeptierte Person beschreibt. Man nannte ihn *Irk,* was gleich auf zwei Sprachebenen funktionierte. Denn einerseits heißt *„irk"* ärgern und andererseits charakterisierte das Wort auf bestechende Weise die Defensivschwächen des Power Forward, der in der Nähe des eigenen Korbs oft ziemlich verloren aussah: *„There is no D in Dirk".* Was darauf abzielte, dass das *„D"* im Sprachgebrauch der Basketballer die Abkürzung für *Defense* war, die Defensivarbeit.

Am härtesten aber war wohl das Etikett *No-win-ski.* Das streifte er erst im Juni 2011 ab. Seitdem nannte man ihn lieber *No-quit-ski.* Der Mann, der niemals aufgegeben hatte. Ein Typ wie geschnitzt aus der Denkwelt von Albert Camus: „Darin besteht die verborgene Freude des Sisyphos. Sein Schicksal gehört ihm. Sein Fels ist seine Sache. [...] Der absurde Mensch sagt ja, und seine Anstrengung hört nicht mehr auf."

Das gilt in einem sehr viel bescheideneren Rahmen auch für mich. Ich habe seit dieser Begegnung in Dallas nie mehr aufgehört, ihn und seine Weggefährten so genau wie möglich zu beobachten und in fast jeder Saison mindestens einen Text zu schreiben, der sein Schicksal und seine Karriere nachzeichnete. Eine Perspektive aus der Halbdistanz und unbeeindruckt von irgendwelchen Emotionen.

In diesem Buch finden sich die markantesten Einzelbeispiele. Diese Texte – die wie ein Scheinwerfer auf die einzelnen sportlichen Entwicklungsphasen eingehen – skizzieren nicht nur seinen Weg, sondern werfen auch ein Licht auf die Leistungsgesellschaft NBA, die zwar amerikanische Wurzeln, aber längst einen globalen Zuschnitt hat. Etwa zwanzig Prozent der knapp 450 Profis in der Liga kommen wie Nowitzki aus dem Ausland.

Ich habe ihn Jahre später nach dem Gewinn der Meisterschaft noch einmal in Dallas getroffen und interviewt. Was ich von dem Abstecher mitnahm: Dirk Nowitzki war eine Persönlichkeit geworden. Jemand, der irgendwann angefangen hatte, sein Basketballer-Leben deutlich mehr zu genießen.

Verständlich. Seine Philosophie und seine kompromisslose, unermüdliche Einsatzbereitschaft hatten schließlich Erfolg gezeigt. Er wirkte nicht nur älter und klüger, sondern auch entspannter und sehr viel geübter im Umgang mit Leuten wie uns.

Wir – das sind Leute, deren Arbeitsergebnisse sich erheblich unterscheiden. Weshalb dieses Buch auch eine ureigene Perspektive illustriert, um das Besondere am besten Basketballer, den Europa je hervorgebracht hat, herauszufiltern. Aufbauend auf eine umfangreiche (und in diesem Fall tatsächlich sogar geordnete) Sammlung von Reportagen und Einlassungen über Nowitzki und die NBA, die seit meinem ersten Interview entstanden sind und hauptsächlich in der *Frankfurter Allgemeine Zeitung* erschienen sind.

Obwohl es sich dabei nur um eine Auswahl handelt, dokumentieren sie, einem Fotoalbum ähnlich, Schritt für Schritt, Schlaglicht für Schlaglicht, das Kontinuum der gesamten Nowitzki-Karriere und das Auf und Ab der mitschwingenden Erwartungen. Ergänzt um eine ganze Reihe unveröffentlichter Texte.

In einer solchen Arbeitsweise ähnelt das Projekt ein wenig der Denkweise des Cinéma vérité und ihrem Ethos des dokumentarischen Filmens. Ein Versuch, sich nicht einfach von der heutigen Perspektive auf das Thema gefangen nehmen zu lassen und der Tendenz zu entgehen, die enorme Zeitspanne von 21 Jahren der NBA-Karriere von Dirk Nowitzki einfach schick aufzubügeln und ihn mit einer solchen Darstellung aus dem Kontext des Alltags seiner Mannschaftssportart herauszulösen.

Deshalb gibt es auch einen Abschnitt über Weggefährten wie den Besitzer der Dallas Mavericks, Texte über einem Teil von Nowitzkis Mitspielern, über seine Trainer und über seine schlechten Erfahrungen mit einer Frau, die er beinahe geheiratet hätte.

Das Buch ist also bewusst keine Biographie im klassischen Sinne. Es ist aber mehr als ein bloßes *scrap book* ohne jede innere Bindung der einzelnen Elemente. Es geht aus meiner Sicht bei solchen umfangreichen Betrachtungen unter anderem darum, der hektischen Rezeption von Sport eine zusätzliche tiefer schürfende Dimension hinzuzufügen. Eine Reflexion über das, was unter der Oberfläche stattfindet, hinter der Fassade eines ständigen Wettstreits alter und neuer Ideen.

Deshalb kann es auch keine abschließende Betrachtung sein über einen, der die Anforderungen seiner Sportart gemeistert und den harten Weg auf den sportlichen Gipfel gepackt hat. Allenfalls ein erster nachdenklicher Blick auf eine bemerkenswerte Laufbahn voller Höhen und Tiefen. Ein Erklärungsversuch. So weit. So gut.

P.S. Die Tonbandkassette befand sich in einer großen Kiste mit anderen Aufnahmen. Die Aufzeichnung unseres Gesprächs ist also erhalten geblieben. Aber damit auch die sehr nüchterne Erkenntnis: Viel Erhabenes hat Dirk Nowitzki damals nicht gesagt. Und all das wurde in jener Kneipe zusätzlich von lästigen Hintergrundgeräuschen begleitet, die mir ein miserables Tondokument beschert haben. Künstlerpech.

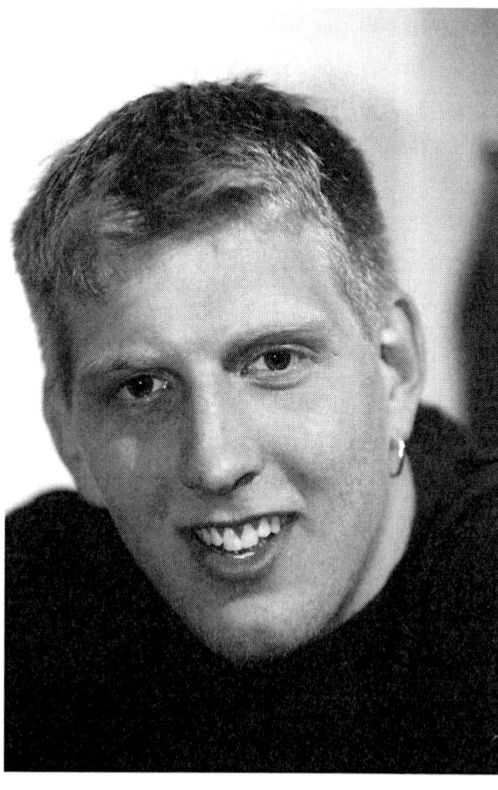

Ein schüchterner junger Mann mit Ohrring – Dirk Nowitzki im Frühjahr 1999. (imago/Camera 4)

1. Kapitel

Ein Trikot für Obama

Barack Obama war als junger Mann ein guter Basketballspieler. Er steht in einer langen Reihe von sportlichen Präsidenten, die Golf spielen oder Tennis. Ihre Sportbegeisterung ist einer der Gründe, weshalb sie traditionell jedes Jahr die Besten des amerikanischen Sports empfangen – als Gastgeber einer Feierstunde im Weißen Haus. Im Januar 2012 kamen die Dallas Mavericks vorbei. Das Protokoll einer Visite.

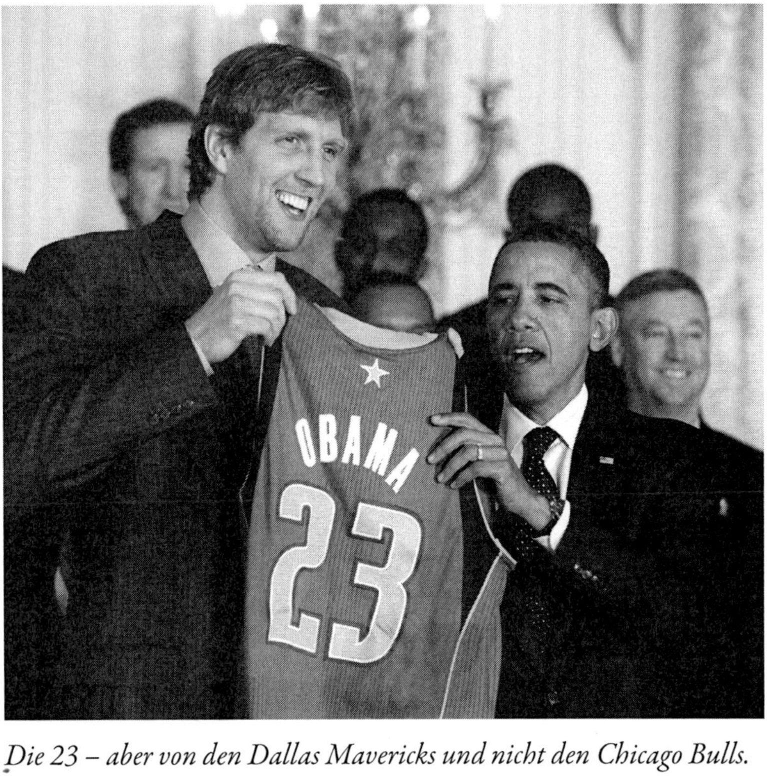

Die 23 – aber von den Dallas Mavericks und nicht den Chicago Bulls. (imago/UPI Photo)

Das Weiße Haus
Das Büro des Pressesprechers. Für die sofortige Veröffentlichung.
9. Januar 2012
Bemerkungen des Präsidenten zu Ehren der Dallas Mavericks, den NBA-Meister von 2011[1]

East Room 12:09 Uhr
DER PRÄSIDENT: Hallo! Jeder soll bitte Platz nehmen. Nehmt Platz. Willkommen im Weißen Haus und Glückwunsch an die Dallas Mavericks, den Weltmeister (*Applaus*). Wie man sieht, es sind Leute aus Texas hier (*Applaus*).

Das war der erste Titel der Mavericks, deshalb möchte ich zunächst alle erwähnen, die diesem Team seit den Anfängen in guten und in schlechten Zeiten die Treue gehalten haben – von Don Carter, dem ersten Eigentümer des Clubs, über die Angestellten in der Arena bis zu all den Fans zuhause.

Wir haben einige Kongressabgeordnete, die ziemlich lange darauf gewartet haben (*Gelächter*) so wie mein Handelsvertreter Ron Kirk, der mal Bürgermeister von Dallas war (*Applaus*).

Natürlich wäre dies alles nicht ohne den scheuen und sich zur Ruhe setzenden Besitzer (*Gelächter*) der Dallas Mavericks möglich geworden, Herrn Mark Cuban (*Applaus*). Nicht nur hat Mark eine außerordentliche Gruppe von Spielern und Trainern zusammengestellt, er war auch dafür verantwortlich, dass dieses Ereignis heute stattfinden konnte. Wir sind begeistert, dass Sie alle heute hier sind.

Wegen der Aussperrung war für Dallas in dieser Saison kein Spiel in Washington vorgesehen. Das hat Mark nicht in den Kram gepasst (Gelächter). Er wusste, seine Mannschaft hatte hart gearbeitet. Er wollte ihr alle Vergünstigungen eines Weltmeisters ermöglichen einschließlich eines Besuchs im Weißen Haus. Es ist schwer, Mark Nein zu sagen. Und so haben sie einen eigenen Trip geplant. Und deshalb sind wir hier.

Und ich bin froh, dass es geklappt hat, denn dies ist eine besondere Gruppe. Im letzten Jahr haben sie sich die „Schlechte-Nachrichten-Bären" genannt, weil ihnen von Anfang an niemand eine Chance gegeben hat. Leute haben gesagt, dass Jason Kidd zu alt ist. Und ich möchte sagen, dass dies das erste Mal ist, dass ich mit Weltmeistern aus meiner Altersgruppe zusammenkomme (*Gelächter und Applaus*). Man hat gesagt: JJ Barea ist zu klein, dass Dirk Nowitzki zu langsam ist. Sie haben das gesagt, Dirk, tut mir leid (*Gelächter*). Das haben sie gesagt. Sie haben gesagt, du hast einen großartigen Sprungwurf, aber … (*Gelächter*). Sie haben gesagt, dass Deshawn Stevenson zu verrückt ist. (*Gelächter*). Sie haben gesagt, „The Jet" sei hervorragend, aber sie waren nicht sicher, ob die Tätowierung so eine gute Idee war.[2] (*Gelächter*)

Aber diese Spieler haben es hinbekommen, weil sie wissen, wie gute Mannschaften gewinnen – nicht nur, indem sie höher springen oder schneller laufen, sondern indem sie den freien Mann finden, zusammenarbeiten, mentale Härte zeigen, sich gegenseitig unterstützen, klüger spielen.

Auf diese Weise haben die Mavericks einige der besten Mannschaften der Liga aus dem Weg geräumt, einschließlich der Miami Heat, die im letzten Jahr ziemlich beachtet wurden. Das war besonders süß für Dirk und Jason, die beim ersten Mal vor fünf Jahren dabei waren, als sich die Mavericks und die Heat in der Finalserie begegneten und sie verloren.

Ehe die Mavericks in der letzten Saison ein einziges Spiel absolviert hatten, hat sich Jason tätowieren lassen und er sagte: „Wenn du etwas so Verrücktes tust, dann musst du das durch Leistung bestätigen." Und das hat er übrigens getan. Mit 27 Punkten, die halfen das entscheidende sechste Spiel zu gewinnen. (*Applaus*)

Dirk kam vor 13 Jahren zu den Mavericks. Ein dünner Junge aus Deutschland mit einem Haarschnitt, den er selbst als „dämlich" beschreibt. (*Gelächter*) Im letzten Jahr wurde er der zweite Europäer, der jemals als MVP der Finalserie ausgezeichnet wurde. Und es war nicht leicht. Er hat sich im zweiten Spiel einen Finger so schlimm verbogen, dass er mit links werfen musste. Im vierten Spiel spielte er mit

Fieber. Aber er setzte sich jedes Mal durch, wenn es um die entscheidenden Punkte ging. Ich glaube, es ist fair zu sagen, dass wir selten einen besseren Play-off-Lauf gesehen haben als den von Dirk Nowitzki im letzten Jahr. Es war bemerkenswert. (*Applaus*)

Klarer Fall: Dirk ist ein harter Kerl. Obwohl die schmerzhafteste Sache war womöglich seine Interpretation von „We Are the Champions“ (*Gelächter*) während der Siegesfeier. Das war ... (*Gelächter*). Du hast gesagt, du hast daran gearbeitet? (*Gelächter*). Ernsthaft? Okay.

Nun, keiner dieser Spieler wäre ohne die anderen Leute hier auf der Bühne so weit gekommen. Offenkundig hat Jason Kidd nun die zweitmeisten Vorlagen und die drittmeisten Steals in der Geschichte der NBA. (*Applaus*) Es hätte ohne einen außerordentlichen Trainer nicht funktioniert. Coach Rick Carlisle hat nun einen Spieler gewonnen oder hat einen Titel als Spieler gewonnen – mit Larry Bird in den Achtzigern – hat einen Titel als Trainer gewonnen, und hat, das hat er mir gerade gesagt, mit wem gewonnen? Mit den Pantoons? Wie hat man sie genannt?

COACH CARLISLE: Die Patroons, die Albany Patroons.

DER PRÄSIDENT: Die Albany Patroons. Viele von Ihnen werden nicht gewusst haben, dass Rick Carlisle auch einen von denen gewonnen hat. (*Gelächter und Applaus*)

COACH CARLISLE: Minor League.

DER PRÄSIDENT: Es ist ein Minor-League-Team. (*Gelächter*) Diese Spieler und Trainer werden immer dieses gemeinsame Band haben, das sich entwickelt, wenn mit den Besten zusammen ist. Und es ist ein Band, das sie mit den Menschen in Dallas verbindet, wo sie alles Mögliche tun, vom Einrichten von Stipendien bis zur Hilfe für Familien, die im Militär sind. Man sollte erwähnen, dass sie heute hier im Weißen Haus einige Verwundete getroffen haben. Ich möchte mich bei Ihnen bedanken, dass Sie sich dafür die Zeit genommen haben. Das bedeutet den Menschen so viel. (*Applaus*)

Mit anderen Worten: Diese Mannschaft hat wirklich ein Herz von der Größe Texas'. Dies war ein bemerkenswerter Lauf, ein großartiger

Sieg, eine großartige Rechtfertigung für all die Anstrengungen, die Mark Cuban unternommen hat, um diese Mannschaft aufzubauen, und für Spieler wir Dirk Nowitzki, die schon lange spielen, und für Fans, die so lange gelitten haben wie Ihr alle. (*Gelächter*)

Ich möchte Euch allen von ganzem Herzen gratulieren. Ich habe Ihnen gesagt, dass es schade ist, dass im nächsten Jahr die Chicago Bulls hier sein werden (*Gelächter*), aber Sie haben gesagt, ich solle nicht so zuversichtlich sein. Also: Glückwunsch an alle. Applaus für die Dallas Mavericks. (*Applaus*)

Dirk, du hast etwas für mich?

HERR NOWITZKI: Ja.

DER PRÄSIDENT: Das ist es. Davon spreche ich.

HERR NOWITZKI: Das ist es. Ich habe gehört, dass Sie ein großer, großer Fan von Michael Jordan sind.

DER PRÄSIDENT: Vielen Dank, weißt du eigentlich, dass ich die 23 vor Jordan war?

HERR NOWITZKI: Oh, das waren Sie?

DER PRÄSIDENT: Das war ich (*Gelächter*). Er hat wohl die Ziffer von mir (*Gelächter*). Er hat sie gestohlen.

DER PRÄSIDENT: So war's, das ist schön.

ENDE 12:21 Uhr

Zumindest eine amerikanische Publikation sah in dem Ereignis den Aufhänger für so etwas wie eine Hintergrundgeschichte: das Monatsmagazin *Texas Monthly,* das sich auf seiner Webseite über ein „überwältigendes Aufgebot an deutschen Medien“ mokierte. Und über Journalisten aus Nowitzkis Heimatland, die offensichtlich die humorvollen Anspielungen, die Barack Obama an die Adresse von Mark Cuban und Dirk Nowitzki gemacht hatte, nicht verstanden hatten. „Kulturelle kognitive Dissonanz“ nannte der Reporter das, scheinbar ableitbar aus Fragen aus dem deutschen Kollegenkreis wie etwa:

“What is this ‘We are the Champions?’ ”

Erklärung: Nowitzki hatte diese Hymne der Band Queen auf der Empore vor Tausenden von Fans in Feierlaune a capella so schräg angestimmt, als könne er eigentlich nicht singen.

„What is the significance of this number 23?"

Erklärung: Es war die erste marktgängige Rückennummer im Basketball, die zu einem Symbol für den von der NBA angekurbelten Starkult wurde.

„What is this about Dirk and a fever?"

Erklärung: Dirk Nowitzki hatte während der Finalserie, obwohl krank, ein Spiel bestritten. Jeder andere wäre vermutlich im Bett geblieben.

Nowitzki und Obama sahen sich 2013 wieder, als er im Rahmen des Besuchs der amerikanischen Präsidenten in Berlin an einem Abendessen mit ihm und Bundeskanzlerin Angela Merkel im Schloss Charlottenburg teilnahm. Trotzdem schien der Besuch im Weißen Haus in seiner Erinnerung einen größeren Eindruck hinterlassen zu haben. „Das war etwas Unglaubliches, auf das wir uns sehr gefreut hatten. Es war eine Ehre, dem Präsidenten das Trikot und den Ball zu geben und dabei die Mavericks zu repräsentieren."

2. Kapitel

Der Traktor-Faktor

Wie Don Nelson mit einem Geniestreich an einem Tag gleich zwei Spieler nach Dallas holte, die später als wertvollste Spieler der Liga Geschichte machen sollten: Dirk Nowitzki und Steve Nash. Ihre großen Erfolge erlebte er jedoch nur aus der Ferne.

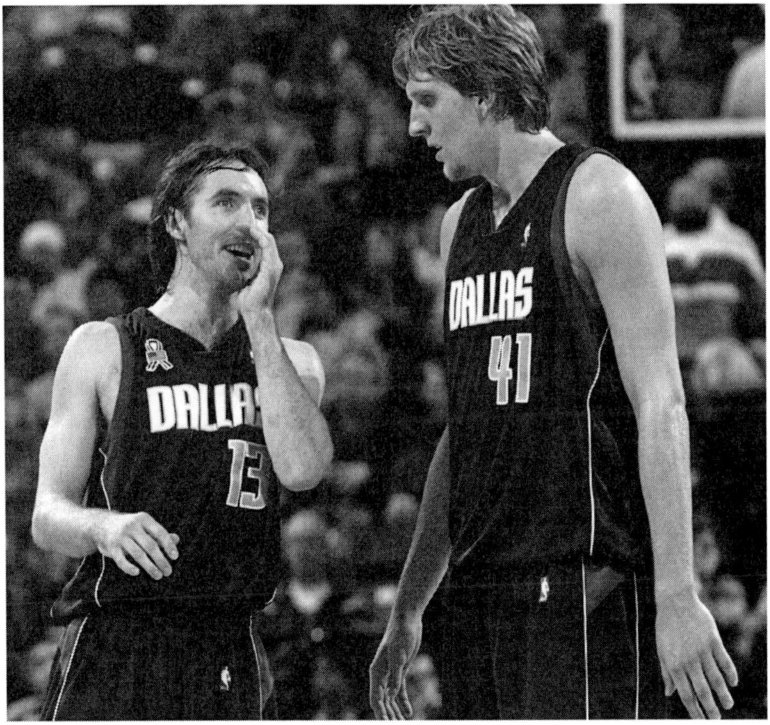

Kongeniale Partner: Steve Nash und Dirk Nowitzki im Dezember 2001. (imago/Zuma Press)

Drüben auf der anderen Seite des riesigen erloschenen Vulkans verströmt das tropische Milieu der Insel eine Stimmung, die den meisten Besuchern vom Festland verborgen bleibt. Die biegen nämlich fast alle mit ihren Mietwagen gleich an der Ausfahrt vom Kahului Airport nach Westen ab, fahren durch die Ebene, in der sich einst riesige Zuckerrohrplantagen ausbreiteten, und landen kurz darauf in einem dieser modernen Hotelkästen direkt am Meer. Dort, wo man Maui etwas genommen hat, was es ganz sicher mal besaß: einen ureigenen Charme.

Der Charme des Ostens auf der anderen Seite des Vulkans ist allerdings ebenfalls Geschmacksache. Der Post-Hippie-Stil aus der Dose, der die fade Nutzbauten-Architektur dekoriert, hat fast alles im hawaiianischen Archipel im Griff. So auch hier.

Die Atmosphäre allerdings wird von Leuten geprägt, die sich bewusst in dieser Gegend niedergelassen haben, weil sie ein paar vernünftige Gründe dafür haben. Zum Beispiel, dass man näher an den Zentren von Verwaltung und Politik ist und man hier, wo bis 2000 eine Zuckerraffinerie lief, ein Gefühl von Zusammenhalt kennt.

Wer hier hängen bleibt – Surfer und Künstler und eine besondere Sorte von Prominenten, die keinen Wert darauf legen, sich auf den Gossip-Seiten wiederzufinden, also Musiker wie Willie Nelson und Kris Kristofferson und der Schauspieler Woody Harrelson – müssen bei ihrem ersten Besuch jene „verrückte leichte Schwingung" gespürt haben, die die *New York Times* mal ausgelotet hat. Offensichtlich wollten sie mitschwingen. Denn dies ist der Landstrich der Freigeister, zweite Heimat der etwas Abgedrehten.

Es ist exakt das Milieu, von dem sich Don Nelson angezogen fühlte. Und so hat er in Paia unweit vom Strand mit den Millionen aus seinen Einkünften als Basketballtrainer das größte Haus weit und breit gebaut. Man muss nur die hohen Schiebetüren der riesigen Glasfassade öffnen und wird von der sanftwarmen Brise des Pazifischen Ozeans umsäuselt.

Gleich nebenan stehen zwei Mietshäuser, die ihm ebenfalls gehören. Nicht weit weg befindet sich das mit mehreren Läden ausgestattete Geschäftsgebäude – *Shops of Paia* –, in dessen Keller der Zigarrenliebhaber sein Raucherzimmer und einen Raum für seine Pokerabende mit Freunden eingerichtet hat.

Das Kontrastprogramm dazu befindet sich oben in den Wolken, an einem der Abhänge des 3000 Meter hohen Haleakala, wo die Temperaturen niedriger sind und die Aussicht auf das Meer schlichtweg atemberaubend. Dort hat sich Nelson auf einem nicht ganz einfach zugänglichen Stück Land eine Villa bauen lassen, die Gästen und Freunden der Familie vermietet wird. Für den Entwurf gab er dem Architekten freie Hand. Weshalb der glaubt, dass er da oben etwas ganz Besonderes hinbekommen hat: „Einen Ausläufer von Dons Persönlichkeit. Er verfügt über eine sehr solide, stabile Präsenz. Aber er ist jemand, der auch außerordentlich aus sich herausgeht."

Ein Mann, der auf einer Rinder- und Schweinefarm in Michigan im sogenannten Mittleren Westen aufwuchs und der nun auf einer abgelegenen Insel mitten im Pazifik ein bisschen Monopoly spielt. Wenn auch ganz ohne Opernplatz oder Schlossallee.

Wenn wir über Dons Persönlichkeit reden wollen, dann müssen wir allerdings ehrlicherweise ein wenig ausholen. Heute, im Alter von 78 Jahren, gilt er hauptsächlich als eigenwilliger ewiger Basketball-Geek. Ein „Lifer", wie man in der NBA sagt, der zunächst als Profi fünfmal die Meisterschaft der National Basketball Association gewinnen konnte und der für seine Leistungen von seinem langjährigen Club, den Boston Celtics, mit einer dieser typischen amerikanischen Respektsgesten geehrt wurde. Man zog feierlich seine Trikotnummer 19 aus dem Verkehr und hisste das Stofftuch mit seinem Namen unter die Decke des Boston Gardens. Bei den Celtics, dem erfolgreichsten Team der NBA-Geschichte, hatte sich Nelson einen formidablen Ruf als *„sixth man"* erarbeitet, als der Mann, der gezielt vom Trainer in der späteren Phase einer Begegnung von der Bank aus ins Spiel geschickt wird, um den Druck auf die Einwechselspieler des Gegners zu erhöhen.

Der 1,98 Meter große Basketballprofi war schon damals erfindungsreich. Er entwickelte zum Beispiel eine eigenwillige Ein-Hand-Technik für seine Freiwürfe und kam damit auf eine brauchbare Trefferquote.

Als Trainer allerdings war er noch sehr viel einfallsreicher. Und das war gut so. Als er noch selbst in kurzen Hosen über den Platz joggte, hatte die NBA ganze neun Clubs und war ziemlich übersichtlich. Im Laufe der Jahre vollzog er jene Expansionsströmung mit, die die Liga auf 30 Clubs aufblähte und den Blick der Verantwortlichen auf Spieler von anderen Kontinenten öffnete. Denn das Mutterland der Sportart, die Ende des 19. Jahrhunderts von einem kanadischen Sportlehrer namens James Naismith in Neu-England erfunden worden war, produzierte angesichts der Erweiterung einfach nicht mehr genug Erster-Klasse-Talente am Fließband.

Nelson hat in diesem System wie kaum ein anderer reüssiert. Er wurde dreimal als „Coach des Jahres“ ausgezeichnet und arbeitete sich auf den ersten Platz in der Tabelle der Trainer mit den meisten Siegen vor.

Aber seine Ideen wurden auf dem Spielfeld nie richtig belohnt. Alles, was er in der Arbeit mit seinen Spielern bei den Milwaukee Bucks, den Golden State Warriors, den New York Knicks und den Dallas Mavericks zu erreichen imstande war, war die Qualifikation für die Conference Finals. Und das auch nur ein einziges Mal. Gewöhnlich war spätestens eine Runde vorher Endstation. Man muss sich das mal vorstellen: Einer der besten Männer seines Fachs hat es nicht mal zu einer Teilnahme an der Finalserie geschafft. Und deshalb natürlich auch nicht zu einem offiziellen Besuch beim amerikanischen Präsidenten im Weißen Haus.

Diese vergleichsweise bescheidene Bilanz hat ihn jedoch nicht genervt. Als Kontrastprogramm und Ausgleich zog er sich zwischendurch immer wieder auf seine Insel zurück. Er begann dort seinen Tag meistens mit einer Runde Golf und beendete ihn mit ein paar Glas Bier und zog dabei genüsslich an einer teuren Zigarre. Das Getriebe der NBA auf dem amerikanischen Festland, Minimum fünf Flugstunden entfernt, schwappte in solchen Phasen nur noch aus dem Fernsehen an ihn heran. In Gestalt von Live-Übertragungen, die wegen des Zeitunterschieds auf Maui nachmittags laufen.

Innerhalb der Liga war er zwar den meisten Entscheidungsträgern aus dem Blick entschwunden, aber nicht aus dem Sinn. Anfang 1997 zum Beispiel stöberte ihn Frank Zaccanelli auf, der kurz zuvor mit zwei weiteren Investoren die Mavericks gekauft hatte.

Das Team gehörte zu jener Zeit sportlich zum Schlechtesten, was die NBA zu bieten hatte. Man brauchte einen Mann mit einer Vision und mit der Bereitschaft, Tabula rasa zu machen.

„Wir hatten gehört, dass er in Hawaii wirklich zufrieden und nicht so richtig an einem neuen Job interessiert sei", erzählte Zaccanelli später. „Aber als wir uns näher gekommen sind, erwies sich das als komplett falsch. Er war eben ein Lifer."

Nelson fühlte sich mit 57 herausgefordert, doch noch einmal über alles nachzudenken. Über sein Leben abseits von der Stressmaschine Basketball und seinen Ehrgeiz, aus einem scheinbar hoffnungslosen Fall einen Meisterschaftsanwärter zu machen. Das Angebot war ein Posten als General Manager und ein mit 7,5 Millionen Dollar dotierter Fünf-Jahres-Vertrag.

Kaum in Texas angekommen, machte er sich mit harten Bandagen an die Arbeit. Er modelte den Kader komplett um und trennte sich von den vier besten Korbschützen der Mannschaft, darunter von Spielmacher Jason Kidd. Das war „eine der chaotischsten Phasen, die je ein Team mitgemacht hat", charakterisierte Mike Fisher im *Fort Worth Star-Telegram* den brutalen chirurgischen Eingriff.

Daniel Düsentrieb hatte ein neues Laboratorium gefunden, aber die Chemie vor Ort als „giftig" eingestuft. Er benutzte damals eine Allegorie aus der Landwirtschaft, um seine Vorgehensweise zu erklären: „Das war ein absoluter Schlamassel. Wenn eine Scheune derartig versaut ist, dann machst du zuerst das sauber, was am meisten stinkt."

Die gesamte Reinigungsmaßnahme dauerte ganze dreizehn Tage und sorgte für den Arbeitsplatzwechsel von insgesamt sechzehn NBA-Spielern, die von einem Tag auf den nächsten in anderen Trikots zu spielen hatten. Es war nur eine Frage der Zeit, bis auch Trainer Jim Clemons seinen Job verlor und Nelson selbst den Posten übernahm – nach den ersten sechzehn schwachen Spielen der Saison 1997/98.

„Ich wollte keine Leute um mich herum haben, die nicht da sein wollten", lautete sein Motto. Vermutlich wollte er keine Menschen mit Allüren und keine Quertreiber, die ihm die Lust an der Arbeit vermiesen würden.

Nelson kokettierte gegenüber Mitbesitzer Ross Perot jr., dass er ihn wahrscheinlich innerhalb von einem oder zwei Jahren herauswerfen würde, als sich die beiden über den Vertrag einig geworden waren. „Gottseidank ist das nicht passiert", gab er zu, nachdem ein neuer ambitionierter Investor, der 42-jährige Mark Cuban, den Club gekauft hatte und die Mannschaft besser geworden war. „Aber ich war sicher ein paar Mal sehr nahe dran. Ich habe mich reingehängt. Und nun erleben wir, dass die Mannschaft das mit Erfolgen zurückzahlt. Das ist das Beste daran."

Wenn man sich mit Nelsons in Dallas produziertem Nachlass an die Welt beschäftigt, von denen die drei wichtigsten alle mit dem Buchstaben N anfangen – Nowitzki, Nash und „Nellie-Ball" – fühlt man sich unweigerlich an all das erinnert. Weil bereits in diesen drei Worten sein Grundverständnis für das Spiel deutlich wird.

Man nehme „Nellie-Ball", eine kreative, risikofreudige Methode, die herkömmlichen Konventionen des Basketballs einfach mal zu durchbrechen. Eines Spiels, bei dem von Natur aus die ganz langen Kerle so gut wie immer unbeholfen und staksig wirken und langsam unterwegs sind, aber hochnützlich sind, wenn es darum geht, den Luftraum zu dominieren. Weshalb sie möglichst nahe an den Korb kommandiert werden, während die Kleinen die Bälle verteilen sollen und aus der Distanz werfen.

„Nellie-Ball" war das Abenteuer, gegen dieses arbeitsteilige Konzept eine Taktik zu stellen, bei der er ohne jede Scheu gegen die großgewachsenen Typen von mehr als zwei Metern vom Scheitel bis zur Sohle kleine, wieselflinke Männer auf den Platz schickte und denen anordnete, aufs Gaspedal zu treten. Einen echten Center gibt es in diesem Schema nicht mehr, weil der nur die gesamte Mannschaft langsamer machen würde.

Nelson entwickelte und perfektionierte diesen Stil zum ersten Mal in seiner Zeit bei den Golden State Warriors Ende der achtziger, Anfang der neunziger Jahre, wo er mit den drei All-Stars Tim Hardaway, Mitch Richmond und Chris Mullin eine Gruppe von Ballkünstlern beieinander hatte, denen die begeisterten Anhänger einen reizvollen Spitznamen verliehen: „Run T-M-C“. Eine Anspielung an eine damals sehr erfolgreiche Rap-Gruppe namens Run DMC.

Eine andere Kreation von Don Nelson ist „Hack-a-Shaq“, eine Defensivtaktik, bei der man einen Spieler nur aus einem Grund foult: um ihn schlichtweg an die Freiwurflinie zu zwingen. Er hatte sich diese Taktik ausgedacht, um Dennis Rodman (damals bei den Chicago Bulls) in Verlegenheit zu bringen. Aber erst als er die Methode auf den riesigen Center Shaquille O’Neal anwendete, der im Laufe seiner erfolgreichen Karriere vor allem eine konstante Schwäche besaß – er verfehlte die Hälfte seiner Freiwürfe – bekam das Kind seinen Namen.

Um freiwurfschwache Spieler öffentlich vorzuführen und dadurch möglichst nervös zu machen, ließ Nelson seine Mavericks solche Gegner auch in Situationen foulen, in denen sie den Ball gar nicht in der Hand hatten. Der Vorteil eines solchen Konzepts lag auf der Hand: Statt zwei oder drei Punkte pro Angriff zu kassieren, konnten die Mavericks auf diese Weise die Ausbeute auf das reduzieren, was der wurfschwache Gegner an der Freiwurflinie zustande brachte. Außerdem verlangsamte man so das Tempo der anderen Mannschaft in Phasen, in denen sie dynamisch in Fahrt gekommen war.

Der Nachteil: Spieler aus dem eigenen Kader durch das Ansammeln von Fouls der Gefahr der frühen Disqualifikation auszusetzen. Es war also ein zweischneidiges Schwert, aber offensichtlich scharf genug. Denn die Taktik wurde irgendwann von anderen Trainern kopiert und nötigte die obersten Etage der NBA dazu, sich Gedanken über eine Regeländerung zu machen. Wozu es schließlich auch kam. Solche bewussten Fouls gegen Spieler, die nicht im Ballbesitz sind, werden seitdem in den letzten, oft entscheidenden Minuten eines Spiels damit geahndet, dass das betroffene Team einen anderen als das wurfschwache Mannschaftsmitglied die Freiwürfe ausführen lassen kann.

Der Hang von Nelson zum kreativen Experiment ähnelte oft dem eines Pokerspielers, der ahnt, wie gut oder schlecht die anderen bluffen, und der sich ständig darüber Gedanken macht, wie man aus dem unberechenbaren Stapel auf dem Tisch irgendetwas herausziehen kann, was einem am Ende die meisten Chips einbringt.

Ein Hang, durch den man sich auch schon mal massiv verzockt. Anfang der neunziger Jahre in Golden State zum Beispiel verschätzte sich Nelson auf besonders dramatische Weise. Da musste er, weil er dem Club unbedingt ein Talent wie Chris Webber sichern wollte, vor der Draft 1993 den Orlando Magic einen Spieler – Anfernee Hardaway – und drei Erstrunden-Draft-Picks geben.

Was er im Tausch dafür bekam, entwickelte sich zu einem regelrechten Desaster. Webber und er gerieten schon bald in Fragen der Taktik und des Positionsspiels aneinander. Das Selbstbewusstsein des Spielers war vermutlich unter anderem einem Faktor geschuldet, der erst 1998 ausgeräumt wurde. Der Tarifvertrag der Spielergewerkschaft mit der Liga ließ es bis dahin nämlich zu, dass Clubs hochgehandelten Nachwuchsspielern enorme Summen hinterherwarfen, auch wenn so etwas auf purer Spekulation beruhte und die Bezahlung weit über dem der älteren Profis lag. Diese Situation stärkte das schnöselige Selbstbewusstsein von Typen wie Webber ganz erheblich. Der sollte dann auch im Laufe seiner Karriere mehr als 170 Millionen Dollar brutto verdienen, das Doppelte von dem, was Michael Jordan im Rahmen seiner Arbeit bei den Chicago Bulls und in Washington einzunehmen in der Lage war.

Nur ein Jahr später hatte Nelson genug. Es blieb ihm nichts anderes übrig, als sich von Webber zu trennen. Zum Glück fand er mit den Washington Bullets (heute Wizards) einen Abnehmer, der ihm im Wechsel nicht nur einen Spieler – Tom Gugliotta – sondern drei Erstrunden-Draft-Picks abgab. So kostete das Abenteuer den Club im

Grunde zwar nichts, Nelson hingegen sehr viel – ein gutes Stück seiner Reputation als Prognostiker von Talenten. Wohl auch deshalb verlor er bei seinem nächsten Club, den New York Knicks, schon nach wenigen Monaten einen rasch aufkeimenden Machtkampf und kündigte mitten in der Saison trotz positiver Bilanz sang- und klanglos.

Er hatte schließlich Maui als Rückzugsoption. Tagsüber Golfspielen und nachts Pokern mit seinem Freund Willie Nelson – das wirkte wie ein attraktiver Plan.

Doch dann suchte ihn Frank Zaccanelli auf und unterbreitete ihm seine Offerte.

All das sollte man wissen, um zu verstehen, wie dem Pokerspieler Don Nelson am 24. Juni 1998, dem Draft-Tag, mit seinen riskanten Manövern einer der größten Geniestreiche in der Geschichte der NBA gelang. Seine Lust, aufs Ganze zu gehen, bescherte den Dallas Mavericks die Nachwuchsprofis Dirk Nowitzki und Steve Nash, die beide später als wertvollste Spieler der Liga ausgezeichnet wurden. Beide ausgestattet mit einem unkonventionellen Verständnis von ihrer Rolle auf dem Platz. Und jeder in seiner Entwicklung auf unterschiedliche Weise Zögling eines Mannes, der nie den Glauben an ihr Talent verlor.[3]

Dieser Mann hatte im Vorfeld jenes Abends durchaus deutlich signalisiert, dass er sich für Dirk Nowitzki interessierte, aber sich dann kurz vor der Entscheidung öffentlich mit deutlichen Äußerungen zurückgehalten. Nelson führe bekanntermaßen Leute gerne an der Nase herum, warnte die *Dallas Morning News* vier Tage vorher und spekulierte: „Viele General Manager sind überzeugt, dass dies Teil eines machiavellistischen Plans ist, der Dirk Nowitzki nach Dallas bringt."

Machiavellistisch bedeutet im englischen Sprachraum: die Anwendung von List und Doppelzüngigkeit in der Staatskunst oder im allgemeinen Verhalten. Aber die Zeitung und der Rest der Welt mussten noch ein paar Tage warten, um herauszufinden, was Don Nelson in diesem Moment tatsächlich aus dem Ärmel ziehen würde, nachdem ihm die schlechte vorausgegangene Saison einen relativ guten sechsten Draft-Platz beschert hatte.

Er entwickelte in dieser Zeit nämlich einen Plan, um ordentlich mit dem Pfund zu wuchern, das er in der Hand hielt.

Wir unterhielten uns vor ein paar Jahren unter anderem über die Frage, weshalb er damals von seinen Entscheidungen so unglaublich überzeugt war:

„Stichwort Dirk Nowitzki. Sie haben sich enorm bemüht, ihn – einen damals gerade mal 20 Jahren alten Basketballer aus Deutschland – 1998 nach Dallas zu holen. Wieso waren Sie so sicher, dass aus ihm etwas wird?

DON NELSON: „Sein Arbeitseifer. Er kam als erster in die Halle zum Training. Abends hat er noch mehr trainiert. Abgesehen davon war er einfach der talentierteste Jugendspieler, den ich je gesehen habe. Er konnte rebounden, werfen, sich unter dem Korb gut in Stellung bringen. Ein außerordentlich beweglicher Basketballer. Und das mit 2,13 Metern."

„Sie haben am selben Tag, als sie Nowitzki gedraftet haben, im Rahmen eines Spielertausches Steve Nash nach Dallas geholt. Der wurde später zweimal MVP, Nowitzki einmal. Stört es Sie, dass kaum jemand weiß, was für eine Spürnase für Talente Sie hatten?"

DON NELSON: „Du bist bei so etwas nie der einzige. Du hast einen kompletten Stab, der scoutet. Allerdings: Wenn es um Entscheidungen geht, traue ich mir selbst immer mehr als anderen. Ich habe nach dem Ende jeder Saison und vor jeder Draft hunderte von Stunden damit zugebracht, Spieler zu analysieren. Aber im Fall von Steve Nash hatte mein Sohn Donnie den Hauptverdienst. Der hatte ihn, ehe ich ihn in Dallas verpflichtete, bei den Phoenix Suns erlebt. Als zweiten Mann hinter Jason Kidd. Er hat mir gesagt, Nash ist besser als Kidd. Ich habe ihm das geglaubt."

Jahre später, nachdem er vom Club kaltgestellt wurde und an seine alte Wirkungsstätte bei den Golden State Warriors zurückkehrte, musste er erleben, dass ihm Mark Cuban nicht besonders dank-

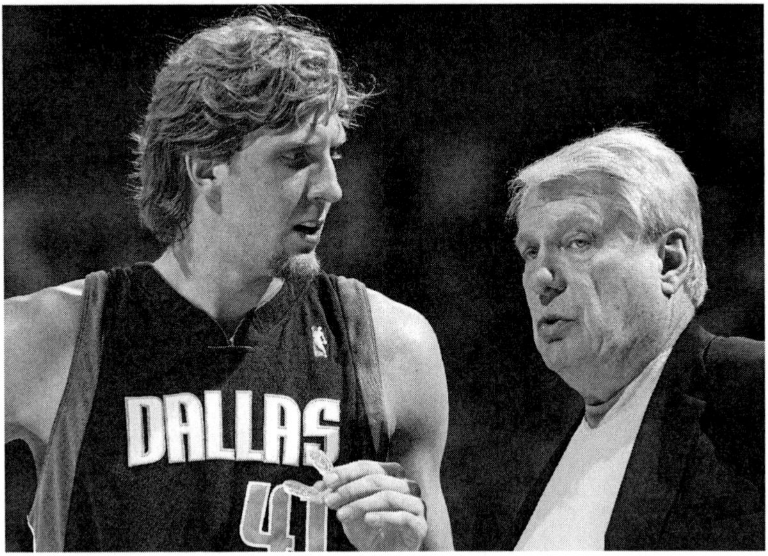

Er erkannte früher als andere Nowitzkis Potenzial: Don Nelson. (imago)

bar für seine Leistung war. Der Eigentümer der Mavericks verklagte den Ex-Trainer und behauptete, der hätte den spektakulären Erfolg der Warriors gegen Dallas in der ersten Play-off-Runde nur deshalb zustande gebracht, weil er Betriebsgeheimnisse besaß und eingesetzt habe. Abgesehen von der kuriosen Vorstellung, wonach das Wissen eines Basketballtrainers dem Club gehört, bei dem er arbeitet, war ziemlich klar, um was es in der Auseinandersetzung wirklich ging. Man hatte sich im Streit getrennt. Nelson verlangte 6,5 Millionen Dollar an ausstehenden Gehaltszahlungen, aber war damit auf normalem Weg nicht durchgedrungen und hatte ein Schiedsgericht eingeschaltet. Cubans Retourkutsche wirkte im Vergleich dazu nachtragend und infantil.

Das Gericht erkannte irgendwann die Rechtmäßigkeit von Nelsons Anspruch an, entschied auf eine Zahlung von 6,3 Millionen Dollar und eine Überweisung von weiteren 500.000 Dollar, um Nelsons Anwaltskosten zu übernehmen. Was die Beweisaufnahme produzierte, kam mit Verspätung 2009 an die Öffentlichkeit. Es enthüllte, wie die Beziehung zwischen Cuban und Nelson zerschlissen war. Im Mittelpunkt niemand anderer als der Star der Mannschaft: Dirk Nowitzki.

Ausgangspunkt für die Reibung war eine Situation von 2003 gewesen, als sich Nelson weigerte, im sechsten Spiel der Finalserie der Western Conference gegen die San Antonio Spurs, Nowitzki einzusetzen. Der hatte sich in einem voraufgegangenen Spiel eine Knieverletzung zugezogen. Cuban hingegen verlangte, angeblich nach Konsultation mit dem Teamarzt, den Würzburger trotzdem aufzustellen. Ohne ihn verloren die Mavericks das Spiel und die Serie.

Nelson erklärte im Schiedsgerichtsverfahren, weshalb er der Forderung seines Arbeitgebers nicht nachgekommen sei: Er habe als Spieler selbst eine ähnliche Verletzung erlitten und sich deshalb Sorgen gemacht, dass ein Einsatz Auswirkungen auf die weitere Basketball-Karriere von Dirk Nowitzki haben könnte. „Ich wollte diesen jungen Spieler nicht wegen eines einzigen Spiels einem solchen Risiko ausliefern. Egal wie wichtig dieses Spiel in diesem Moment auch gewesen sein mag."

Von da an wurde Nelson bei Beratungen über Verpflichtungen von Spielern bewusst ausgeschaltet. Das Kuriose an der Situation: Auf seinen Sohn Donn – Spitzname Donnie – , den er nach Dallas gebracht und in der Position des für personelle Entscheidungen Verantwortlichen installiert hatte, wirkte sich das alles überhaupt nicht aus. Der arbeitet auch heute noch bei den Mavericks. Seit 2005 in der Position des General Managers.

Aber zurück zum Draft-Abend von Vancouver, an dem sich Don auf die Kompetenz seines Sohnes verließ. Mit ihm sind nämlich zwei weitere Namen verknüpft, die nicht mit dem Buchstaben N anfangen. Beide gelten heute nur noch als Randfiguren in der Biographie von Dirk Nowitzki. Denn genau genommen hatte die Episode, in der die beiden eine Rolle spielten, keinen unmittelbaren Einfluss auf den Werdegang des Basketballers aus Würzburg.

Aber erwähnen muss man die beiden Männer trotzdem. Denn sie tauchen immer wieder in einer Geschichte auf, die scheinbar so plastisch und rund klingt: In ihr wird nämlich immer so getan, als hätten an diesem Abend die Milwaukee Bucks die Chance gehabt, den von ihnen gedrafteten Dirk Nowitzki zu behalten, den sie aber an die Mavericks im Tausch gegen einen anderen Spieler abgegeben hatten. Diese Aktion gilt kurioserweise als einer der krassesten Fehlgriffe in der Geschichte der NBA-Trades. Tatsächlich ist nur eines an dieser Episode wirklich interessant: Sie ist grundfalsch. Ein Ammenmärchen. Oder wie man heute gerne sagt: eine *urban legend.*

Der Name des Mannes, der in diesem Märchen immer als angeblicher Hauptversager genannt wird, lautet Bob Weinhauer. Der amtierte 1998 als General Manager der Milwaukee Bucks. Ein guter Bekannter von Don Nelson übrigens und jemand, der schon mal in dessen Gästehaus direkt am Ozean in Maui Urlaub gemacht hat und dort den Sonnenuntergang genoss: „Es ist wunderbar. Eine komplette Seite besteht aus Glas und öffnet sich zum Swimmingpool. Und man sieht dahinter den Strand. Du öffnest die Tür, und es kommt eine frische Brise herein."

Der zweite Name ist nicht minder wichtig, aber gilt eher als tragische Nebenfigur. Dabei handelt es sich um einen jungen Basketballspieler aus Detroit, den Weinhauer damals unbedingt verpflichten wollte und dies auch tat: Robert Traylor. Ein wuchtiger, großer Typ, der schon in seiner Jugend mit einem plakativen Spitznamen versehen wurde: *„Tractor Traylor"* – ein Wortspiel, das von einem Journalisten der *Detroit News* erfunden worden war.[4]

Weinhauer hatte in seiner Karriere einen sehr guten Lauf gehabt – zunächst als Assistent und Protegé des Dream-Team-Trainers Chuck Daly, als College-Coach in Pennsylvania und Arizona und als Assistenztrainer in der NBA, dann als Head Coach bei den Philadelphia 76ers, Atlanta Hawks und Minnesota Timberwolves. Zwischen 1994 und 1997 lag seine erfolgreichste Karrierephase. Damals war er Chefmanager der Houston Rockets. Das Team gewann in dieser Zeitspanne gleich zweimal die NBA-Meisterschaft.

Seine Vita hat allerdings selbst unter Basketballkennern keinen bleibenden Eindruck hinterlassen. Es gab bis vor kurzem nicht mal eine *Wikipedia*-Seite über ihn. Und die enthält bis heute keine Korrektur jener immer wieder gern erzählten Sottise über den „einseitigsten Trade in der Geschichte der NBA", wie Weinhauers Tauschgeschäft am Draft-Tag 1998 von dem angesehenen amerikanischen Sportautor Dave Zirin auf der Webseite der Zeitschrift *The Nation* mal genannt wurde.

So mancher stieß ins gleiche Horn. Der Manager der Milwaukee Bucks habe, so hieß es etwa im Juni 2011 auf der Online-Seite der Wochenzeitung *Die Zeit,* kurioserweise in einem Eishockey-Artikel („Das deutsche NHL-Finale"[5]), „Dirk Nowitzki für Traylor verramscht".

Die reinen Fakten sind übrigens unbestritten: Getauscht wurde damals der schon erwähnte Robert Traylor, ein mit vielen Vorschusslorbeeren versehener Power Forward von der University of Michigan, der in seinem letzten Jahr im College-Basketball im Schnitt etwas mehr als 16 Punkte pro Spiel erzielt und zehn Rebounds produziert und es zwei Monate vor der Draft auf die Titelseite des Magazins *Sports Illustrated* geschafft hatte, gegen den weithin unbekannten Dirk Nowitzki und einen ebenfalls nicht besonders hoch eingeschätzten Amerikaner namens Pat Garrity, dessen Vertragsrechte sich Milwaukee auf dem 19. Draft-Platz gesichert hatte.

Auf diese Weise – rein formal betrachtet über einen Umweg – kam der Würzburger nach Dallas. Und Traylor – ein Mann mit dem „süßen Charisma eines sanften Riesen" (Zirin) – landete in Milwaukee. Aber ein wichtiges Detail wird in solchen Nacherzählungen gerne unterschlagen: Nelson wollte Nowitzki von Anfang an und niemand anderen – aber er wollte dafür nicht seinen sechsten Draft-Platz nutzen. Weinhauer wiederum wollte immer nur Traylor, aber hatte Angst, dass er ihn mit seinem neunten Draft-Platz nicht mehr bekommen würde.

Der Spieler hatte gerüchteweise mit NBA-Profis in Detroit trainiert und die, so hörte man, im Zweikampf regelrecht vernascht. Kein Wunder, dass man bei den Bucks besorgt war, diesen Wunschkandidaten an Draftplatz 9 nicht mehr zu bekommen, weil ihn jemand anderer weggeschnappt hätte.

Nur deshalb ging Weinhauer auf den Handel mit dem an Platz sechs ziehenden Nelson ein. Ein Projekt, das übrigens nie zustande gekommen wäre, wenn Traylor zu diesem Zeitpunkt bereits von einem der Teams auf den Plätzen eins bis fünf ausgewählt worden wäre.

Doch es lief wie geplant. „Das war alles so abgesprochen", hat Don Nelson seitdem mehrfach betont. „Wir hätten dieses Geschäft auch nicht gemacht, wenn sie nicht die Spieler ausgewählt hätten, die wir haben wollten." Das Arrangement wurde vor der Draft offiziell wie vorgeschrieben an die Liga gemeldet. Allerdings wusste die interessierte Öffentlichkeit nichts davon und tappte am Draftabend deshalb lange im Dunkeln.

„Um Viertel nach sechs hatten wir alles zusammen und dann mussten wir warten und dafür sorgen, dass es auch genauso passiert", erinnerte sich Weinhauer später.

Der war am Draft-Abend mehr als zufrieden: „Wenn wir jetzt in den Krieg ziehen müssten, könnten wir uns mit jedem messen", sagte er. Kommentatoren wie Dan Shanoff von *Sports Illustrated* lobten: „Die Bucks haben es richtig gemacht, dass sie '98 den vermarktbaren und talentierten Robert Traylor gestohlen haben."

Dessen Verpflichtung galt nicht nur als hervorragender Schachzug. Der Tausch mit Dallas wirkte auf manche derart einseitig, dass der Eindruck entstand, Weinhauer habe Nelson und die Mavericks regelrecht übervorteilt. Ausgerechnet jener Bob Weinhauer, der im Kontrast zu Nelson nie sehr gerne auf Risiko gegangen war.

Noch ein Jahr später gab die harsche Bewertung der *Daily News* in Los Angeles die Standardsichtweise über jenen Draft-Deal wieder, nachdem sich Milwaukee im Unterschied zu Dallas für die Play-offs qualifiziert hatte: „Was an Don Nelson ist eigentlich dümmer? Dass er Traylor ausgewählt hat oder dass er ihn für Dirk Nowitzki eingetauscht hat?" Den Milwaukee Bucks bescheinigte die Zeitung damals: „Zum Glück sind sie den deutschen Import an Dallas losgeworden."

Die Realität sah schon bald ganz anders aus. Und mit ihr änderte sich – ungerechtfertigterweise – auch die Bewertung eines Mannes wie Bob Weinhauer.

Denn acht Jahre nach dem Draft-Tag stand Dirk Nowitzki mit den Mavericks zum ersten Mal in der Finalserie. Weitere fünf Jahre später war er Meister. Demgegenüber zeigte Robert Traylor nie das, was ihm Experten prophezeit hatten und was Weinhauer in ihm gesehen hatte. Er spielte nur ein paar Jahre in der NBA und wanderte von Club zu Club. Er erzielte dabei nicht mehr als einen Karriereschnitt von fünf Punkten und vier Rebounds pro Begegnung und kam zwischendurch auch noch mit dem Gesetz in Konflikt. Im November 2006 entdeckten Ärzte, dass er eine zu große Herzklappe hatte und operierten ihn. Er versuchte anschließend sein Glück in Spanien, in der Türkei und auf Puerto Rico, wo er im Mai 2011 – ein paar Wochen ehe Nowitzki den Titel gewann – überraschend an Herzversagen starb. Er wurde 34 Jahre alt und in seiner Heimatstadt Detroit beerdigt.

So traurig dies ist, die *urban legend* von der angeblichen Fehlleistung der Milwaukee Bucks war damals schon eine Weile im Schwange. Was unter anderem daran lag, dass Weinhauers Vertrag im Sommer 1999 nicht verlängert wurde. Das wirkte rein oberflächlich später so, als hätte ihn die Clubführung dafür abgestraft, dass er Nowitzki nicht verpflichtet hatte.

Tatsächlich lag der Fall ganz anders. Als er aus dem Amt gescheucht wurde, galt die Weitergabe des Würzburgers an die Mavericks noch immer als kluges Manöver. Mit anderen Worten: Das eine hatte mit dem anderen überhaupt nichts zu tun.

Obendrein: Verantwortliche NBA-Manager werden gewöhnlich nicht daran gemessen, ob ihre Prognosen eintreffen oder nicht. Denn diese Leistungsprojektionen bewahrheiten sich selten genug. Man kann Draft-Tableaus aus jedem Jahr nehmen und wird feststellen, dass viele Spieler, die am Draft-Tag hoch gehandelt wurden, nicht das eingelöst haben, was sich erfahrene Manager und Trainer von ihnen versprochen haben. So brachten aus dem Pool von 1998 mal gerade zwei Basketballprofis im Laufe ihrer Karriere als Leistungsträger ihrer Teams NBA-Titel nach Hause: Dirk Nowitzki (gezogen an Platz 9) und Paul Pierce (gezogen an Platz 10) von den Boston Celtics, die sich damals ebenfalls sehr stark für Nowitzki interessierten.[6] Die größte Enttäuschung: der auf Platz 1 von den Los Angeles Clippers gezogene nigerianisch-britische Diplomatensohn Michael Olowokandi.

Weshalb aber verlor Weinhauer ein Jahr nach der Tauschaktion mit Dallas eigentlich seinen Posten? Weil er im Sommer 1999 wichtige Leistungsträger nicht an den Club binden konnte und weil der von ihm selbst angestellte Trainer George Karl hinter den Kulissen um mehr Einfluss auf Personalentscheidungen antichambrierte. Die Sterne standen schlecht. Weinhauers Arbeit – die Bucks hatte 1999 zum ersten Mal seit 1991 wieder die Play-offs erreicht – galt als nicht gut genug. Und die Hoffnung auf den hochgepriesenen Traylor fiel langsam, aber sicher in sich zusammen.

Mit Nowitzki hatte das alles ganz und gar nichts zu tun.

Aber einige Fragen blieben offen. Und so beschloss ich irgendwann, mich auf die Suche nach Bob Weinhauer zu machen.

3. Kapitel

Die Milwaukee-Connection

Die Nummer von Bob Weinhauer steht im Telefonbuch. Weshalb man ihn leicht ausfindig machen kann. Zumal er zu den Basketballtrainern und -managern der alten Schule gehört. Wenn man ihm eine Nachricht auf dem Anrufbeantworter hinterlässt, ruft er zurück. Und er erzählt, wie das damals wirklich war, mit Nowitzki und Nelson. Doch wie das Leben so spielt, saßen wir uns wenige Monate später höchstpersönlich gegenüber. Mitten im Atlantischen Ozean.

Es wäre falsch, allzuviel in diese eine Begegnung hineinzugeheimnissen, die sich beinahe zufällig auf einem Schiff auf halber Strecke zwischen Florida und Portugal irgendwo im Atlantik ergab. Denn wir waren uns ja wenige Monate zuvor schon einmal begegnet. Und zwar am Telefon, bei einem Gespräch, bei dem wir uns hinreichend ausgetauscht hatten.

Bob Weinhauer hatte mir bei der Gelegenheit alles Wissenswerte aus seiner Zeit als verantwortlicher Manager bei den Milwaukee Bucks erzählt. Und natürlich auch die Sache mit Dirk Nowitzki erklärt. Und die mit Don Nelson.

Dass wir uns noch einmal über den Weg liefen, und zwar auf diesem komfortablen, mit seinem Platz für 400 Passagiere gar nicht mal besonders großen Kreuzfahrtschiff namens *Odyssey,* ist als kleine Arabeske trotzdem durchaus des Erwähnens wert. Nicht nur weil diese Episode zeigte, dass wir auf diesem ziemlich großen Planeten in einem unsichtbaren Netzwerk zahlloser Zufälligkeiten dahinschippern. Sondern auch weil sich eine solche Begebenheit einfach sehr viel stärker im Gedächtnis einprägt als ein ganz normaler Telefonanruf.

Unser Treffen kam morgens auf dem Mitteldeck neben dem kleinen Swimmingpool zustande. Die Sonne strahlte, nur ein paar kleine schüchterne Wolken dekorierten den Horizont. Es wehte eine leichte Brise.

Es passierte, weil ich seinen Namen kurz zuvor in einer Broschüre entdeckt hatte, die alle Kreuzfahrer nach der Abreise in Fort Lauderdale erhalten hatten und die alle Passagiere in alphabetischer Reihenfolge auflistete. Verbunden mit der Information über den Wohnort. Ich war mir deshalb ziemlich sicher, dass es sich dabei um genau diesen Mr. Weinhauer handelte, mit dem ich schon einmal gesprochen hatte.

Ich wollte ihn nicht überfallen. Ich wusste nicht mal, wie er aussah, und bat deshalb einen der Concierges mir bei der Kontaktaufnahme zu helfen. So dauerte es zwei Tage, bis wir zusammenkamen und ich erneut dieses kleine Puzzle auffrischen konnte, in dem er nach meiner Einschätzung eine nicht ganz unwichtige Rolle gespielt hatte.

Wir hätten uns an diesem Morgen über vieles unterhalten können, zum Beispiel über seine lange Karriere mit den Anfangsjahren auf Long Island, wo er 1939 geboren und aufgewachsen war. Über seine Zeit als College-Basketballtrainer, der zuerst mit der University of Pennsylvania in Philadelphia Erfolg hatte und dann mit Arizona State University in Phoenix. Über seine Stationen in der unterklassigen Continental Basketball Association hätten wir auch reden können. Oder über die Phase danach in der NBA, wo er bei den Houston Rockets 1994 und 1995 als General Manager wohl den Höhepunkt erlebte: Denn seine Mannschaft gewann exakt in beiden Jahren zum ersten und bis heute letzten Mal die Meisterschaft.

Aber unterhalten haben wir uns am Ende vor allem übers Reisen und seine familiäre Wurzeln in Europa. Das ersparte uns, ein weiteres Mal über Dirk Nowitzki zu reden, denn die entscheidenden Informationen hatte er mir bereits am Telefon gegeben.

Trotzdem versuchte ich ihm noch einmal zu erklären, in welchem seltsamen Mysterium er als jene völlig falsch beschriebene Figur existierte. Als Teil eines scheinbar unausrottbaren Narrativs, dem erstaunlich viele Menschen aufgesessen waren, weil sie besserwisserisch darauf bestanden, zu wissen, wie das 1998 vor und bei der Draft rund um Dirk Nowitzki abgelaufen war.

Es existierten allerdings in der Öffentlichkeit auch nur wenige brauchbare Informationen über den wahren Sachverhalt. Und diejenigen, die kursierten, waren offensichtlich von niemandem überprüft worden, ehe sie in die Welt gesetzt wurden. Ein gutes Beispiel ist der schon genannte Bericht in der Online-Ausgabe der Wochenzeitung *Die Zeit,* in dem auf einer kurzen Strecke von wenigen Sätzen gleich drei Behauptungen zu lesen sind, die alle dazu dienten, Weinhauer ins Lächerliche zu ziehen, weil der angeblich nicht erkannt hatte, welche sportlichen Talente in dem jungen Basketballer aus Würzburg steckten.

Zum besseren Verständnis hier die drei wesentlichen Fehler dieser Passage, die alle mit sehr viel Überzeugungskraft vorgetragen wurden:

Erster Fehler – die Charakterisierung der Transaktion: Demnach hätten die Bucks damals den Dallas Mavericks im Tausch für Dirk Nowitzki den Amerikaner Robert Traylor „entreißen" können.

Zweiter Fehler – die Gesamtbewertung des Vorgangs: Angeblich sei die Tauschaktion „als einer der schlechtesten der Klubgeschichte" der Milwaukee Bucks zu betrachten.

Dritter Fehler – es hätten sich für den damaligen Chefmanager der Bucks daraus sogar persönliche Konsequenzen ergeben. Zitat: „Ein Jahr nachdem Weinhauer Dirk Nowitzki für Traylor verramscht hatte, war er seinen Job los."

Übrigens geistern nicht nur in Deutschland seit Jahren Darstellungen herum, die den Tausch missbilligen oder sogar ins Lächerliche ziehen. Manche gehen so weit, ihn als eine der größten Fehlleistungen in dieser Kategorie in der Geschichte der Liga einzustufen. So schaffte es der Nowitzki-Trade 2011 beim vielgelesenen Online-Sportinformationsanbieter *Bleacher Report* auf Platz elf der „schlimmsten Trades in der Geschichte der NBA". Die Webseite *The Sportster* hievte ihn 2014 sogar auf Rang acht in einer ewigen Schlechtesten-Liste und nannte das Arrangement zwischen den Mavericks und den Bucks „einen der katastrophalsten Draft-Tag-Trades in der NBA-Geschichte".

Dabei hätte die Recherche locker einen Artikel lokalisiert, der bereits 2011 im *Milwaukee Sentinel Journal* erschienen war, als die

Dallas Mavericks auf dem Weg Richtung Titelgewinn unterwegs waren. Schon die Überschrift erklärte alles: *„Harris says Bucks never had Dirk"* – Die Bucks hatten Nowitzki zu keinem einzigen Zeitpunkt gehabt, wie Larry Harris, 1998 unter Weinhauer Direktor der Scouting-Abteilung der Bucks und einer der Zeitzeugen erklärte: „Die Absprache wurde bereits vor der Draft getroffen."

Weinhauer selbst hatte sich bis zu unserem Telefonat zu dem Thema niemals ausführlich geäußert. Warum auch? Er hatte gar nicht verstanden, wie Leute überhaupt darauf gekommen waren, die Aktion zu thematisieren. Die Bucks hätten Nowitzki den Mavericks ohnehin niemals einfach wegschnappen können. Wir erinnern uns: Dallas war 1998 bereits an Platz 6 an der Reihe, Milwaukee an Platz 9. Don Nelson hätte also Nowitzki, den er unbedingt haben wollte, nur an die fünf Teams verlieren können, die vor ihm auf der Draft-Liste standen. Aber die hatten ganz andere Spieler im Visier, wie sich im Verlaufe des Abends zeigte: Auf den Plätzen eins bis fünf wurden gezogen: der Center Michael Olowokandi, der Spielmacher Mike Bibby, der ebenfalls als Center eingestufte Raef LaFrentz, der Forward Antawn Jamison, der sich mit seinem Spiel in North Carolina die Auszeichnung „College-Spieler des Jahres" erworben hatte, und der sprunggewaltige Shooting Guard Vince Carter.

Tatsächlich liegt der Clou an diesem Vorgang nicht darin, dass Milwaukee einen zukünftigen Star-Spieler hätten haben können, den jedoch ahnungslos und dummerweise verschmähte. Sondern er besteht einzig und allein in dem Manöver von Nelson, für einen Spieler, den er sowieso verpflichten wollte, einen Tausch einzufädeln, mit dem er einen zusätzlichen Baustein erhielt, der ihm das Kapital gab, um weiter zu schachern.

Wie funktionierte das? Er tat Milwaukee einen Gefallen, als er an Platz sechs den Spieler zog, den die Bucks unbedingt haben wollten – den hoch eingeschätzten Robert *Tractor* Traylor – und bekam dafür eine Extra-Gegenleistung: die Rechte am Pick auf Platz 19, den die Bucks besaßen. Diesen Spieler – Pat Garrity – konnte Nelson unmittelbar nach der Draft als werthaltiges Objekt für einen zweiten Tausch einsetzen. Mit ihm sicherten sich die Mavericks am selben Abend ein zweites vielversprechendes Talent: Aufbauspieler Steve Nash, der damals bei den Phoenix Suns unter Vertrag war, aber dort völlig unter Wert eingesetzt wurde.

Natürlich weihte Nelson die Bucks nicht in diesen komplizierten Plan ein, als man sich über die Nowitzki-Aktion verständigte. So etwas gehört zum geschickten Taktieren zwischen Clubmanagern in der NBA, die gewöhnlich nur sehr vorsichtig signalisieren, was sie im Schilde führen. Wie es im amerikanischen Sport üblich ist, wurde das Arrangement erst nach der Draft der Öffentlichkeit und den anderen Clubs in der Liga mitgeteilt. Damals konnte niemand außerhalb der eingeweihten Kreise überhaupt nachvollziehen, was es mit diesem Manöver auf sich hatte. Nur soviel war klar: Der unberechenbare Zocker Nelson hatte nicht etwa Bob Weinhauer überlistet, sondern das gesamte eingefahrene Denkschema einer Managementwelt, die sich nicht ausmalen konnte, dass jemand wie Dirk Nowitzki der NBA eines Tages eine völlig neue Dimension im Basketball aufschließen würde: den riesengroßen Spieler, der sich nicht wie ein Center nahe am Korb aufhält, sondern aus der Distanz mit traumwandlerischer Sicherheit seine Würfe versenkt.

Das Protokoll des Telefongesprächs mit Bob Weinhauer über den Draft-Abend von Vancouver und seine Beziehung zu Don Nelson liefert eine detaillierte Beschreibung der Abläufe:

Herr Weinhauer, lassen Sie uns zunächst einmal darüber sprechen, wie das 1998 im Detail ablief. Wer hat damals wen angerufen und den Tausch initiiert?

Ich habe in den Wochen vor der Draft vermutlich mit fast jedem Team über mögliche Szenarios gesprochen. Wer macht was? Wer ist an wem interessiert? Dabei mit Dallas und in diesem Fall mit Don Nelson zu reden, war nichts Ungewöhnliches. Ob wir nur einmal oder mehrmals miteinander gesprochen haben, weiß ich nicht mehr. Aber er war es, der vorschlug, dass wir uns auf einen Tausch verständigen, bei dem wir beide für einander ziehen.

Sie dürfen aber nicht vergessen: Zu dem Zeitpunkt haben wir in Milwaukee eine Reihe von unterschiedlichen Kombinationsmöglichkeiten gesehen. Unser europäischer Scout hatte Nowitzki spielen gesehen und uns einen Bericht übermittelt. Wir waren auf Platz 9 und hatten ihn nicht auf unserer Liste. Unser Bedarf bestand aus zwei Spielertypen. Wir brauchten einen Power Forward, der gut rebounden konnte. Und wir brauchten einen Guard, der sowohl als Aufbauspieler als auch als Korbschütze fungieren konnte.

Ich hatte Larry Hughes aus St. Louis als Guard identifiziert nach dem Vorbild von Spielern, wie sie die Detroit Pistons eingesetzt hatten: Isiah Thomas und Vinnie Johnson. Wir hatten bereits Ray Allen, einen großartigen Korbschützen. Und wir hatten Sam Cassell. Ich wollte Larry Hughes für diese Rolle. Bei den großen Spielern hatten wir Glenn Robinson, ein exzellenter Schütze aus Purdue, Spitzname *„Big Dog"*. Wir hatten Armen Gilliam, ebenfalls ein exzellenter Schütze als Power Forward, aber kein guter Rebounder. Wir hatten Tim Thomas, auch ein guter Schütze, aber kein guter Rebounder. Wir hatten Scott Williams aus North Carolina, der das ganze mehr oder weniger komplettierte. Wir hatten Sorge, dass Robert Traylor an Draft-Platz 9 schon von jemand anderem gezogen sein könnte.

Wie muss man sich das vorstellen, wenn Sie in der Phase mit anderen Clubs reden? Wie vorsichtig gibt man zu erkennen, was man vorhat? Wie offen ist man? Die Teams sind schließlich Konkurrenten.

Man kann eigentlich niemandem wirklich glauben, was er sagt. Gewöhnlich machst du das in der frühen Phase folgendermaßen: Du achtest nicht auf die Namen, die sie erwähnen, sondern auf die, die sie nicht erwähnen. Die schreibst du dir auf. Denn das sind gewöhnlich die Personen, für die sie sich vermutlich interessieren. Man lügt einander nicht an, aber man versucht, möglichst wenig von den eigenen Plänen durchblicken zu lassen, wenn man jemandem einen Tausch anbietet.

Nellie hat mit einem Szenario angerufen, in dem wir Robert Traylor an Draft-Platz 6 bekommen konnten. Sie waren daran interessiert, Nowitzki an Platz 9 zu bekommen, weil der Besitzer der Mavericks ihm nicht das höhere Gehalt bezahlen wollte, das ihm mit dem sechsten Platz zugestanden hätte. Ich sage das mit dem Hinweis darauf, dass Dallas vermutlich Nowitzki am besten und am gründlichsten gescoutet hatte und eine Idee davon hatte, wer er ist.

Also kamen Sie an einen Punkt, an dem Sie das Gefühl hatten, Sie können Nelson vertrauen und sie verstehen beide, um was es bei diesem Tauschgedanken für beide Seiten geht?

Nellie und ich haben diesen Punkt schon ziemlich früh erreicht. Ich wusste, was er wollte.

Sie konnten ihm also offen sagen: Ich will Traylor, aber mache mir Sorgen, dass er an Platz 9 nicht mehr zu haben ist?

Ja, wir konnten das zugeben, einen Tag vor der Draft oder am Draft-Tag, so genau weiß ich das nicht mehr. Wir hatten das auch mit unserem Club-Besitzer [Herb Kohl] abgesprochen, mit dem wir immer alles geklärt haben. Wir waren alle einer Meinung. Wir wollten einen Power Forward. Und wir hatten nichts dagegen, das Nellie zu sagen. Denn wir wussten: Er will Nowitzki. Er würde nicht Traylor an 6 ziehen und ihn dann behalten. Das Ganze basierte natürlich auf der Prämisse, dass Traylor an 6 und Nowitzki an 9 beide noch zu haben waren. Und dass Pat Garrity an 19 noch nicht weg war. Ich dachte damals, dass es für Dallas am wichtigsten war, Nowitzki zu bekommen. Mir war nicht klar, dass Nelson versuchen wollte, Garrity in einem Paket an Phoenix weiterzugeben, um Steve Nash zu holen. Das hat uns auch nicht weiter interessiert. Aber im Blick zurück denke ich, wir hätten Dallas nur einen Zweit-Runden-Draft-Platz anbieten sollen und nicht unseren 19. Platz in der ersten Runde.

Weil die Chance, von Platz 9 auf Platz 6 vorzurücken, keinen so großen Unterschied bedeutete?

Das hängt davon ab, wen man an 6 bekommen kann. Lassen Sie uns nochmal diese Draft anschauen. An eins wurde Michael Olowokandi von den Los Angeles Clippers gezogen. Er hat in seiner ganzen Karriere nichts in der NBA bestellt. Nummer 2, Mike Bibby, der ging an Vancouver. Drei: Raef LaFrentz aus Kansas war ebenfalls in seiner Karriere kein bedeutender NBA-Profi. Zwei der Topspieler, die vor Robert gezogen wurden, stellten sich als nicht viel wert heraus.

Aber das gehört doch immer zur Draft dazu, dass man vorher nicht weiß, was aus den Spielern wird, und dass sich die Teams bei ihren Entscheidungen in 50 Prozent der Fälle verschätzen.

Ja. Das gehört zur Draft. Das kann man auch anhand der Zahl der Spieler belegen, die nach nur einem oder zwei Jahren von den Teams abgegeben werden. Weil es mit ihnen in der Mannschaft, von der sie gedraftet wurden, nicht funktioniert hat. Manchmal passen sie woanders besser hinein. Aber was ich schon gesagt habe: *Nellie* hat das damals vorgeschlagen. An Nowitzki waren wir nicht interessiert. Ehrlich gesagt, in den ersten beiden Jahren in der Liga war er allenfalls ein durchschnittlicher Spieler. Es gab keine Anzeichen dafür, dass er ein so großartiger Spieler werden würde. Und so hatte es auch nichts mit meinem Abgang in Milwaukee zu tun.

Völlig unabhängig von der Entscheidungslage 1998 – wann hatten Sie zum ersten Mal das Gefühl, dass Nowitzki ein vielversprechender Spieler war?

Vielleicht zwei oder drei Jahre später. Wir haben ihn in der *Summer League* nach der Draft gesehen. Ehrlich gesagt, er war so gut wie kein Faktor. Er war langsam und sah aus wie ein großgewachsener Typ, den man sich als Distanzschütze ausmalen konnte. Aber von denen hat es schon immer jede Menge gegeben. Niemand kann wirklich abschätzen, was in jemandem steckt, wieviel Zeit und Energie er in etwas steckt. Aber er hat das getan und hat aus sich ein Spitzenspieler in der Liga gemacht. Und das für mehr als die letzten zehn Jahre.

Er wirkte damals nicht wie ein Typ, der in ein nach klassischen Kriterien zusammengestelltes Team gepasst hätte?

Das gilt sicher für die ersten Jahre. Ich glaube nicht, dass damals jemand gesagt hat, er würde gerne um Nowitzki herum ein komplettes Team aufbauen. Man war 1998 auf gewisse Weise fasziniert, weil es vor ihm bereits ein paar erfolgreiche europäische Spieler in der NBA gegeben hatte. Wie sich herausstellte, war das für die Mavericks eine exzellente Entscheidung. Er spielt noch immer in Dallas.

Nachdem Mark Cuban den Club gekauft hatte, zeichnete sich in Dallas ab, dass man um Nowitzki als zentraler Figur herum eine komplette Mannschaft aufbauen kann.

Als Mark Cuban kam, wusste man bereits, dass Nowitzki ein sehr, sehr guter Spieler werden würde. Und man wusste, dass man um ihn herum Spritzigkeit und Athletik brauchen würde, um ein gutes Team aufzubauen. Das haben sie sehr gut hinbekommen.

Haben Sie sich seit 1998 jemals mit Don Nelson oder seinem Sohn Donn, der damals ebenfalls beteiligt war, über ihre Erinnerungen an die Draft unterhalten?

Nein. Wir kannten uns gut, aber waren keine engen Freunde. Ich hatte aber die Gelegenheit, in Nellies Haus auf Maui zu wohnen. Zwei Wochen lang. Er war so nett, meiner Frau und mir das anzubieten. Über diesen Trade haben wir noch nie gesprochen. Ich will ihm auch nicht die Chance geben, sich allzu diebisch zu freuen.

Die NBA ist so etwas wie eine Zunft oder eine Burschenschaft, korrekt?

Auf dem Platz kämpft man gegeneinander. Abseits vom Spielfeld geht man freundschaftlich miteinander um. Man macht miteinander Geschäfte. Es gibt Kollegen, die man im Laufe der Zeit besser kennenlernt. Und andere nicht. Aber ich habe Nellies Basketballverstand immer respektiert.

4. Kapitel

Holger – zwei Gespräche mit einem Meister seines Fachs

Es sind einige Begriffe im Umlauf, um die besondere Rolle von Holger Geschwindner im Leben und in der Karriere von Dirk Nowitzki zu charakterisieren: Entdecker, Mentor, Manager, persönlicher Trainer. Der Grund: Der Einfluss des Mathematikers und Physikers auf den Werdegang des besten Basketballers Europas geht über ein paar schrullig wirkenden Anleitungen zur Technik des Sprungwurfs weit hinaus.

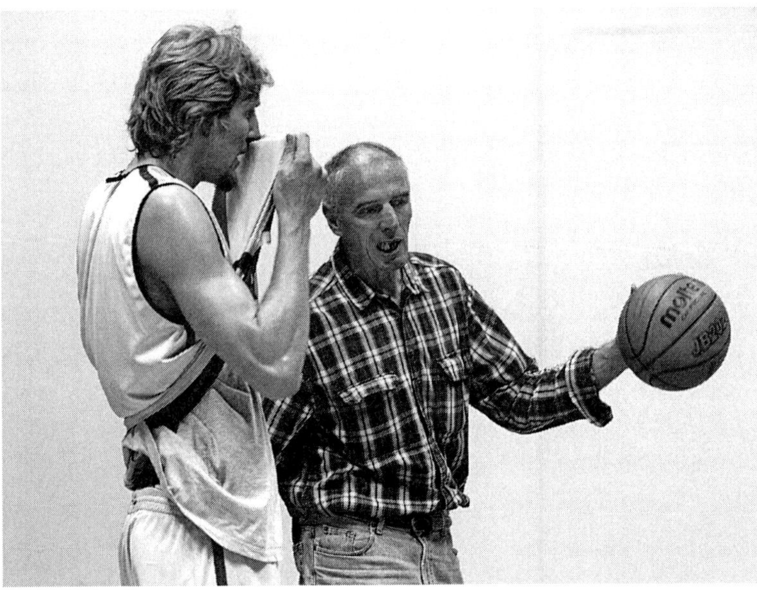

Als Mentor und Privatcoach bis heute regelmäßig an Nowitzkis Seite: Holger Geschwindner. (imago/Camera 4)

Es ist nie ganz klar, wann eine Geschichte so richtig beginnt. Sicher nicht mit der Geburt. Denn wer konnte schon am 19. Juni 1978, als

Dirk Werner Nowitzki in Würzburg auf die Welt kam, davon ausgehen, dass er als Teenager auf enorme 2,13 Meter heranwachsen würde? Seinen siebten Sinn für den Basketball konnte man da auch noch nicht prognostizieren. Auch wenn Mutter Helga bei der TG Würzburg zum Stamm gehörte und so gut war, sich in die deutsche Basketball-Nationalmannschaft hochzuarbeiten. Genauso wie Dirks vier Jahre ältere Schwester Silke eine Generation später. Vater Jörg-Werner, von Beruf Malermeister, hatte aktiv Handball gespielt und es damit in die Zweite Bundesliga geschafft.

Der junge Dirk kam mit zehn Jahren nur deshalb zum Basketball, weil ihn sein Lehrer Jörg Meng für die Schulmannschaft des Würzburger Röntgen-Gymnasiums rekrutierte und so die ersten Grundlagen schuf. Nowitzki hatte anfänglich null Spaß an der Sache. Das legte sich erst, als der Vater für seine Schwester und ihn vor dem Haus einen Korb installierte. Sein wirkliches Interesse galt nämlich zunächst dem Tennis. Bis zur achten Klasse, als sich seine Ambitionen und seine Lust auf eine Mannschaftssportart, in der er Eindruck machte, eindeutig in eine andere Richtung wiesen.

Also begann die Geschichte zu diesem Zeitpunkt? Nein, eigentlich nicht mal dann. Denn etwas fehlte noch: Ein Typ, der in dem Potenzial mehr sah als für eine Karriere in der deutschen Bundesliga. Sondern ein Projekt mit Aussichten auf sehr viel mehr.

Dieser Typ – das war Holger Geschwindner, ein ehemaliger Basketballnationalspieler, der im Fränkischen nach dem Ende seiner Laufbahn noch immer gerne mit den Alten Herren unterwegs war und rein zufällig bei einem Abstecher nach Schweinfurt den damals 16-Jährigen mit der Jugendmannschaft vom DJK Würzburg erlebte. „Sag mal, wer hat dir das denn alles beigebracht?“, fragte er ihn bei der nächsten Begegnung. Und der antwortete: „Niemand.“

Das war der eigentliche Anfang, der Moment, in dem die Geschichte losging. Denn Dirk kam nach Hause und erzählte: „Da war ein Mann in unserer Halle, könnt ihr mit dem mal reden?“ Und so saß man „einige Tage später zusammen bei Kaffee und Kuchen“ bei den

Nowitzkis „und vereinbarte einmal die Woche ein gemeinsames Training".[7]

Geschwindner, ein studierter Physiker und Mathematiker mit eigener Projekt-Management-Firma, erklärte den Eltern, um was es geht. „Wenn es euch reicht, dass Dirk der beste deutsche Basketballer wird, dann braucht ihr mich nicht, denn den hält hierzulande keiner auf."[8]

Es ging um mehr. Weshalb von da an auch Extra-Trainingsschichten anberaumt wurden – in der Turnhalle in Rattelsdorf, zwölf Kilometer von Bamberg entfernt, mit täglichen Trainingseinheiten, bei denen der Zahlenmensch Geschwindner dem Jungen gleich noch die theoretischen Grundlagen eines wichtigen Aspekts des Basketballspiels vermittelte. „Dass bei Geschwindigkeit X, Winkel Y und Flugkurve Z einfach der Korb getroffen wird – wir können ja nicht aus der Physik rausfallen."[9]

Den Kopf von Dirk Nowitzki erreicht er gleich auf mehreren Ebenen. Er schenkt ihm schon bald ein Saxophon, gibt ihm anspruchsvolle Bücher von Carl Friedrich von Weizsäcker und Joseph Conrads, lässt ihn auf dem Trampolin an der Beweglichkeit und Körperkoordination arbeiten und bringt ihn mit anderen ehemaligen Spitzensportlern zusammen. Nowitzki rudert. Nowitzki steht auf der Planche Olympiateilnehmern aus Tauberbischofsheim gegenüber. Immer nach dem Motto: „Der Körper ist das Instrument, das es zu putzen und zu pflegen gilt, um darauf erfolgreich spielen zu können."[10]

Mit diesem Rüstzeug landen die beiden im März 1998 in San Antonio bei einem Schau-Wettkampf, zu dem die besten Highschool-Basketballer Amerikas angereist sind und gegen ein Weltteam antreten. Nowitzki spielt natürlich in der Weltauswahl – mit der Rückennummer 15 – und demonstriert sein Format, als er seine Gegenspieler ausdribbelt und jede Menge Körbe erzielt. Angefeuert von Holger Geschwindner, der zunächst keinen Zugang zur Arena erhält, aber dann von seinem Kontaktmann bei der Sportausrüsterfirma, die für diesen Nike Hoop Summit verantwortlich ist, einen Stuhl neben die Spielerbank gestellt bekommt.

Nowitzki verwandelt Freiwürfe und Dreier und geht keinem Körperkontakt aus dem Weg, erzielt 33 Punkte, wird zum MVP ernannt, dem wertvollsten Spieler der Begegnung, und gibt sein erstes Fernseh-Interview auf Englisch. Das Aufsehen um ihn ist ihm unangenehm. Er will anschließend „nichts wie heim nach Würzburg", wie er Jahre später im Buch „Nowitzki" verrät.[11]

Auf der Tribüne sitzt Donn Nelson, der Sohn des kurz zuvor in Dallas installierten General Managers und Cheftrainers der Mavericks und traut seinen Augen nicht: „Ich habe mich umgeschaut, um zu sehen, wer sonst noch das Spiel gescoutet hat." So entsteht in Dallas der Plan, Nowitzki, wenn er denn zu einem Wechsel in die NBA bereit sein würde, zum Club der Nelsons zu lotsen.

So etwas klingt einfacher als es ist. Denn in den populären amerikanischen Mannschaftssportarten gibt es ein System, genannt Draft, das ausschließt, dass sich Teams direkt auf dem Spielermarkt der jungen Talente bedienen können. Das bedeutet konkret für die NBA: Jeder Nachwuchs-Basketballer, der einen Vertrag in der besten Liga der Welt möchte, kann sich sein Team gar nicht aussuchen. Die Rangfolge der Draft eines Jahres, bei der die schlechten Mannschaften des Vorjahres zuerst an der Reihe sind, ehe die besseren Teams sich im Pool der Aspiranten bedienen können, ist der entscheidende Faktor dafür, was geschieht. Diese Methode sorgt für eine Leistungsparität zwischen den Teams und dafür, dass wohlhabende Clubs in den größeren Städten die ärmeren in den kleineren Orten nicht ausmanövrieren können.

Die Dallas Mavericks haben als sechstes Team der Ziehung theoretisch also eine hervorragende Chance, andere Interessenten auszustechen. Trotzdem will Don Nelson an diesem Abend im Juni 1998 in Vancouver noch ein wenig pokern. Erstens, um Nowitzki nicht an Platz sechs auszuwählen, weil man ihm damit aufgrund der Lohnliste der NBA für sogenannte Rookies mehr Geld garantieren muss als jemandem, der auf einem niedrigeren Draftplatz gepickt wird. Und zweitens um zu testen, ob sich daraus nicht ein schickes Tauschgeschäft entwickeln lässt, bei dem Dallas nicht nur Nowitzki erhalten würde, sondern vielleicht sogar noch mehr. Nelsons Rechnung geht auf, wie vorne ausführlich beschrieben.

Und auch die Bitte an den jungen Spieler, sich nicht erst einmal in der Bundesliga einzunisten und das Abenteuer Amerika in eine ferne Zukunft zu schieben, fällt auf fruchtbaren Boden. Sein erstes Punktspiel zum späten Auftakt der wegen einer Tarifauseinandersetzung zwischen der Liga und der Spielergewerkschaft verkürzten Saison wird allerdings in der Heimat zu einem mittelgroßen Spektakel aufgeputscht. Denn beim Gegner, den Seattle SuperSonics, spielt der bis dahin bekannteste deutsche Basketball-Profi, der Leverkusener Detlef Schrempf.[12]

Erst zwölf Jahre danach ergibt sich die Gelegenheit zu einem Interview mit Holger Geschwindner, diesen langen Weg, der beinahe schon etwas eher zum Titelgewinn geführt hätte, ausführlich zu analysieren. Eine Momentaufnahme, zu der wir uns im Juni 2011 in Miami während der Finalserie treffen, als die Mannschaft nach fünf Spielen mit einer 3:2-Führung nach Florida zurückgekehrt ist und die Chancen auf den Meisterschaftserfolg überraschend gut aussehen.

Aber unbeschwert und abgrundtief zuversichtlich ist in diesem Augenblick niemand. Denn schon einmal – 2006 – hatten die Dallas Mavericks in der Endspielserie – damals nach einer 2:0-Führung – unverständlicherweise ihren Vorteil einfach verschenkt. Auch diesmal geht es wieder gegen die Miami Heat. Und viele im Kreis der Experten hadern erneut vor allem mit Nowitzki. Ist er einfach mental nicht der richtige, um in der entscheidenden Situation mit dem notwendigen Killerinstinkt die Spiele für sich und seine Mannschaft zu entscheiden?

„Hier in den USA will man immer den kürzesten Weg zu Ziel", meint Geschwindner vor der alles entscheidenden Begegnung, an deren Ende für die Mavericks, Nowitzki und Geschwindner alle Anstrengungen kulminieren. Sisyphos schafft es auf den Gipfel. Und der schwere Ball, den er jahrelang immer wieder hinaufzurollen versucht hat, bleibt für einen Moment lang da oben liegen. Nowitzki muss kurz vor dem Schlusspfiff in die Umkleidekabine laufen, weil er die

Tränen verbergen will, die ihn übermannen. Auch Holger Geschwindner hat an diesem Abend feuchte Augen.

Der Druck fällt ab. Nicht aber jene Souveränität, mit der sich Geschwindner in den Tagen davor unter anderem über die Fragen der amerikanischen Basketball-Journalisten amüsiert hatte, die nicht nachvollziehen können, mit welchem Rezept er und sein Schützling gearbeitet haben. Ein privater persönlicher Technik-Trainer in der NBA? Wie geht das?

Die Neugier reicht allerdings nicht tief – „der Weg dorthin spielt für die alle keine Rolle", sagt Geschwindner, der über eine schroffe Art verfügt, die im Kontrast zu der üblichen amerikanischen Art der schönfärberischen, ecken- und kantenlosen Erklärungen seiner Berufsgenossen steht.

Wir sitzen nachmittags auf der Tribüne des American Airlines Center, während die Spieler auf dem Parkett eine Trainingseinheit abspulen und gehen am Horizont einer Profikarriere entlang, um alles ein wenig einzuordnen. Darunter auch die Treue von Nowitzki zu einem einzigen Club, in der besten Basketballliga der Welt eine absolute Rarität.

Herr Geschwindner, Sie haben in Ihrer Arbeit immer das Wort Werkzeugkasten benutzt, um zu beschreiben, was ein Spieler wie Dirk Nowitzki mit seinem Können als hervorragender Sprungwurfspezialist braucht, um das Beste aus seinen Möglichkeiten zu machen. Besitzt er inzwischen alle Werkzeuge?

HOLGER GESCHWINDNER: Mit 2,13 Meter kann man nicht die gleichen Dinge tun wie ein Turner wie Fabian Hambüchen am Reck. Aber im Rahmen seiner körperlichen Voraussetzungen und was er mit seiner Denke mitbringt, haben wir jedes Jahr etwas dazugepackt. Und es gibt noch ein paar Sachen, die er in petto hat. Die kann er noch nicht auspacken. Wenn man die vorführt, dann muss man auch gewährleisten, dass die mit einem hohen Prozentsatz realisierbar sind und funktionieren.

Im Moment beschäftigen sich viele Journalisten in den Vereinigten Staaten mit seiner Fähigkeit, mit einem ungewöhnlichen Sprungwurf den Ball in den Korb zu befördern. Er springt auf einem Bein ab, das andere hängt irgendwie in der Luft. Dabei fällt er zurück und wirkt so, als ob er auf dem Hosenboden landen würde. Die Verblüffung, dass das gelingt, ist groß.

HOLGER GESCHWINDNER: Da macht man jetzt ein Mordsgedöns draus. Das hat es alles schon mal gegeben. Nur geht das dann verloren. Kareem Abdul-Jabbar hatte früher einen Hakenwurf im Repertoire, einen Hook Shot. Heute schießt kein Mensch mehr einen Hook Shot. Der gehört auch wieder eingeführt. Das sind tolle Werkzeuge. Das wird hier als Wunder dargestellt. Das ist gar nichts.

Dirk Nowitzki steht zum zweiten Mal in seiner NBA-Laufbahn in der Finalserie und hat die Chance, Meister zu werden. Das war immer sein großes Ziel. Wie zufrieden sind Sie denn mit Ihrer Arbeit?

HOLGER GESCHWINDNER: Ich habe kein Talent zur Zufriedenheit (lacht). Die Summe meiner Unfähigkeiten hat nicht ausgereicht, sein Talent zu ruinieren.

Das klingt ironisch.

HOLGER GESCHWINDNER: Nein. Wir machen nichts Besonderes. Er wollte das tun. Und dann haben wir einen Plan gemacht. Dann haben wir jeden Tag – so weit das möglich war – unsere Hausaufgaben gemacht. Man muss dabei auch flexibel sein. Er macht das super. Das kann man einfach nicht anders sagen.

Sie sagen, das sei nichts Besonderes. Das Besondere ist doch schon, dass Sie beide all die Jahre kontinuierlich zusammenarbeiten. Das gibt es nirgendwo in der NBA.

HOLGER GESCHWINDNER: Das liegt an den Spielern. Und wenn Dirk an einen Punkt kommt, an dem er alles erreicht hat und keine Lust mehr hat, hören wir auf. Wir wollen nichts beweisen. Ich kann nichts dafür, dass die Spieler alle drei Tage ihre Trainer oder ihre Agenten wechseln.

Aus Ihnen beiden spricht ein ausgeprägter Sinn für Stabilität. War dieses Bedürfnis ein wichtiger Aspekt für die Entscheidung im letzten Sommer, in Dallas zu bleiben?

HOLGER GESCHWINDNER: Da gab es verschiedene Gedanken. Aber in die Überlegungen mit eingeflossen ist auch dieser Punkt: Wenn er zu einem anderen Verein geht, dann fängt er bei Null an. Da kennt er die Verhältnisse nicht. Die Dallas Mavericks haben mit Mark Cuban einen Besitzer und Fan in einer Person. Der hat seine Eigenheiten wie jeder andere Mensch auch, macht das aber toll. Die Chemie in der Mannschaft ist super. Jetzt hat er noch drei Jahre hier. Und dann müssen wir mal gucken.

Nach nur einem knappen Jahr weiß man: Die Entscheidung für Dallas war nicht falsch. Die Mannschaft steht in der Finalserie. Überrascht Sie das?

HOLGER GESCHWINDNER: Man weiß heute, das haben die Boston Celtics vorgemacht, dass man mindestens drei Mann auf sehr hohem Niveau braucht, um eine Meisterschaft gewinnen zu können. In Miami haben sich im letzten Sommer auch drei zusammengetan – Dwyane Wade, LeBron James und Chris Bosh. Bei den Mavericks ist das ein bisschen mehr verteilt. Klar muss Dirk seinen Beitrag leisten. Aber wenn er ausreichend Hilfe hat, dann kann man es eventuell schaffen.

Aber erst nach der Vertragsunterzeichung wurden wichtige Verstärkungen verpflichtet – wie etwa Center Tyson Chandler und später der Distanzschütze Peja Stojaković. Das konnten Sie nicht ahnen, oder?

HOLGER GESCHWINDNER: Sagen wir mal so: Da gibt es Buschtelefone. Aber die Mavericks konnten in den Gesprächen mit anderen Spielern nichts machen, solange Dirk nicht zugesagt hat. Wenn er nicht unterschreibt, wäre ja keiner zu dem Club gekommen. Das hängt alles zusammen. Sicher, man kann nicht jammern. Die Entscheidung hat sich bis jetzt als richtig erwiesen. Und Dirk hat noch drei Jahre. Es muss ja nicht jetzt gleich auf Anhieb gelingen. Aber es sieht so aus, als dass sie die Strategie weiterfahren wollen. Und also haben wir noch ein bisschen was vor uns.

*

Rechtzeitig zum Beginn der neuen Saison im Herbst 2012 und ein Jahr nach dem Meisterschaftserfolg gegen die Miami Heat, publizierte Geschwindner zum ersten Mal ein Buch über den Erfahrungsschatz, den er als ehemaliger Nationalspieler und eigenwilliger Talentförderer zusammengetragen hatte.

Es trägt den ziemlich raumgreifenden Titel *Nowitzki. Die Geschichte* und ist ein eher unsystematisches Werk. Man könnte auch sagen, es zeigt in seinem Aufbau und in dem, was es an Einblicken gewährt, ganz viel über das ganz und gar nicht durchorganisierte Gehirn des Vordenkers und Begleiters von Dirk Nowitzki. Erklärungen für den Karriereerfolg versucht es gar nicht erst zu liefern. Es spiegelt die alte Maxime wider, wonach man Erfolg nicht planen kann.

Obwohl: Geschwindner hat sicherlich alles getan, um diesen Erfolg zu ermöglichen. Und seine Rolle ist von großer Bedeutung. Aber wie bringt man so etwas rüber? Wie erbringt man den Nachweis der eigenen Relevanz, wenn man weiß, dass vor allem das deutsche Publikum sehr empfindlich auf jemanden reagiert, der seinen Einfluss allzu deutlich in den Vordergrund stellt. Extrovertiert sein, Ich-sagen, das stört in Amerika niemanden. In Deutschland gilt Bescheidenheit als Zier Nummer eins.

Ich hatte noch nie das Gefühl, dass jemand wie ich in der Lage sein würde, einen skizzenscharfen Abriss von Geschwinderes Leistung zu liefern. Aber man kann es zumindest versuchen, seine Denkweise zu untersuchen. Ich hatte die Gelegenheit dazu im Herbst 2012. Bei einem ausführlichen Telefongespräch aus Anlass der Veröffentlichung seines Buches.

Herr Geschwindner, in Ihrem Buch „Nowitzki. Die Geschichte“ verraten Sie dem Leser ein paar Grundsätze. Zum Beispiel den: „Einsatz und Ertrag müssen ins rechte Verhältnis gebracht werden. Das Motto lautet deshalb: Nur so viel Kraft wie nötig!“ Ihr Buch ist vergleichsweise schlank ausgefallen. Keine 200 Seiten. Mehr war nicht nötig, um die Nowitzki-Geschichte zu erzählen?

Das war der erste Versuch. Wir haben uns mal vorsichtig herangetastet. Wichtig ist, dass der Ertrag in die Dirk-Nowitzki-Stiftung geht. Also hundert Prozent. Ich bekomme keinen Pfennig.

Das Buch ist kein klassisches Sachbuch, sondern ein sehr spielerischer Umgang mit der Hauptperson und der Materie, Geistessprünge und humorvolle Einwürfen inklusive.

Ja, von Lucky Luke über Charlie Chaplin bis Martin Heidegger. Es geht darum zu vermitteln, dass es im Basketball nicht nur darum geht, mit dem Ball zu dribbeln und auf den Korb zu werfen. Es geht um ein ganzes Umfeld. Ohne das hat ein Sportler nicht die Chance, sich richtig zu entwickeln. Wir können unser eigenes Umfeld ja nicht verleugnen.

Was im Buch nicht behandelt wird, sind Figuren aus einem sehr wichtigen Teil des Umfelds: die Trainer Don Nelson, Avery Johnson und Rick Carlisle, Mark Cuban, der Besitzer der Dallas Mavericks, oder Steve Nash, einst Mannschaftskamerad und immer noch Nowitzkis bester Freund. Und auch die NBA als Institution wird gar nicht so richtig deutlich.

Die NBA zu erklären, das muss man in diesem Werk nicht vollbringen. Das ist schon an vielen Stellen hinreichend versucht worden und hat auch nichts genutzt.

Aber reden wir vielleicht mal über Don Nelson, der Mann der Nowitzki in die USA geholt hat.

Dallas war am unteren Ende der Liga und hatte ein Entwicklungskonzept für ein altes Stadtgebiet auch mit einer neuen Sporthalle zu beleben. Dafür braucht man eine Mannschaft, die erfolgreich ist. Die hat Nelson aufgebaut. Dirk war 19. Wir sind durch glückliche Zufälle in eine Situation geraten, in der alles am Anfang war. Überraschend daran finden die meisten Amerikaner heute, dass es sich Jahr für Jahr sukzessive verbessert hat. Zum Schluss hat es für die Mannschaft zum Meistertitel gelangt. Und Dirk hat sich den Namen „Dirk" im Ami-Land durch seine Leistungen verdient.

Der nächste Trainer nach Nelson – Avery Johnson – war nicht besonders hilfreich. Der machte seinen Spielern gerne klar, dass sie nicht gut genug sind, war aber während wichtiger Begegnungen oft nicht in der Lage, die Mannschaft mit Erfolg zu coachen. Wie haben Sie die Zeit in Erinnerung?

Er hatte seine Verdienste. Er hat eine eigene Intensität mitgebracht. Als Spieler in San Antonio war er der „kleine General" gewesen. Der ließ intensiver trainieren. Als es aber hinterher um die Meisterschaft ging, sind halt viele Sachen nicht so gelaufen, wie er das erzwingen wollte. Und für Dirk war die Situation deshalb schwieriger, weil Johnson aus ihm einen klassischen Vierer machen wollte, einen Mann, der sich in der Nähe des Korbs aufhält und dort durchsetzt. Einen zweiten Tim Duncan. Das passt gar nicht zu seinem Naturell. Und technisch hatte er andere Möglichkeiten. Deshalb war das keine ganz glückliche Zeit.

Und dann kam Rick Carlisle, der erste Musiker in der Reihe, der vermutlich Ihrer Vorstellung eher entspricht. Der weiß, wie wichtig Improvisation ist. Sie schreiben ja im Buch: „Basketball ist Jazz".

Carlisle ist vom Typ her nicht so. Der geht die Sache eher intellektuell und geradlinig rational an. Und „B-Ball is Jazz" ist ein bisschen eine Marotte von mir. Die Musik und das Spiel sind in Amerika historisch zusammen gewachsen. Irgendwann haben die Leichtathleten die Sportart übernommen. Aber inzwischen geht es wieder mehr in das Raffinierte, Tänzerische. Ich hoffe, dass jetzt wieder mit mehr Finesse gespielt wird als in den vergangenen Jahren.

Bleiben wir noch kurz bei der Metapher vom Jazz. Kareem Abdul-Jabbar, einer der besten NBA-Profis aller Zeiten, sieht diese Parallelen ebenfalls. Auch weil es im freien, spontanen Spiel der Jazzmusiker darum gehe, den anderen in der Band genau zuzuhören. Ohne diese Fähigkeit käme auf der Bühne nichts zustande.

Ja, jeder bekommt sein Solo, aber trotzdem müssen sie zusammenspielen, der Mannschaftsgedanke spielt da schon eine große Rolle. Aber es muss jeder seine Möglichkeiten und seine Freiheit haben.

Dirk ist eher ein Rockmusiker. Zu dem kann man sich die Jazz-Metapher nur schwer vorstellen.

Richtig. Die gängige Musik dieser Generation ist anders. Aber inzwischen geht er ja auch in Konzerte, war am Grünen Hügel bei den Festspielen in Bayreuth. Seine Perspektive. Der Zugang. Das hat sich schon gewaltig geändert.

Der Juni 2011 war der Höhepunkt?

Rein sportlich gesehen ist das natürlich eine tolle Sache. Aber es hat andere Erlebnisse gegeben, die für den Rest seines Lebens wichtiger sind. Diesen Titel allerdings, den kann ihm keiner mehr nehmen. Jeder, der in der NBA spielt, braucht den Ring. Der ist das ein und alles. Wenn man den vorzeigen kann, das ist schon etwas.

Sie haben jahrelang darauf hingearbeitet.

Ja, es gab natürlich auch viele glückliche Umstände. Das Paradebeispiel ist die Vertragsverlängerung, als er statt 96 Millionen Dollar, die er mit einem Wechsel zu einem anderen Klub hätte verdienen können, mit 80 Millionen zufrieden war, weil er erreichen wollte, dass die Mannschaft verstärkt wird. Das hat funktioniert. In Amerika gilt man nicht gerade als der Cleverste, wenn man auf 16 Millionen Dollar verzichtet. Ein Jahr später, als das zur Meisterschaft geführt hatte, waren wir natürlich die Größten. Aber planen kann man so etwas nicht.

Sie haben im Buch diese jahrelange harte und oft am Ende frustrierende Arbeit mit einem Vergleich aus der griechischen Mythologie skizziert. Mit dem von den Göttern bestraften Sisyphos, der einen schweren Stein auf einen Gipfel rollen muss, aber oben immer wieder erlebt, wie der herunterrollt. Der französische Schriftsteller Albert Camus hat das dann später mal so gedeutet: „Wir müssen uns Sisyphos als einen glücklichen Menschen vorstellen."

Ja, genau.

Seine „verborgene Freude" bestehe darin: „Sein Schicksal gehört ihm. Sein Fels ist seine Sache." Erklärt das den Typen Dirk Nowitzki? Der kann doch nicht immer zwischendurch glücklich gewesen sein?

Nein. Aber das ist ein rationales Phänomen. In dem Moment, in dem man weiß, dass man täglich den Stein den Berg hochrollen muss, muss man es am nächsten Tag mal wenig freiwillig machen dürfen.

Wenn sich das ganze Weltall schon nicht um uns kümmert, dann müssen wir es wenigstens verachten dürfen.

Dirk Nowitzki hat nie rebelliert. Obwohl es dafür immer wieder Gründe gegeben hätte. Anders als amerikanische Profis, die sich durchaus mehr oder weniger offen gegen Ordnungsschemata und Spielstruktur und gegen Trainer zur Wehr setzen. Warum eigentlich nicht?

Wenn man aus Deutschland aus einer mittelständischen, gutbürgerlichen Familie kommt, hat man in Amerika nur zwei Möglichkeiten: Entweder man passt sich an das an, was man vorfindet. Oder man versucht, seinen eigenen Stil aufrecht zu erhalten. Aber Mitmachen – als 19-Jähriger, mit Schulenglisch – das war gar nicht realistisch. Und damit er sich nicht verbiegen muss, ist er seinen eigenen Weg gegangen. Das hat sich als eine sehr erfolgreiche Variante herausgestellt. Es hätte aber auch schief gehen können.

Sein Freund Steve Nash hat mal gesagt: „Er denkt, er ist Realist. Aber ich glaube, er ist Pessimist. Ich musste ihn sehr oft aufmuntern." Erklärt diese Einschätzung die innere Beschaffenheit von Dirk Nowitzki?

Man muss die Attitüde haben, dass es Hoffnung gibt. Aber ohne ein Hybrid zu werden. Ohne über die Maßen euphorisch zu werden oder zu sagen: Es wird schon werden. Dirk hat einfach viel Arbeit investiert und viel trainiert. Er hat schon artig seinen Stein täglich hochgerollt.

Es ist oft über Sie und Ihre ungewöhnlichen Trainingstechniken geschmunzelt worden. Handstand. Rudern. Wie haben Sie dieses Echo auf Ihre Arbeit erlebt?

Wir hatten keine andere Chance. Ich habe keine Ausbildung als Sportlehrer. Wenn man sich nach den Handbüchern gerichtet hätte, hätte man eigentlich nur zweiter Sieger werden können. Ich habe selbst mal eine Zeitlang den Ball gedribbelt. Ich wusste ungefähr, wo es langgehen könnte. Dann wurden die Anforderungen größer. Aber es gibt keine Bücher, in denen steht, wie man Weltspitze wird.

Sie arbeiten seit Jahren auf allen möglichen Ebenen zusammen – wenn es ums Training geht, ums Geschäftliche –, daraus spricht, dass sie außerordentlich gut zusammenpassen. Was ist das Geheimnis?

Wir sind erstmal 33 Jahre auseinander. Mit einer völlig anderen Schulausbildung. Ich konnte ein paar Meter Erfahrung einbringen und paar Steine aus dem Weg räumen, damit er das Talent entfalten konnte. Aber wenn er an der Freiwurflinie steht und es um einen Punkt geht, dann muss er das natürlich selber machen. Ich glaube, dass wir untereinander immer ausreichend Distanz bewahrt haben. Dass der eine dem anderen nicht auf den Zeiger geht. Ich wohne, was für viele verwunderlich ist, nach wie vor in Deutschland. Wenn Not am Mann ist, natürlich, tritt man dann an. Das gehört einfach dazu.

Sie haben zwei sehr persönliche Krisensituationen durchstehen müssen. Für Dirk war es die Erkenntnis, sich in eine Frau verguckt zu haben, die sich als eine von der Polizei gesuchte Hochstaplerin und Betrügerin herausstellte. Sie hatten mit der Steuerfahndung zu tun und mussten mehrere Monate in Untersuchungshaft verbringen. Sie haben sich gegenseitig unterstützt. Das waren regelrechte Prüfstände für die Beziehung, oder?

Das sind die Stellen, an denen man wirklich antreten muss. Alles andere ist ja nur Klingeln und Hupen. Erst da trägt das Ganze. Erst in dem Moment weiß man ganz sicher, ob es funktioniert.

5. Kapitel

Die Sache mit dem Sisyphos

Kaum ein Sportler verkörpert eine Erkenntnis von Albert Camus aus seinem Essay „Der Mythos von Sisyphos“ derart plastisch wie Dirk Nowitzki. Was er jahrelang vor sich herwälzte, war ein schwerer Stein aus lauter Erwartungen. Es sah so aus, als ob er nie auf dem Gipfel ankommen würde. Bis es eines Tages doch noch gelang.

Das Bild einer Entwicklung – montiert aus den Eindrücken der jeweiligen Zeit

Vom ersten Tag an, an dem Dirk Nowitzki zu den Dallas Mavericks wechselte, lebte er in einem stark aufgeladenen Spannungsfeld aus Anspruch und Misserfolg. Der daraus resultierende Druck droht selbst psychisch starke Sportler auf Dauer aus dem Gleichgewicht zu bringen.

Doch Nowitzki rackerte und arbeitete weiter. Mit ungebremstem Fleiß. Auch wenn sich zunächst ein anderes Bild einprägte: das Auf und Ab der Mannschaft, die unerklärlichen Leistungsdefizite in entscheidenden Augenblicken, die Enttäuschungen und eine störrische Lakonie gegenüber einer Karriere der unerfüllten Träume.

Normalerweise würde man in einem Buch dies alles mit dem Abstand vieler Jahre mithilfe unterschiedlicher Impressionen nachzeichnen und zu analysieren versuchen. Doch eine Karriere wie diese lässt sich gar nicht so einfach in einem durchgehenden Text abbilden. Es gab zuviele Ereignisse, Entwicklungslinien und Erkenntnisse, die das Denken und die Emotionen des jeweiligen Augenblicks illustrieren. Das zeigte der Gang ins Archiv, aus dem sich eine regelrechte Perlenkette herausfiltern ließ. Ihre Preziosen: eine Vielzahl von Texten, die in den Jahren seit meiner ersten Begegnung mit Dirk Nowitzki in Dallas entstanden waren. Sie vermitteln im Rückblick ein markantes und vor allem authentisches Bild, das das Auf und Ab dieser ungewöhnlich langen Karriere umfassend darzustellen vermag.

Es stellt sich bei diesem Blick auf die Vergangenheit übrigens heraus, dass die einzelnen Entwicklungsphasen und Momente auf dem beruflichen Weg des Würzburger Talents zu einem der größten Stars im internationalen Sport noch erstaunlicher wirken, als sie das ohnehin waren.

Fast alle Texte, die ich für diese Zusammenstellung ausgewählt habe, sind im Laufe der Jahre in der *Frankfurter Allgemeinen Zeitung* erschienen, für die ich seit Mitte der neunziger Jahre aus den USA die NBA verfolge und die mir die Möglichkeit gab, 2011 zur Finalserie nach Miami zu fliegen, wo ich alle drei Spiele miterleben konnte. Darunter das entscheidende, mit dem Dirk Nowitzki alle Projektionen einlöste, mit denen er dreizehn Jahre zuvor in Würzburg eher skeptisch Richtung Amerika aufgebrochen war.

Diese Auswahl und ihre Beobachtungen und Überlegungen zu Nowitzki, seinem Spiel und seinen Weggefährten werden ergänzt um ein paar Gedanken und Beobachtungen, die ich parallel von 2006 an in meinem Sport-Blog *American Arena* veröffentlicht habe. Ein Unterfangen, das ich nach fünf aktiven Jahren mit einem kleinen Stammpublikum wieder eingestellt habe, weil mir die sisyphoshafte Einstellung fehlte, die Dirk Nowitzki für seine Basketballerkarriere mitbrachte.

Was dieses Kapitel leisten soll, ist, den Fokus beim Basketballer Dirk Nowitzki auf das zu konzentrieren, was wirklich wesentlich war und ist: also auf das, was er im Laufe einer ungewöhnlich langen Profikarriere Abend für Abend zu leisten im Stande war. Und was für eine Persönlichkeitsstruktur vonnöten ist, um im Umgang mit Förderern, Trainern, Mitspielern, Medienvertretern, Sponsoren und dem Publikum in der Heimat und vor allem in einer Metropole wie Dallas genug innere Stabilität für eine jahrelange, kontinuierliche und zielgerichtete Arbeit zu finden.

Gleichzeitig kann eine solche Beschäftigung mit dem Sujet einen Beitrag leisten, eine Reihe von gängigen Klischees auszuräumen, die sich oft genug so lesen wie in dieser seltsamen Reportage im Spiegel von 2009[13], wo die beste Basketball-Liga der Welt folgendermaßen charakterisiert und als sportlich unseriös gebrandmarkt wurde: „Die NBA ist eine Show. Es geht um Millionen Dollar, um Muskeln und Tattoos, um Härte und Testosteron, es ist eine Welt in der Hollywood-Stars am Spielfeldrand sitzen und die Grenzen zwischen Groupies und Fans verschwimmen."

Journalisten aus seiner Heimat haben sich in den vergangenen Jahren immer wieder, aber meist nur sehr kurz mit dem Milieu und der Person Dirk Nowitzki beschäftigt. Und sie taten dabei gerne so, als hätten sie das Land, die vermeintliche „Gigantomanie des amerikanischen Sportbetriebs" [14], die gesellschaftlichen Verhältnisse, die Intentionen der Protagonisten und die Faszination für diese Dinge komplett durchschaut. Tatsächlich landete – metaphorisch gesprochen – kaum einer dieser Wurfversuche im Korb.

Allenfalls die sehr viel gründlicher recherchierten Bücher über seine Laufbahn und der Dokumentarfilm „Nowitzki – Der perfekte Wurf" [15] atmen eine nuancierte Sichtweise aus. Aber auch hier, so wurde etwa von der Filmkritik bemängelt, werde die Sportart Basketball nur als Ranke einer Personality-Show eingewirkt. Sie scheint nie im Mittelpunkt zu stehen. Stattdessen wird in diesem Fall jemand, der „kein Typ für Homestorys oder Promigekasper" ist und dem „Auswüchse an öffentlicher Privatheit... suspekt" sind, ständig mit just dieser Neugier der Öffentlichkeit konfrontiert, weil die angeblich an solchen Nahaufnahmen aus dem Privatleben Gefallen findet.[16] Verständlich, einerseits: „Eine sympathischere Berühmtheit von globalem Rang wird auf diesem Planeten kaum zu finden sein – auch das vermittelt dieser Film." Und dann auch wieder nicht.

Denn wir reden über einen jungen Sportler, der bereits mehr als zehn Jahre zuvor in einem seiner Interviews hatte durchblicken lassen, auf was er sich konzentriert. Und wovon er sich nicht ablenken lässt: „Ich versuche einfach, mein Ding hier durchzuziehen und viel Spaß zu haben. Da denke ich nicht an Deutschland. Hier auf dem Spielfeld ist jeder gleich, man muss Leistung bringen, sonst ist man ganz schnell weg. Das ist der Druck für mich." [17]

Solcher und anderer Druck wie etwa in der Anpassungsphase, wo er zwischendurch auf der Suche nach dem Sinn des Getriebes mit der Arbeitsweise seines Trainers Don Nelson in Konflikt geriet, schien nicht sexy genug. So etwas fiel allenfalls dem Reporter der Heimatzeitung auf, der von einer Reise nach Texas diese Interview-Sentenzen mitbrachte: Nelson habe „bei aller Qualität eine eigenartige Sicht der Mannschaft", denn er liebe es „ständig andere Dinge auszuprobieren". Es gäbe „keine feste Rotation".[18]

Ein Buch wie dieses, das bewusst zum Ende der Profi-Laufbahn von Dirk Nowitzki erscheint, um sie als Ganzes in Form einer anspruchsvollen, reizvollen Revue zu präsentieren, kommt übrigens ohne allzuviele Ausflüge in die private Sphäre seiner Hauptfigur aus. Und wo diese Dinge eine Rolle spielen, sind sie hauptsächlich dazu da, die innere Verfassung des Sportlers zu illustrieren, der abends vor 20.000 Zuschauern in einer aufgeheizten Arena und vor Millionen von Fernsehzuschauern seinen Part abliefert und selbstverständlich immer auch dann funktionieren muss, wenn die Medien wegen gewisser Privatsachen hungrig zupacken. So wie 2009, als herauskam, dass er sich ahnungslos mit einer von der Polizei gesuchten Betrügerin namens Crystal Taylor eingelassen hatte und diese sogar heiraten wollte.[19]

Da die chronologisch angeordneten Kapitel nur den Stoff der jeweiligen Phase abhandeln, habe ich Zusatztexte angefügt, die kompakt den heutigen Stand der Dinge beschreiben und unter anderem verraten, was aus den erwähnten Personen geworden ist. Jede Momentaufnahme wird dadurch zum Mosaikstein für eine umfassende Geschichte.

Februar 1999: Das erste Spiel

Vor drei Jahren in Würzburg war er noch einer wie viele. Ein Fan, der sich das Trikot der Los Angeles Lakers mit der Rückennummer 23 kaufte und in den Schrank hing.

Dann hat sich der Globus ein paar Mal gedreht und vor ein paar Tagen ist dann das passiert: Dirk Nowitzki hat tatsächlich den Mann, dem er damals nacheifern wollte, persönlich kennengelernt. Es war ihm wichtig: „Ich glaube, er ist ein großartiger Spieler. Hoffentlich kann ich eine Menge von ihm lernen."

Die Begegnung kam auf denkbar kuriose Weise zustande. Denn Deutschlands hochgelobtes Basketball-Talent und sein Vorbild von einst – der amerikanische NBA-Profi Cedric Ceballos – standen sich bei diesem ersten Mal in der Trainingshalle der Dallas Mavericks gegenüber, im Tom Landry Fitness-Center ein paar Kilometer nördlich von der Interstate 30.

Und das kam so: Der Klub hatte diesen Ceballos kurz vor Beginn der Saison für relativ wenig Geld nur aus einem Grund verpflichtet. Damit nämlich jedes Mal, wenn ihr junger Neueinkauf aus Deutschland eine Verschnaufpause braucht, ein mehr als gleichwertiger Ersatz bereit steht. Ein weiser, abgeklärter Herr am Ende seiner Karriere, der nicht gekommen ist, um sich an dem armseligen sportlichen Erbe dieser Mannschaft innerlich abzuarbeiten.

„Wer interessiert sich schon für Geschichte?", beantwortete er eine an ihn gerichtete Frage einfach mit einer Gegenfrage. Und dann erläuterte er seinen Standpunkt. Das Großartige an dem Wort englischen Wort *history* sei doch, was man herausfindet, wenn man es sprachlich in zwei Teile zerlegt. Dann kommt das dabei heraus: eine Anregung zum Nachdenken. „Es ist *his story*", sagte Ceballos. „Seine Geschichte. Mach die nicht zu deiner Geschichte. Erfinde deine eigene."

Wahrscheinlich hatte Dirk Nowitzki an einen solchen Leitfaden für das Erklimmen sportlicher Achttausender bis dahin nie auch nur einen einzigen Moment verschwendet. Denn sein Werdegang war bis hierher sowieso nichts anderes gewesen als seine ureigene Geschichte. Der baumlange Sohn eines Handballers und einer Basketballspielerin, der zunächst mit Tennis herumprobiert hatte, der von einem unorthodoxen Mathematiker und Basketball-Philosophen entdeckt und gefördert worden war und der pflichtschuldigst nach dem Abitur den Wehrdienst in der Armee seines Heimatlandes abgeleistet hatte, ähnelte schon von der Anlage her nicht irgendwelchen anderen Vorbildern. Es war *his story*. Nur war sie damals noch nicht historisch genug.

Und sie begann alles andere als spektakulär. Auch wenn sich die NBA für sein erstes reguläres Spiel etwas Spezielles ausgedacht hatte, um ihm wenigstens den Anstrich von Bedeutung zu geben. So traf Nowitzki acht Stunden vor dem Anpfiff zu seinem ersten Match beim Morgentraining in der *Key Arena* von Seattle Detlef Schrempf.

Der Power Forward von den SuperSonics, der in den Jahren davor so etwas wie der Sonderbotschafter Deutschlands im amerikanischen Sport gewesen war. Ansprechperson für alle – ihm meistens eher lästigen – Fragen zum Alltag einer Liga, die mit ihren hohen Gehältern und der auffälligen Dominanz schwarzer Spieler die Leute in der Heimat interessierte und auch faszinierte. Aber jedes Mal, wenn es um Hautfarbe ging, reagierte Schrempf allergisch. So hatte er sich ein paar Jahre zuvor in einem Interview in Indianapolis beklagt: „Das ist das einzige, was deutsche Journalisten immer wissen wollen. Wie ich mich fühle als Vertreter der weißen Minderheit im schwarzen amerikanischen Basketball. Ich mache mir keine Gedanken darüber. So ist es halt. In Deutschland gibt es momentan größere Probleme. Die Menschen sind eben noch nicht so weit. Sie haben immer noch Vorurteile. In jeder Beziehung. In allen Ländern."

Schrempfs *his story?* Er war in Leverkusen aufgewachsen, dann als Austauschschüler und Collegestipendiat in die USA gegangen. Er war Finalist im Kampf um den NBA-Titel im Frühjahr 1996 gewesen und hatte sich in der Liga, in der schwarze Superstars mit dem Hang fürs Zirzensische eine Wunderkerzen-Show nach der anderen anzünden, einen Sonderstatus erarbeitet. Es gab kaum jemanden, der mit einer solchen Mischung aus Fleiß und Lakonie ans Werk ging wie die Nummer 11. Schrempf war zweimal „bester sechster Mann" gewesen, wurde dreimal ins All-Star-Aufgebot berufen und arbeitete für einen Trainer, der ihn über den grünen Klee lobte: „Wer sollte auf seiner Position denn besser sein? Mir fällt niemand ein."

Als sie sich gegenüberstehen, grinsen sich Schrempf und Nowitzki an, geben sich die Hand und tauschen ein paar freundliche Worte aus. Was nimmt der *Rookie* mit? Einen Hauch von Kollegialität. „Er will mir seine Telefonnummer geben, damit ich ihn anrufen und ihn ein bißchen besser kennenlernen kann."

Was sagt Schrempf, der seine Profi-Karriere 1984 ebenfalls bei den Dallas Mavericks begonnen hatte und nun allmählich ans Aufhören denkt? „Ich bin froh, dass jemand herübergekommen ist und die Fackel übernimmt. Ich glaube, ich habe sie lange genug getragen."

Das Schleppen übte der 20-Jährige da bereits. Und das betraf nicht nur den Heiligenschein, den ihm sein Trainer Don Nelson jeden Tag öffentlich aufs Haupt drückte, wenn er ihn als „Phänomen" charakterisierte. Oder jenen Ausweis, den ihm ein Mavericks-Assistenztrainer ausstellt, als er dem 2,11 Meter großen und 110 Kilogramm schweren Weißen bescheinigt, er werde das Spiel der Schwarzen „revolutionieren".

In einem Vorbereitungsspiel vor Beginn der Saison gegen die Phoenix Suns ist von dieser angeblichen Magie nämlich rein gar nichts zu ahnen gewesen. Nelson brüllt Nowitzki von der Seitenlinie aus an, er solle sich in der Verteidigung entsprechend der Entwicklung des Spiels von der Stelle bewegen und mehr Verantwortung übernehmen. Rotieren nennen das die Basketballer. „Verdammt, damit bist du gemeint", schreit er und zeigt mit einem seiner langen Finger auf ihn und versucht die Lektion in seinen Kopf zu hämmern, dass man in der NBA als Spieler sein ganzes Gewicht einsetzt und keine Angst vor direktem, hautnahem Kontakt haben darf. „Gottverdammt, Dirk. Er muss deinen Körper spüren."

Einmal am Tag geht es um noch profanere Dinge. Nämlich dann, wenn sich der Blondschopf aus Franken mit den Sporttaschen seiner

Mannschaftskollegen abmühen muß. Die haben ihn nach altem amerikanischem Brauch als Jüngsten im Team zum Kofferträger gemacht. Der Job fällt ihm schwer. Kein Wunder: „In Deutschland haben wir diese *Rookie*-Geschichte nicht."

Da muss er durch. Genauso wie durch das Gefühl, das ihn nach dem ersten Match beschlich, einer 86:92-Niederlage gegen Detlef Schrempf und seine Seattle SuperSonics, für die sich die Mannschaft immerhin derart mühte, dass sie eine Verlängerung erzwang. Er sei nicht nervös gewesen, berichtete er in der Umkleidekabine den wartenden Reportern. „Nur ein bißchen müde. Im Moment schiebt mich unter dem Korb noch jeder hin und her. Und in puncto Kraft habe ich noch einiges an Nachholbedarf."

Leider könnte sich das Gefühl der Schlappheit noch verstärken: Die Mavericks haben in dem vollgestopften Terminkalender der nächsten dreieinhalb Wochen 15 Spiele zu absolvieren, die meisten davon auswärts. Ihm schwante da schon was: „Das Reisen. Die Spiele jeden Abend. Das wird hart."

Wie groß die Belastung am Ende sein wird, wird auch davon abhängen, ob sich sein Trainer so wie im Eröffnungsspiel an das Versprechen hält, das rohe spielerische Kleinod vor massiven Schleifaktionen zu bewahren. Am Freitag etwa stellte ihn Don Nelson bewusst nicht im direkten Spiel Mann gegen Mann gegen den aggressiven Detlef Schrempf. Das Prestigeduell hätte Nowitzki, wie sich in einigen Szenen andeutete, in denen die Nummer 11 den Neuling bedrängte, mit Sicherheit verloren.

Aber auch ohne eine derartige zusätzliche Herausforderung wirkte der an Raumdeckung gewöhnte Nowitzki oft desorientiert und entschlussarm – der typische Fall eines Spielers, der möglichst keinen Fehler machen möchte und deshalb seinen Kontrahenten zuviel Handlungsspielraum einräumt.

Die Schwäche fiel nicht nur der *Tacoma Tribune* auf, die vermerkte, Nowitzki habe „da draußen völlig verloren" ausgesehen. Nelson sah das Dilemma ebenso und ließ den Rookie nur sechzehn Minuten auf dem Platz. Dessen Ausbeute war ohnehin nicht der Rede wert: zwei Punkte, kein Rebound.

Dabei bot er sich im Angriff geschickt an und demonstrierte mehrfach mit klugen Assists seinen Blick für den Nebenmann. Doch niemand revanchierte sich. Der Grund: Bei den schlecht eingespielten Mavericks sind Einzelaktionen die Norm, Ballstaffetten, die die gegnerische Verteidigung düpieren, hingegen die Ausnahme.

Detlef Schrempf – neun Punkte, zehn Rebounds – konnte dem Saisonauftakt allerdings auch nicht viel abgewinnen. Das Team, vor drei Jahren noch gut genug fürs Finale, nun mit einem neuen Coach und neuen Spielern in einer Umbauphase, muss sich erst noch finden.

„Es war ein Sieg", erklärte der Leverkusener, dessen Vertrag am Ende der Saison ausläuft. „Das ist eigentlich alles, was man über das Spiel sagen kann."

Nach der Saison 1998/99 wurde Schrempf von den SuperSonics entlassen, wechselte zu den Portland TrailBlazers und gab im Oktober 2000 im Alter von 37 Jahren das Ende seiner Spielerkarriere bekannt. Der Leverkusener kehrte nicht nach Deutschland zurück, sondern lebt seitdem mit seiner Frau Mary Wagner, der ehemaligen deutschen Meisterin über 400 Meter Hürden, in Seattle und wurde nach einiger Zeit konsequenterweise amerikanischer Staatsbürger.

„Die Leute sind nicht so kritisch wie in Deutschland", hat Detlef Schrempf mal betont. Obendrein ließ sich so der Übergang in eine andere Dimension des Sportlerlebens sehr viel einfacher gestalten. Hin zu einer Rolle als Idol, an dessen Karriere sich noch viele Anhänger erinnern können. Eine Rolle, die kuriose Blüten treibt. So gab die Rockgruppe Band of Horses einem ihrer melancholischen Songs den Titel „Detlef Schrempf", obwohl der Text auf ihn gar keinen Bezug nimmt. Auch als Gaststar der Komödienserie „Park and Rec" im amerikanischen Fernsehen wurde Schrempf bereits verpflichtet. Die Verbindung zu der fiktiven Geschichte: Er hatte in der NBA eine Zeitlang bei den Indiana Pacers gespielt. „Die Show spielt in Indiana. Da haben sie gesagt, sie wollen einen Indiana

Pacers haben, der irgendetwas mit einer wohltätigen Stiftung zu tun hat. Und da haben sie mich gegoogelt und mich gefunden und haben angerufen."

Cedric Ceballos fand nach seinem Abstecher bei den Mavericks noch bei zwei weiteren NBA-Teams Arbeit, ehe er über Stationen in Israel, Russland und den Philippinen in seiner Heimat in einer im Vergleich zur NBA unbedeutenden Halbprofi-Liga, der American Basketball Association, unterkam. Immerhin: Niemand anderer als LeBron James, der derzeit beste Spieler der Liga, erinnerte sich an Ceballos, als er 2018 zu den Los Angeles Lakers wechselte. Er schnappte sich nicht einfach das Trikot mit der Nummer 23, die er zuvor in Cleveland getragen hatte, sondern fragte bei seinem Vorgänger, der zwischen 1994 und 1997 in LA gespielt hatte, höflich an. Ceballos legte James keine Steine in den Weg.

Die Dallas Mavericks belegten in der verkürzten Saison mit einer Bilanz von 19:31 Siegen den fünften Platz in der Western Division. Die Resonanz des Teams bei den eigenen Zuschauern war entsprechend. Der Klub landete in der Tabelle der Besucherzahlen auf dem 24. Platz von damals 29 Mannschaften.

Dezember 1999: Texas macht bescheiden

Er ist ein Mann, der gelegentlich die Quadratur des Kreises versucht hat. Oder zumindest so etwas Ähnliches, als er die Point-Forward-Position erfand, die einem riesengroßen Basketballer die Rolle des Aufbauspielers zuweist, was zu allerlei Konfusionen führen kann. Nicht zuletzt im Kopf eines hoch aufgeschossenen Sportlers, der klassischerweise bereits beim Dribbling seine liebe Not hat.

Er hat da draußen an der Linie grelle Krawatten mit Fischmuster getragen und hat sich auf Traktoren gesetzt, um Public Relations für arme Bauern zu machen. Er ist der Mann, der am liebsten alles gegen den Strich bürstet, auch wenn es dafür keinen vernünftigen Grund gibt. Eigentlich hätte er längst begreifen müssen, dass seine Kreativität und seine Methoden ihm im Laufe von 22 Trainerjahren in der NBA neben einer gewissen Kurzweil und der Freude daran, dass seine neue Maschine tatsächlich funktioniert, hauptsächlich nur Kopfschmerzen eingehandelt haben.

Oder zumindest ein anhaltendes Gefühl von Unzulänglichkeit. Warum? Don Nelson hat in dieser Zeitspanne nie auch nur eine Meistermannschaft gecoacht. Die ganz große Bestätigung für die Wirksamkeit seiner Maximen war ihm nicht vergönnt. Und das ist auf indirekte Weise auch ein Kommentar zu seinen vielen Ideen.

Und so wird seine Karriere in diesem Jahr bei den Dallas Mavericks ohne irgendeinen Championat und ohne irgendeinen Pokal von Rang einfach ausklingen. Und alles, was er hinterlassen wird – beim schlechtesten Basketball-Team der neunziger Jahre – ist sein Sohn Donn, der ihn jahrelang als Assistent begleitet hat.

Vielleicht ist das etwas zu krass gesagt. Denn zum ersten Mal in den vier Jahren, in denen er den Laden leitet, hat er so etwas wie einen Vorrat an wirklichen Spielern. Keine Kleiderbügel mit Beinen, die zwar reden können, aber nichts verstehen. Das sorgt für Hoffnung. Das macht bessere Laune. Weshalb Don Nelson am Anfang dieser Saison sogar manchmal gelacht hat.

Der Spieler, der den Aufschwung am besten symbolisiert, heißt Dirk Nowitzki. Er kennt keinen anderen Cheftrainer von Weltklasse als den Mann, der ihn vor anderthalb Jahren in Würzburg umschmeichelte und nach Texas lotste. Für ihn ist der 59-Jährige so etwas wie eine Vaterfigur, dem er ziemlich dankbar ist. Weil der „mich im letzten Jahr, als es nicht gut lief, unterstützt und an mich geglaubt hat".

Was dieser Rückhalt wert war, ist schwer zu beurteilen. Nach einem Sommer in Trainingsspielen gegen andere Nachwuchsprofis, in denen er seine Werfer-Qualitäten wiederentdeckte, rutschte der 21-Jährige in der Saisonvorbereitung wieder in ein Formtief. Sein Selbstvertrauen sank. Und Nelson musste ihn wie schon so oft erneut aufpäppeln.

Am liebsten tut er sowas öffentlich, wenn ihn ein Schwall von Reportern umringt, die jeden Satz vorsichtig aufgabeln, auf sein Gehalt prüfen und dann weitergeben. So wie diesen: „Höhen und Tiefen sind in dem Alter normal", sagte er, der den deutschen Nationalspieler vor einem Jahr zum Kandidaten für den Titel des „Rookie des Jahres" ausrief, noch ehe der das harte NBA-Parkett überhaupt betreten hatte.

An einem Grundproblem haben auch stundenlange Trainingseinheiten im Kraftraum nichts geändert. Mit seinem vergleichsweise schmächtigen Körper ringt er noch immer gegen kräftigere und erfahrene NBA-Profis um jeden Zentimeter Luftraum. Auch wenn ihm in dieser Saison die neue, strengere Regelauslegung zugutekommen sollte. Sie bewahrt Spieler, die mit dem Ball umgehen können, vor störenden Bodychecks.

Vor den widersprüchlichen Aussagen seines Trainers bewahren ihn die Referees jedoch nicht. Mal preist ihn Nelson als einen „Veteranen", der „weiß, was er tut". Dann wieder diagnostiziert er einen „Mangel an Reife und Verständnis des Spiels der Profis", das ihn angeblich noch immer hemmt, „ein wirklich guter Spieler zu werden".

Um dieses Ziel vielleicht irgendwann doch noch zu erreichen – und sei es ohne Nelsons Hilfe –, konzentriert sich Nowitzki zur Zeit darauf, seine Mannschaft in der Verteidigung besser zu machen und sie dazu zu bringen, sich im Spiel mehr Rebounds zu erarbeiten – zwei Schwachpunkte der vergangenen Saison. „Ich habe wirklich nicht alles begriffen", gab der Würzburger vor ein paar Tagen zu. „Aber jetzt weiß ich alles. Also müsste ich auch zurechtkommen."

Die Einschätzung spiegelt Nelsons Weltsicht wieder, der in diesem Jahr bereits zufrieden wäre, wenn die Mannschaft die Play-offs erreichen würde. Einige Spieler wie Cedric Ceballos glauben, dass ihr Trainer in diesem Fall vielleicht sogar weitermacht. Und wenn nicht, sagt Center Shawn Bradley, wäre es ein akzeptables Abschiedsgeschenk. „Dann geht er mit dem Gefühl, etwas erreicht zu haben."

Texas macht bescheiden.

Die erste normale Saison mit insgesamt 82 Begegnungen zeigte, dass in Dirk Nowitzki und dem neu formierten Team Potenzial steckt. Die Mannschaft errang insgesamt 40 Siege und belegte in der Midwest Division den vierten Platz. Das Publikum schien jedoch noch immer rechtschaffen skeptisch. Mit insgesamt 606.177 Zuschauern lagen die Mavericks nur auf Platz 23 der 29 NBA-Teams. Aber auch diese Zahl zeigte eine Tendenz nach oben.

Februar 2000: Rodzilla trifft auf den Teutonen-Turm

Es ist schwer, sich aus dem Stand einen brauchbaren Eindruck von Mark Cuban zu machen. Das wissen Dirk Nowitzki und sein Mannschaftskollege Steve Nash seit jenem Tag, als er zum ersten Mal in ihrer Umkleidekabine stand und sich den Spielern als der neue Eigentümer der Dallas Mavericks vorstellte.

Die beiden sahen sich kurz an, als ob sie sich sagen wollten: Den kennen wir doch von irgendwoher. Das ist doch der Mann, der vor ein paar Wochen in unserer Stammkneipe so tat, als sei er ein ganz normaler Fan und der uns einen Drink spendieren wollte.

Bei der einen Überraschung sollte es nicht bleiben. „Seine erste offizielle Handlung war, dafür zu sorgen, dass wir auf Auswärtsspielen in besseren Hotels wohnen“, sagte Assistenztrainer Donn Nelson. „Er hat besseres Essen fürs Mannschaftsflugzeug bestellt. Und als wir hier neulich einen Schneesturm hatten, schickte er einen Fahrer, der jeden Spieler zuhause abgeholt hat.“

Doch das ist längst Schnee von gestern. Nun soll auch der Rest der Welt von dem Engagement und den Wohltaten von Mark Cuban erfahren. Denn dem 41-Jährigen, der 280 Millionen Dollar seines Milliardenvermögens aus einer Reihe von profitablen Internetgeschäften in den Sonderposten Dallas Mavericks investiert hat, der im amerikanischen Sport bestenfalls als Bückware galt, gehen die Ideen – und das Geld – noch lange nicht aus. Ein Beleg: Am Mittwoch stand Dennis Rodman, das *Enfant Terrible* der National Basketball Association im Trikot der Mavericks auf dem Platz. Der 38-jährige Rebound-Spezialist, den Cuban für den Spottpreis von 475. 000 Dollar verpflichten konnte, spielte nach zehn Monaten Pause immerhin 32 Minuten und pflückte in der kurzen Zeit in Korbnähe gleich dreizehnmal den Ball aus der Luft. Ein langer Pass von ihm landete in den Armen von Dirk Nowitzki auf der anderen Seite des Spielfelds, der den Blitzangriff ungestört in zwei Punkte verwandeln konnte.

Die Verpflichtung ist in vielerlei Hinsicht ein Coup. Nicht nur, weil der Klub das Geld, das er kostet, durch den Mehrverkauf von Eintrittskarten mehr als wettmacht. Die 19.000 Zuschauer fassende Halle, gewöhnlich allenfalls zu zwei Dritteln besetzt, war vorgestern Abend erst zum zweiten Mal in der laufenden Saison ausverkauft.

Die Rückkehr des alternden Medienstars in seine Heimatstadt, der einst durch eine Liaison mit Madonna selbst den Lesern der Gossip-Spalten zu einem Begriff wurde, zwingt die Mannschaft, die seit zehn Jahren nicht mehr in den Play-offs vertreten war, sich aus der gewohnten Lethargie herauszureißen. Auch wenn bei der Premiere gegen die Seattle SuperSonics nicht mehr als eine 106:117-Niederlage herauskam. Rodman, der bei zwei seiner NBA-Stationen – den Detroit Pistons und Chicago Bulls – insgesamt fünf Meisterschaften erringen konnte, spielt aggressiver und athletischer als die meisten Mavericks.

Vor seinen Eskapaden, derentwegen er von den San Antonio Spurs und zuletzt von den Los Angeles Lakers hinausgeworfen wurde, fürchtet sich in Dallas vorläufig niemand. „Wir haben einen starken Zusammenhalt in der Mannschaft“, wiegelte Spielgestalter Steve Nash ab. Und Nowitzki, der sich in seinem zweiten NBA-Jahr zu einem zuverlässigen Korbschützen entwickelt hat, hofft sogar, dass er Rodman das eine oder andere abschauen kann: „Er spielt mit sehr viel Energieeinsatz, gibt nie auf und will gewinnen.“

Gewisse Sonderrechte, die ihm anderswo niemand einräumen wollte, wurden ihm von Mark Cuban übrigens bereits gewährt. Rodman darf später als alle anderen zum Training und zum Spiel kommen und muss sich auch nicht auf dem Platz einwerfen, wenn er das nicht möchte. Stattdessen darf er auf dem von ihm so geliebten Standfahrrad in der Umkleidekabine jede Menge imaginäre Kilometer zusammenstrampeln.

Die neue Nummer 70 und sein neuer Arbeitgeber, dessen Energieanfälle das Lokalblatt *Dallas Morning News* zu dem Spott inspirierte, er sei „zu stark koffeiniert", wirken auf den ersten Blick wie ein gutes Tandem. Beide haben einen starken Hang zur Selbstdarstellung und den Erträgen, die man mit einer guten Show in den USA einfahren kann. Der einzige, der schon mal warnte, war Rodmans ehemaliger Mannschaftskollege Michael Jordan, der seit kurzem in Washington die Verantwortung für eine ähnlich marode Mannschaft trägt. „Sagen wir mal so: Cuban wird alle Hände voll zu tun haben", meinte er. Nicht dass den neuen Mavericks-Eigentümer solche Gedanken schrecken: „Der Schlüssel zum Ganzen ist, Dennis als Individuum zu respektieren und ihn nicht in eine Form zu pressen."

Na, bitte. Und sollte *„Rodzilla"* trotzdem renitent werden, lässt er ihn einfach wieder ziehen.

In anderen NBA-Städten wurde die Verpflichtung als zynischer Akt eines Aufsteigertypen eingestuft, der zeige, dass dieser Mark Cuban keinen gesunden Menschenverstand besäße und keine Würde. Ein Zirkusdirektor, der jeden Clown anstellen und in die Manege schieben würde, wenn es denn nur helfen würde, ein paar Eintrittskarten zu verkaufen. „Cuban ist exakt der Typ von Besitzer, ohne den die Liga sehr gut auskommen würde", nörgelte der *Boston Herald*. „Was die NBA braucht, ist einen Anstieg des Spielniveaus, damit man sich nicht mehr für Unsinn abseits vom Spielfeld interessiert."

Cubans Hinweis in Sachen Individuum und Respekt galt vermutlich hauptsächlich dem General Manager und Cheftrainer Don Nelson, der einen Hang dazu hat, Spieler mit seinen Ansprüchen zu überfordern und der deshalb vor ein paar Jahren bei den Golden State Warriors derart mit seinem Starspieler Chris Webber aneinander geriet, dass er ihn ziehen lassen musste, ohne dem Klub im Gegenzug dafür besonders viel einzutauschen. Die Warriors sind seither so schlecht wie die Mavericks.

Aber Nelson, der vor knapp zwei Jahren mit ungeheurer Zielstrebigkeit Dirk Nowitzki umwarb, weil er ihn von Anfang an für ein ungewöhnliches Wurftalent hielt und dafür einen Großteil seiner Reputation verpfändete, soll sich nach dem Willen von Cuban ohnehin zurückziehen.

Immerhin beginnt sich für Nowitzki der Wechsel in die NBA langsam auszuzahlen. Am Wochenende fliegt ihn Cuban in seinem eigenen Flugzeug zum All-Star-Treffen nach Oakland in Kalifornien, wo er als einer der besten Distanzschützen der Liga am Drei-Punkte-Wettbewerb teilnimmt. Obendrein spielt er in einer Auswahl der besten Rookies der vergangenen Saison, die gegen die auffälligsten Neulinge dieses Jahres zu einem Show-Match antritt. Es ist eine ideale Gelegenheit für den 21-Jährigen, um losgelöst vom Stress der Pflichtspiele zu dokumentieren, wieviel er in der kurzen Zeit in den USA gelernt hat. Gleichzeitig kann er etwas dafür tun, sich einen griffigen Spitznamen zu erarbeiten. So etwas wie im Fall von Rodman, den alle Welt nur *„the worm"* – den Wurm – nennt.

Der Unterfranke hat es bisher nur zu einem Etikett gebracht, das zwar markig klingt, aber nicht besonders einfallsreich. Der *Houston Chronicle* nannte ihn neulich den „Teutonen-Turm". Die Charakterisierung darf man wohl als Anspielung darauf verstehen, dass die Aussicht aus der Höhe mitunter auch den Blick für zweifelsfreies Handeln versperrt. Vor wenigen Tagen bei einem Heimspiel gegen die Philadelphia 76ers brachte Nowitzki das Kunststück fertig, Sekunden vor Schluss frei vor dem Korb den Ball einfach abzugeben, anstatt selbstbewusst zu werfen. Das Problem: Die Uhr lief ab. Und er verschenkte mit dem Pass exakt jene zwei Punkte, mit denen die Mavericks das Spiel gewonnen hätten.

Erst hinterher kam ihm, dem netten Jungen aus Würzburg, jene Erkenntnis, die für amerikanische NBA-Profis von Kindesbeinen an eine Selbstverständlichkeit ist. „Ich bin ein uneigennütziger Typ. Vielleicht hätte ich in dieser Situation einfach egoistischer sein sollen."

Wenn ihm einer das in Dallas beibringen kann, dann Dennis Rodman. Demnächst mehr in diesem Theater.

Die vierzehn Jahre währende NBA-Karriere des in Dallas aufgewachsenen Dennis Rodman ging genau hier zu Ende – in Dallas. Er hatte in dieser Zeit nicht nur seine Qualitäten als tätowierter Showman demonstriert, der sein Leben in mehreren Biographien einem faszinierten Publikum gegenüber offenlegte. Er gewann auf seinen NBA-Stationen zweimal die Meisterschaft mit den Detroit Pistons (1989 und 1990) und dreimal mit den Chicago Bulls (1996, 1997, 1998) und wurde 2011 für würdig erachtet, in die Hall of Fame aufgenommen zu werden. Seine Rolle als greller Vogel der amerikanischen Gesellschaft gab er nach dem Ende der Laufbahn allerdings nicht auf. Er nutzte stattdessen den Prominenten-Bonus, um im Gespräch zu bleiben. Zum Beispiel mit Reisen nach Nordkorea, bei denen er auch Diktator Kim Jong-un traf – einen „Freund fürs Leben". Aus seiner Sicht handelte es sich bei diesen Gesprächen um einen Beitrag zur amerikanischen Außenpolitik – mithilfe des Sports. Viel Wirkung hatte es nicht.

April 2000: „Ein Held nach Art der Gebrüder Grimm“

Wenn ein Spieler in einer der amerikanischen Profiligen etwas kann, wird er irgendwann in seiner Laufbahn mit einer dieser zahllosen Auszeichnungen bedacht. Es gibt Titel, die sich ausschließlich auf statistisches Material stützen, seien es Tore, Körbe oder Vorlagen. Und solche wie den *Most Valuable Player,* kurz *MVP,* den die Mitglieder anonymer Gremien per Stimmzettel ermitteln, um die Leistung einer einzelnen Figur aus der Masse seiner Mannschaft herauszuheben.

Die National Basketball Association geht so weit, alljährlich den „besten sechsten Mann“ auszurufen, die Ehrung für einen Ersatzspieler, der in den meisten Fällen gar keiner ist, weil er tatsächlich mehr als die Hälfte der Spielzeit auf dem Platz steht und viele Gelegenheiten hat, um zu zeigen, was er kann. Es ist dies die Auszeichnung, die Jungs auf der Bank das Gefühl gibt, dass sie sich nicht allzu zurückgesetzt fühlen sollen. Man muss das Positive sehen.

Ganz in diesem Sinne hat die Liga einen Ehrentitel ersonnen, den jeder gewinnen kann. Einen, der seit ein paar Wochen in den Köpfen mancher Fernsehreporter herumspukt.

Warum? Sie sollen die Leistungsentwicklung des Würzburgers Dirk Nowitzki charakterisieren. Und da fällt vielen nur dieses eine preisverdächtige Etikett ein. Das von dem „am meisten verbesserten Spieler des Jahres“.

Das Kompliment sitzt schief, denn auch in diesem Jahr werden die Dallas Mavericks, bei denen der blonde Schlacks vor etwas mehr als einem Jahr anheuerte, nicht die Play-offs erreichen. Sie gehören einfach nicht zu den besten sechzehn Mannschaften der Saison. Die garnieren tatsächlich nur die andere Hälfte des Schaffenstableaus in der NBA. Die Archivablage ganz unten.

Die bemerkenswerte Leistungsexplosion des 21-Jährigen fand mithin in einer Mannschaft statt, in der gute Darbietungen einfach auffallen müssen. Wenn einem wirklich gute Nebenleute fehlen, kann sich auch ein unerfahrener Neuling rechtschaffen entfalten.

Bei Siegen gegen Spitzenmannschaften wie die Utah Jazz und die Portland TrailBlazers mit Detlef Schrempf gehörte er zu den zuverlässigsten Angreifern im Team. In Salt Lake City empfahl er sich phasenweise in der von seinem Trainer erfundenen Rolle eines spielgestaltenden Point Forward, als er die Fabelzahl von 17 Rebounds zusammenklaubte. Gegen die stark eingeschätzte Mannschaft aus Oregon, in der neben Schrempf auch Nowitzkis Vorbild Scottie Pippen spielt, warf er den Ball aus allen Ecken auf den Korb und holte 21 Punkte – mehr als er im Saisondurchschnitt produziert hatte.

Aber auch gegen eine so schwache Mannschaft wie die Boston Celtics verstand es „der bescheidene Deutsche" (*Dallas Morning News*), sich effektvoll in Szene zu setzen. Im ersten direkten Duell seiner Profi-Karriere mit Paul Pierce, den die meisten Mavericks-Anhänger vor zwei Jahren sehr viel lieber gedraftet hätten als Nowitzki, warf er einen Dreier nach dem anderen. Mehr noch: Kurz vor Schluss provozierte er Pierce zu einem fünften Foul, das die Celtics aus dem Konzept brachte. Gegenspieler wie Antonio Davis von den Toronto Raptors mussten überrascht zugeben, dass sie „nicht viel über ihn wissen". Schon gar nicht, dass dieser Unbekannte in der Lage sein würde, in einem Match 32 Punkte zu produzieren.

Die Verblüffung sollte sich allerdings spätestens in der nächsten Saison legen und jener Einschätzung Platz machen, die Mavericks Cheftrainer Don Nelson und sein Sohn und Assistent Donn von Anfang an hatten: dass Dirk Nowitzki „den Übergang in die NBA ganz schnell" schaffen würde.

Die Nelsons sind froh, dass sich ihre Prophezeihung bewahrheitet. Denn im letzten Jahr hatten sie ihre Neuerwerbung bereits vor Saisonbeginn zum „Rookie des Jahres" erklärt – auch eine dieser Auszeichungen, die die NBA verteilt –, lange bevor das Talent aus Unterfranken die Grundsätze eines wichtigen Teils des Spiels verstanden hatte: die körperharte Manndeckung. Noch immer hat er in diesem Bereich Schwächen. Es fehlt ihm an Muskelkraft und Wendigkeit.

Einer der Gründe für die Verblüffung vieler sogenannter Experten: Nowitzki spielt einen Stil, den man ihm in den USA von kleinauf an ausgetrieben hätte. In den Vereinigten Staaten sorgen Trainer dafür, dass sich die Riesen unterm Korb aufbauen und das Stellungsspiel und Wurfrepertoire eines Centers entwickeln. So etwas hatte der ehemalige Nationalmannschafts-Kapitän Holger Geschwindner, der Nowitzki einst entdeckt hatte, ganz und gar nicht im Sinn. Der hatte seinen Schützling von Anfang an auf die Kunst des Werfens getrimmt.

Diese für das Spiel der Amerikaner sehr ungewöhnliche Sichtweise wusste man in Dallas allerdings von Anfang an sehr zu schätzen: „So jemand kann auf allen Positionen spielen", sagt Donn Nelson. „Das ist dann dein Scottie Pippen oder dein Kevin Garnett."

Die Zeitung *USA Today* zog sogar die mehr als hundertjährige Basketballgeschichte ins Kalkül, als sie den Würzburger im Januar erstmals ausführlicher ihren Lesern präsentierte: „Nowitzki ist wahrscheinlich der beste reine Werfer von dieser Größe, seit Naismith zum ersten Mal Pfirsichkörbe an einen Balkon nagelte." Der Name des Erfinders des Spiels in einem Atemzug mit dem des jungen Deutschen – das hatte etwas.[20]

Der überragende Center Shaquille O'Neal von den Los Angeles Lakers verteilte Vorschusslorbeeren: „Er spielt diese Saison einfach phänomenal. Wenn er so weitermacht, wird er eines Tages ein ganz Großer in der NBA werden!"

Beim All-Star-Treffen, wo er in einem Aufwärmwettbewerb, dem Dreier-Schießen, antreten durfte und nach einem zweiten Platz im Vorjahr nun den dritten Rang belegte, wurde er öfter mit den Elogen konfrontiert und reagierte nicht mehr nur mit ein paar bescheiden klingenden Schnörkeln. Es klang durch, dass in ihm ein gewisser Ehrgeiz schlummert: „Es wäre toll, wenn ich das einmal im Laufe meiner Karriere schaffen würde", sagte er über die Berufung ins All-Star-Team, die ihm nicht vergönnt gewesen war. „Es ist eine Ehre. Und ich werde so hart daran arbeiten, wie ich kann."

Während Nowitzkis Platz in der Mannschaft angesichts seiner Korbausbeute ungefährdet ist, gilt die Zukunft seines Mentors Don Nelson mal wieder als ungewiss.

Das hat mit den Eingriffen des neuen Mavericks-Eigentümers Mark Cuban in die Personalpolitik zu tun. Seine erste Amtshandlung war es, das *Enfant Terrible* Dennis Rodman zu verpflichten und so dem angeödeten Publikum in Dallas eine grelle Figur in die Halle zu stellen, ihn aber nach wenigen Wochen bereits wieder zu entlassen. Cuban deutete an, dass er den 59-Jährigen, der in Personalunion das Amt des General Managers versieht, nicht unbedingt als Trainer weiterbeschäftigen will, sondern nur noch als Teil eines *Braintrust,* den er um sich scharen möchte.

Das Postengeschiebe hinter den Kulissen könnte unter Umständen auch einen Einfluss auf den Status von Dirk Nowitzki haben. Dessen Vertrag läuft nämlich am Ende der nächsten Saison aus. Ob er in Texas bleibt, liegt nicht allein in seiner Hand. Der Club kann ihn als Tauschware behandeln und an eine andere Mannschaft abgeben oder ihm ebenso gut eine verlockende Millionen-Offerte machen, um ihn langfristig zu verpflichten.

Jeden ernsthaften Gedanken an den Verhandlungsgegenstand wies der Malermeistersohn vor ein paar Tagen gegenüber dem *Spiegel* zurück: „Die Dollar-Spielereien betreiben die Medien, nicht ich". Zumal ihn nicht das Geld in die NBA gelockt habe, „sondern die Chance, in der besten Basketballliga der Welt spielen zu können. Allein die Tatsache, dass ich mich jetzt durchsetze, ist für mich ein wahres Märchen."

Womöglich auch deshalb nannte ihn das amerikanische Magazin *Time* unlängst einen „Helden nach Art der Gebrüder Grimm". In deren Geschichten gewinnt bekanntlich am Ende stets das Gute, was, so glauben viele, Nowitzki in Dallas nicht gelingen wird. Der Basketball-Experte der Zeitung *USA Today* schlug vor, Nowitzki solle lieber schon bald zu den Miami Heat wechseln. „Er wäre die ideale Ergänzung zu Alonzo Mourning und P. J. Brown", schrieb das Blatt. „Die wären auf einen Schlag ein Riesenteam und ein Alptraum für alle Gegner."

Und nicht nur das. Die Miami Heat wären damit ernsthafte Aspiranten auf einen Meistertitel. Und Nowitzki wäre Deutschlands erster richtiger Basketball-Star.

Ein Jahr darauf, mit der Spielzeit 2000/01 konnte sich Dirk Nowitzki als der erfolgreichste Korbschütze der Mavericks etablieren. Zusammen mit Michael Finley und Steve Nash gelang es ihm, Dallas zum ersten Mal seit elf Jahren wieder in die Play-offs zu führen. Man kam nach dem 3:2-Erfolg in der ersten Runde über die Utah Jazz sogar bis unter die letzten Acht. Dort war aber gegen die San Antonio Spurs Endstation. Die Resonanz bei Heimspielen in der alten Reunion Arena war entsprechend groß. Die Mavericks zählten insgesamt 680.238 Besucher und kletterten damit auf den 14. Platz der Rangfolge aller 29 Teams.

Dezember 2001: Der große Blonde mit dem zu kleinen Schuh

Es gehört zu den üblichen Klischees der Sportsprache, dass man einem jungen Spieler prophezeit, in Fußstapfen zu treten, die viel zu groß für ihn sind. Kaum jemand denkt bei solchen Analogien jedoch daran, dass ein hochtalentierter Athlet sich bei diesem Versuch freiwillig einen Schuh anzieht, der ihm zu klein ist.

Doch so etwas gibt es tatsächlich. Sonst hätte sich Dirk Nowitzki am Samstag nicht bei der Vorbereitung auf eine der reizvollsten Begegnungen seiner Profi-Laufbahn den Knöchel verletzt, als er seinen linken Fuß in einen viel zu engen Schuh zu rammen versuchte. Die Schmerzen waren groß. Zu groß, um am Abend beim Heimspiel gegen die Washington Wizards mitmachen zu können.

Was aber wahrscheinlich noch etwas mehr weh tat, war das Gefühl, ausgerechnet bei einem Match auf der Bank sitzen zu müssen, auf das er sich besonders gefreut hatte: auf das erste direkte Aufeinandertreffen mit Michael Jordan, dem mutmaßlich besten Basketballer aller Zeiten.

Schon Tage vorher hatte sich das Interesse rund um die Begegnung aufgebaut. Was nicht nur an der 38-jährigen NBA-Legende Jordan lag, der seinen Job als Manager und Miteigentümer der Washington Wizards aufgegeben hatte, um die schwache Mannschaft höchstpersönlich wieder in Fahrt zu bringen. Die Spannung hat vor allem mit den hervorragenden Leistungen des 23-jährigen Würzburgers zu tun, der sich zu einem Korbjäger der Extraklasse entwickelt hat. Das Duell Jordan gegen Nowitzki schien eine ideale Gelegenheit zu sein, um zu bestimmen, wie gut der deutsche Nationalspieler inzwischen ist.

So waren nicht nur Nowitzkis Schwester Silke und sein Mentor und Agent Holger Geschwendner angereist. Es hatte sich sogar ein Schwarm von deutschen Reportern eigens nach Dallas bemüht, um dem Ereignis gebührend Widerhall im Heimatland zu verleihen.

Daraus wurde nichts. Alles, was es hinterher zu vermelden gab, war die Erklärung des Betroffenen für seine selbst verschuldete Panne: „Ich wollte vor dem Morgentraining in die Schuhe rein. Plötzlich hüpfte die Sehne an meinem linken Knöchel weg, und ich konnte kaum noch geradeaus laufen."

Dallas hatte sich sehr bemüht, das Ereignis den Neugierigen in Nowitzkis Heimatland zu bescheren, wo es zum Beispiel von der Nachrichtenagentur *dpa* als „das Spiel aller Spiele" hochgejazzt wurde. Die Satellitenschaltungen nach Europa für eine Live-Übertragung waren bestellt. Doch das Großereignis morphte zu einem Pannen-Report.

Besonders die angereisten Medienvertreter hatten „lange Gesichter", wie der Berichterstatter des *Fort Worth Star-Telegram* nicht ohne eine gewisse Süffisanz in seinem Spielbericht vermerkte. Nowitzki „klang fast so, als ob er sich entschuldigen würde" und bemühte sich nach Kräften, um Verständnis zu werben. „Es ist genauso hart für mich wie für sie. Aber mehr kann ich auch nicht sagen."

Der große Blonde mit dem leider etwas zu kleinen Schuh sagte dann allerdings doch noch ein wenig mehr, und zwar an die Adresse der Fans der Dallas Mavericks, für die die Niederlage an diesem Abend gegen die Wizards größere Bedeutung hatte als das verhinderte Duell zweier Spieler. „Ich sollte zum nächsten Spiel wieder in Ordnung sein."

Zu dem direkten Vergleich zwischen dem Jung-Star und seinem Idol kann es übrigens durchaus noch kommen. Die Mavericks treten am 31. März in Washington zum Rückspiel an. Doch wer weiß, was dann mit Michael Jordan sein wird. Der plagt sich seit ein paar Wochen mit Kniebeschwerden und will das eine oder andere Match aussetzen, um die lange Saison durchzuhalten. „Hoffentlich sind wir dann beide gesund", unkte deshalb Nowitzki, für den sich nicht einmal die Gelegenheit bot, um mit Jordan ein paar Worte zu wechseln.

Das wünschte sich unter anderem auch Mavericks-Trainer Don Nelson. „Es macht beim besten Willen keinen Spaß ohne ihn", kommentierte er die Niederlage.

Der wird sicher sein Bestes tun. Das Spiel am Samstag war erst das zweite im Laufe seiner NBA-Karriere, bei dem er verletzungsbedingt ausfiel.

Nowitzki und Jordan begegneten sich danach sogar noch dreimal (wenn man das All-Star-Spiel 2002 mal ignoriert). Aber im Februar 2003 war mit dieser Konstellation Schluss. Jordan hatte angekündigt, mit 40 Jahren endlich seine Spielerkarriere zu beenden. Und so besiegelten er und Nowitzki mit einem flüchtigen Handschlag beim 106:101 Sieg der Mavericks gegen die Wizards nach Verlängerung ihre letzte sportliche Begegnung. Gemeinsam hatten sie 59 der insgesamt 207 Punkte erzielt. „Ich habe noch nicht verinnerlicht, dass es das schon gewesen sein soll", sagte der Jüngere, dessen Respekt für den alten Herrn enorm war. Er hatte es „sowieso nie auf die Reihe bekommen, dass ich gegen Jordan gespielt habe". Denn der sei „größer als das Leben".

Mai 2002: Titelfigur

Als die Redakteure von Amerikas größter Sportzeitschrift vor zwei Wochen nach einem Typen für ihr Titelbild suchten, mussten sie nicht lange überlegen. Die Dallas Mavericks waren soeben mit ihrem animierten und angriffsfreudigen Spiel durch die erste Runde der NBA-Play-offs marschiert. Und Dirk Nowitzki, der „blonde Bomber", den das Blatt als das „Wunder von Würzburg" feierte, hatte mit Würfen aus allen möglichen und unmöglichen Lagen brilliert.

„Nicht schlecht", meinte der 23-Jährige, als er erfuhr, dass sein Antlitz die erste Seite eines Magazins ziert, dass eine wöchentliche Auflage von mehr als 2,5 Millionen Exemplaren hat.

Als Beleg für die Popularität eines Sportlers ist solch ein Auftritt nicht zu überbieten. Das Magazin namens *Sports Illustrated* besitzt enormes Prestige. Viele Athleten in den USA, besonders die von der abergläubischen Sorte, legen jedoch keinen besonderen Wert auf diese Ehre. Das Blatt scheint seit knapp 50 Jahren mit traumwandlerischer Sicherheit oft jene Figuren herauszuheben, die gleich anschließend unter dem Erwartungsdruck der Öffentlichkeit einknicken. Oder denen – noch schlimmer – das Schicksal einen Streich spielt.

Vor kurzem machte die Zeitschrift den schon seit langem kursierenden sogenannten Titelseiten-Fluch selbst zum Thema und stellte fest, dass das Phänomen – zumindest rein statistisch gesehen – ganz beachtlich ist. Ein Drittel der Sporthelden von Seite eins schwächeln merklich, nachdem sie in den Medienhimmel gehoben wurden.

Nowitzki, ein Mann, der sich von den Basketball-Profis in Amerika in vielem unterscheidet, nicht nur in der Pigmentierung seiner Haut, sondern auch in seinem mangelnden Interesse an Tätowierungen, hatte übrigens bis vor zwei Wochen von dem Fluch noch nichts gehört. Weshalb er, als ihn ein Reporter des *Fort Worth Star-Telegram* mit dem Thema konfrontierte, programmatisch erklärte: „Das heißt wohl, dass wir beweisen müssen, dass nichts dran ist."

Eine Woche später, nach drei Begegnungen in der zweiten Play-off-Runde, sehen die Mavericks nicht so aus, als ob sie in der Lage wären, den Bann zu brechen. Besonders der sonst so zuverlässige Nowitzki spielt wie ein Mann, dem die Verteidiger der Sacramento Kings jeden Spielraum genommen haben. Gegen die beste Mannschaft der regulären Saison läuft der verwirrende, ungebremste und ungeheuer unterhaltsame Spielstil öfter ins Leere, als den viel gepriesenen Profis aus Dallas und ihrem Trainer Don Nelson lieb sein kann. Bälle, die sonst wie mit der Schnur gezogen in die Körbe regnen, kommen weniger häufig ans Ziel. Auf volles Risiko gespielte Pässe erreichen nicht den Nebenmann, Dribblings werden verstolpert. Aber vor allem in der Defensive zeigt sich einmal mehr die hinlänglich beschworene Schwäche der Mannschaft: Sie kann großen und schwerfüßigen Spielern wie Chris Webber und Vlade Divac nur wenig entgegenstellen.

In der regulären Saison hatten die Mavericks durchaus Mittel und Wege gefunden, die Kings in drei von insgesamt vier Begegnungen mit ihrem Hang zur oktangeladenen, schnellen Attacke zu schlagen. Doch so etwas zählt in den Play-offs nicht, wenn Trainer die kleinen spielerischen Duelle auf dem Platz, die sogenannten Match-Ups, in jeder Partie neu bestimmen und während des Spiels am taktischen Tuning feilen. Besonders dann nicht, wenn die Mannschaft wie am Donnerstag vor eigenem Publikum die gesamten 48 Minuten einem Vorsprung hinterherlaufen muss und Leistungsträger Dirk Nowitzki nicht zur Entfaltung kommt.

„Das ist ihre allererste Priorität", stellte sein Trainer Don Nelson hinterher fest. „Sie nehmen ihn in Doppeldeckung und blocken alles ab, was er gerne macht. Das ist für ihn eine großartige Lernerfahrung. Aber leider ist es ziemlich unangenehm, durch so etwas durchzugehen."

Einen Teil des Problems hat der deutsche Nationalspieler bereits erkannt und will daran im Sommer arbeiten. „Ich bin noch kein guter Passer. Ich muss lernen, den Ball an Leute abzugeben, die frei sind."

So etwas ist in der auf reflexartige Improvisation angelegten Offensive der Mavericks schwerer zu bewerkstelligen als in einem klassischen

System, bei dem die angreifende Mannschaft selbst das Tempo aus dem Spiel nimmt. Dennoch darf man Nowitzki, der im letzten Jahr in den Play-offs gegen Utah zeigte, dass ihn nicht einmal ein herausgeschlagener Zahn aus dem Konzept bringt, nicht unterschätzen. Sein „Selbstvertrauen scheint einem New Yorker Streetball-Platz" entsprungen zu sein, mutmaßte *Sports Illustrated* in seiner Laudatio.

„Er gehört nicht zu den Leuten, die einfach nur zum Training kommen, ihr Ding abziehen und wieder gehen", hat Mannschaftskollege Nick van Exel festgestellt, der vor ein paar Monaten aus Denver nach Dallas geholt wurde. „Er ist einer von denen, die jeden Tag als Letzter gehen. Wenn er mit einem Fluch zu kämpfen hat, heißt das, das wir uns alle mehr anstrengen müssen."

Der Aufwärtstrend der Mavericks war ab der Saison 2001/02 nicht mehr zu übersehen. Die Mannschaft, die zum ersten Mal in der neuen Halle, dem American Airlines Center spielte, wirkte geschlossen und so offensivstark, dass sie in der regulären Saison mehr Körbe als jede andere in der Liga erzielte (im Schnitt pro Spiel 105,2 Punkte). Der Tabellenplatz Nummer zwei in der Midwest Division und Nummer vier in der für die Setzliste der Play-offs relevanten Tabelle der Western Conference entsprang einer soliden Leistung mit 57 Siegen in den insgesamt 82 Begegnungen. In der ersten Play-off-Runde hatte das Team keine Mühe, die Minnesota Timberwolves aus dem Weg zu räumen. Dirk Nowitzki kam in der Serie auf einen bemerkenswerten Punkteschnitt von 33,3. In der zweiten Runde gegen die Punktbesten der regulären Saison kam er kaum zur Entfaltung. Die Sacramento Kings deckten ihn notfalls gleich mit zwei Spielern und beendeten die keimenden Hoffnungen mit einem deutlichen 4:1-Sieg.

Dirk Nowitzki war wenige Wochen zuvor zum ersten Mal ins All-Star-Team berufen worden und wurde von der italienischen Zeitung Gazzetta dello Sport mit der Auszeichnung „Europas Basketballer des Jahres" geehrt.

Mai 2003: Das Knie macht einiges kaputt

Es gab am Ende eigentlich zwei unterschiedliche Empfindungen. So ähnlich wie in dem uralten Sprachbild von dem Glas mit Wasser, das manche Leute als halbvoll und manche als halbleer bezeichnen, je nachdem aus welcher Karbonfaser ihre Psyche gestrickt ist.

Die Spieler hatten nämlich Dinge erreicht, wie sie noch keine Formation der Mavericks auf die Beine gestellt hatte. Nicht mal jene Gruppe in den achtziger Jahren mit Mark Aguirre, Rolando Blackman, Derek Harper, Sam Perkins und Detlef Schrempf, die sich zwischen 1983 und 1990 sechsmal für die Play-offs qualifizierte und 1988 die Finalserie der Western Conference erreichen konnte.

Man musste sich nur die Statistik anschauen. Die sprach Bände. Die Dallas Mavericks hatten die Saison mit vierzehn Siegen in Folge eröffnet. Hatten 60 von 82 Spielen in der Tabellenrunde gewonnen. Hatten ihren Offensivgeist mit einer Durchschnittsquote von 103 Punkten pro Begegnung demonstriert und wohl auch deshalb war zum ersten Mal seit Beginn der großen Leistungsflaute in den neunziger Jahren jedes Heimspiel ausverkauft.

Die Mannschaft hatte sogar die Western Conference Finals gegen die San Antonio Spurs erreicht. Und Dirk Nowitzki hatte mit 24 Jahren jenen unumstrittenen Status im Team erworben, der seinen Gedanken zum Erreichten mehr Gewicht verlieh.

Aber er hatte sich acht Minuten vor der Schlusssirene des dritten Spiels der Serie gegen die Spurs nach einem Zusammenprall mit Manu Ginobili auf dem Weg zum Korb eine Bänderdehnung im linken Knie zugezogen und war gezwungen, den Rest der Serie zuzuschauen. Er blickte auf jenes imaginäre Glas und sah: Es ist wohl halbleer. „60 Spiele zu gewinnen, ist schon etwas Besonderes", sagte er. „Aber es bringt dir wirklich gar nichts, wenn du in den Play-offs verlierst."

Die Verletzung brachte übrigens eine weitere Erkenntnis an den Tag. Der gute Geist von Don Nelson war immer noch mit ihm. Von ihm, dem Trainer, hatte Eigentümer Mark Cuban nämlich tatsächlich ohne Umschweife verlangt, dass er den angeschlagen Scharfschützen im sechsten Spiel auf den Platz stellt, um so vielleicht einen Sieg und eine alles entscheidende, siebte Auseinandersetzung zu erzwingen.

Nelson wehrte sich gegen die Einmischung von außen und legte auf diese Weise die Lunte für einen anhaltenden Zwist mit Cuban, der Jahre später in einem hässlichen Streit vor Gericht um mehr als sechs Millionen Dollar endete.

Sicher, hätten diese pfeilschnellen Mavericks die Spurs doch noch irgendwie bezwungen, dann hätten vermutlich die New Jersey Nets sie in der Finalserie einfach platt gemacht und so bereits im fünften Nowitzki-Jahr alles erreicht, was man in der NBA erreichen konnte. Den Titel, der sowohl für Nelson als auch Nowitzki und Nash immer außer Reichweite schien.

Aber Nelson, dessen Vertragsverlängerung im Raum stand, war eisern gewesen. Er habe selbst als Spieler eine ähnliche Knieverletzung gehabt. Ein Spieler, der so etwas nicht ausheile, riskiere seine Karriere, sagte er seinem Vorgesetzten und drohte: Cuban müsse ihn schon rauswerfen, wenn er den angeschlagenen Nowitzki wirklich einsetzen wolle.

Nach außen gaben sich die beiden gelassen und entspannt und verwischten den Konflikt. „Dirk ist ein großer Junge, ich respektiere seine Entscheidung und die des Trainers", schrieb Cuban in einer E-Mail, aus der die *Dallas Morning News* zitierte. „Sie machen das schon eine Weile länger als ich."

Nowitzki war froh, dass er nicht unters Messer musste. Denn die erste Phase mit Ruhe und Physiotherapie hatte in den wenigen Tagen nach dem dritten Spiel nicht viel gebracht. „Das zeigte, dass es eine größere Verletzung war, obwohl jeder meinte, das sei eine kleine Sache."

Er war gleich nach dem Zusammenprall ins Krankenhaus gebracht worden, wo das Knie geröntgt wurde, und kehrte noch einmal in die Arena zurück, ehe er auf Krücken den Weg nach Hause antrat.

„Ich bin kein Arzt", sagte Don Nelson. „Aber ich kann euch sagen, wie man sich als Trainer fühlt." Er wolle Dirk Nowitzkis Gesundheit nicht auf Spiel setzen. „Ich habe Dirk gesagt, dass er sich hundert Prozent fit fühlen muss, wenn er für mich in dieser Serie noch einmal spielen will. Wir müssen sicherstellen, dass wir nicht für ein oder zwei Begegnungen irgendetwas Dummes machen, auch wenn wir der Ansicht sind, dass dies die wichtigsten Spiele in der Geschichte des Clubs sind."

Während andere Mannschaften durch einen radikalen Umbau rasch den Höhepunkt ihrer Entwicklung erreichen, ging der Aufschwung bei den Mavericks etwas langsamer voran. Aber in der Saison 2002/03 zeigte sich deutlich, wohin die Reise ging. Das lag zum einen daran, dass sich Cheftrainer Don Nelson bereit erklärte, seinem Kader zusätzlich zu ihrem begeisternden Vorwärtsdrang mehr Sinn für die Defensive einzuimpfen. Und an dem Lauf, den das Team erlebte. Dallas gewann die ersten 14 Spiele, während Dirk Nowitzki seinen Punkteschnitt steigerte – auf 25,1 Punkte, stattliche 9,9 Rebounds und nicht zu unterschätzende 3,0 Assists pro Spiel. Am Ende der regulären Saison stand eine Bilanz von 60:22-Siegen und der dritte Platz in der Tabelle der Western Conference.

Die erste Play-off-Runde gegen die Portland TrailBlazers, nun nach einer Regeländerung eine Best-of-seven-Angelegenheit, wurde jedoch unnötigerweise zu einem Thriller. Denn die Mavericks galten als klare Favoriten. Aber es dauerte bis zum siebten Spiel, dem Nowitzki mit einem späten Dreier die vorentscheidende Wendung gab. „Das war der wichtigste Korb meiner Karriere" meinte er hinterher. „Ich hatte mich gedanklich noch nicht darauf vorbereitet, in die Ferien zu gehen."

Auch die zweite Runde war kein Spaziergang. Wieder waren die Sacramento Kings der Gegner. Und erneut ging es über sieben Spiele, für die Nowitzki seine gesamten Reserven mobilisieren musste. So warteten im Halbfinale, das in der Sprachregelung der NBA Conference Finals genannt wird, die San Antonio Spurs auf die Mavericks. Hier kam es im dritten Spiel der Serie zu jenem folgenschweren Zusammenprall zwischen Nowitzki und dem Argentinier Manu Ginóbili, der sich zu einer Führungskrise zwischen dem Trainer und Team-Besitzer Mark Cuban auswuchs, denn Don Nelson weigerte sich, Nowitzki nach dieser Knieverletzung einzusetzen.

Mai 2005: Ohne den besten Freund

Als Dirk Nowitzki letzten Sommer den Anruf bekam, schwante ihm, dass er in seiner Karriere als Berufsbasketballer an einem ganz bestimmten Punkt angekommen war. „Ich wusste, ich würde noch härter arbeiten müssen", sagte er, nachdem ihm sein bester Freund und Vertrauter mitgeteilt hatte, dass er die Mannschaft verlassen würde.

Sechs Jahre lang hatte er zusammen mit dem kanadischen Spielmacher Steve Nash aus den Dallas Mavericks ein ernstzunehmendes NBA-Team gemacht und dabei Spiele abgeliefert, bei denen er 40 Punkte aus dem Ärmel schüttelte. Und Nash hatte daran einen erheblichen Anteil gehabt, wie der Würzburger unverhohlen zugab. Der hatte mit seinen wilden Dribblings dafür gesorgt, dass „ich so oft frei zum Wurf kam".

Am Montag standen sich die beiden zum ersten Mal in den Playoffs gegenüber. Der Mann von den Mavericks, den sie in Texas wegen seiner Sprungwürfe bewundern (*Houston Chronicle:* „weicher als Seidentücher"). Und der neue *MVP* der Liga, Steve Nash, der seit einem Jahr zum zweiten Mal in seiner Karriere für die Phoenix Suns arbeitet. Die Serie, die wie in der NBA üblich, maximal sieben Spiele dauert, trägt offiziell den Titel „Halbfinale der Western Conference". Sie könnte im Grunde unter einer Reihe von anderen Überschriften figurieren. „Sie wird unsere Freundschaft testen", meinte Nash. Und sie wird Nowitzkis Reputation zementieren. „Dein Vermächtnis in der NBA entsteht zwischen Ende April und Ende Juni", sagt Avery Johnson, der seit ein paar Monaten in Dallas das Traineramt versieht. „Das andere sind bloß Zahlen."

Das Match war eine Blamage für die Mavericks, aus denen nur ein Spieler herausragte: Dirk Nowitzki, der nach der Begegnung seinem Ärger vor allem über einen Kollegen Luft machte: Erick Dampier, der von sich behauptet, er sei nach dem alle überragenden Shaquille O'Neal von den Miami Heat der beste Center in der Liga. Nicht an diesem Abend, an dem er sage und schreibe null Punkte für Dallas beisteuerte und seinen Gegenspieler, den gefährlichen Amar'e Stoudemire, schalten und walten ließ. „Er war ständig einen Schritt zu langsam", beklagte sich Nowitzki. „Er war wirklich nie richtig in das Spiel involviert."

Mit solchen Stellungahmen macht man sich bei den Mavericks keine neuen Freunde. Dampier ließ die Kritik nicht lange auf sich sitzen. So etwas zu sagen, sei „total dämlich", meinte er am Dienstag und bestrafte Nowitzki beim Training mit eiskaltem Schweigen. Nowitzki ließ sich von der Taktik nicht beeindrucken: „Wir müssen nicht miteinander reden. Wir müssen einfach sehr viel besser spielen."

Vielleicht hätte der 2,13 Meter große Kapitän der Mavericks schon früher die auf ihn zugeschnittene Rolle als Primus inter pares übernehmen sollen. Denn am Mittwochabend reagierte Dampier auf seine verstockte, trotzige Art: Mit acht Punkten in den ersten zehn Minuten. Die Leistungssteigerung war die Initialzündung für die gesamte Mannschaft. Die Mavericks gewannen das zweite Spiel der Serie mit 108:106 und zeigten dabei zum ersten Mal in den Play-offs, dass sie die Botschaft ihres jungen Trainers Avery Johnson verstanden haben.

Mit dem Sieg egalisierte die Mannschaft in der Runde der letzten Acht den Kampf und verschaffte sich eine Ausgangsposition, um die Runde der letzten Vier zu erreichen. Etwas, was den Mavericks bereits 2003 gelungen war. Das Spiel förderte jene Charakteristika zutage, ohne die ein Team in der NBA keinen Titel gewinnen kann: körperliche Härte im Zweikampf, kluge Pässe an den frei stehenden Nebenmann und die Fähigkeit, im entscheidenden Augenblick den Ball in den Korb zu verfrachten. Das letztere behielt sich Nowitzki selbst vor, als er 6,8 Sekunden vor Schluss die letzten beiden seiner 23 Punkte erzielte, die Dallas den Erfolg garantierten. Die richtige Hand für Würfe aus allen Lagen hatte diesmal Michael Finley, der allein fünf Dreier beisteuerte und mit 31 Punkten vergessen ließ, dass er seit Wochen hinter seiner alten Form hertrabt. Auch für die Rolle des unerbittlichen Zweikampf-Spezialisten fand sich jemand: Jerry Stackhouse, der als sechster Mann von der Ersatzbank kommt. Der bedrängte Suns-Spielmacher Joe Johnson kurz vor Ende der ersten Halbzeit auf dem Weg zum Korb so sehr, dass der unglücklich fiel und mit dem Gesicht auf dem Parkett aufprallte. Johnson musste ins Krankenhaus und fällt für die nächste Auseinandersetzung in Dallas aus.

Dieser Avery Johnson, der sich aus dem Streit zwischen Nowitzki und Dampier diplomatisch herausgehalten hatte, war mit der Leistung seines Centers noch immer nicht ganz zufrieden. „Bin ich froh, dass er 15 Punkte und 12 Rebounds hatte? Ja. Aber ich wäre noch froher, wenn er mal ein paar solcher Spiele nacheinander bieten würde."

Dirk Nowitzki hatte nach dem Sieg nur lobende Worte für seinen Kollegen: „Ich weiß nicht, ob es daran lag, dass ich etwas gesagt habe. Aber er hat heute großartig gespielt. Wenn er aktiv ist und attackiert und sich im Zentrum aufbaut, sind wir eine andere Mannschaft."

Im März 2005 ging bei den Dallas Mavericks so etwas wie eine Ära zu Ende. Da trat Cheftrainer Don Nelson von seinem Posten zurück, übergab seinem jungen Assistenten Avery Johnson die Verantwortung und zog sich auf die Position des Chefmanagers zurück. Dieser Schritt wirkte zunächst wie kein markanter Einschnitt, denn unter Johnson lief das Spiel mindestens genauso gut weiter wie zuvor. Dallas gewann die letzten neun Begegnungen der regulären Saison, landete mit einer Bilanz von 58:24 auf dem zweiten Platz der nach der Erweiterung auf 30 Klubs umgetauften Southwest Division und auf dem vierten Rang der Tabelle der Western Conference.

Dass Dirk Nowitzki, der im Laufe der Saison auf einen Punkteschnitt von 26,1 pro Begegnung kam und eine fabelhafte Trefferquote von 45,9 Prozent aufwies, ins All-Star-Team berufen wurde, wirkte bereits wie Routine.

An einen anderen Gedanken aber musste man sich erst gewöhnen. Die Mavericks hatten vor Beginn der Saison ihren Spielmacher Steve Nash ziehen lassen, weil sich Klubbesitzer Mark Cuban, ein gewöhnlich eher großzügiger Typ, plötzlich erstaunlich knauserig gab, als es um eine Vertragsverlängerung ging. Nash zögerte zunächst, als ihm die Phoenix Suns eine bessere Offerte machten und wandte sich noch einmal an Cuban in der Hoffnung, dass er für einen Sechs-Jahres-Vertrag ebenfalls insgesamt 63 Millionen Dollar aufbringen würde. Die Hoffnung zerschlug sich. Und Nash schaffte in Phoenix gleich zwei Jahre hintereinander das Kunststück, als wertvollster Spieler der Saison ausgezeichnet zu werden. Erst im Frühjahr 2019 gab Cuban zu, dass es „mein Fehler war, Dirk und Steve nicht länger zusammenzulassen". Einen solchen Fehler wolle er nicht noch einmal machen.

Es war ein Fehler mit massiven Folgen. Denn jemand wie Nash fehlte nicht nur in den Play-offs von 2005, als die Mavericks in der zweiten Runde gegen die Phoenix Suns in sechs Spielen unterlagen. Noch viel schwerwiegender wirkte sich sein Abgang ein Jahr darauf aus, als Dallas gegen die Miami Heat in der Finalserie verlor. Eine Serie, die die Mannschaft nach einer 2:0-Führung theoretisch bereits in der Tasche hatte.

Oktober 2005: „Ich glaube, er ist ein Pessimist“

Als Dirk Nowitzki noch ein Teenager war und die Spiele der amerikanischen Profiliga NBA aus der Ferne verfolgte, betrachtete er einen Basketballspieler mit besonders großen Augen. Der „hatte so einen leichtgängigen, reibungslosen Stil. Die Art und Weise, wie er sich bewegte. Er konnte alles, er war ein großartiger Verteidiger, konnte werfen, wann immer es notwendig war“. Der bewunderte Spieler hieß Scottie Pippen und war neben dem überragenden Michael Jordan der zweite Mann in der Hierarchie der Chicago Bulls.

Irgendwann im Laufe der vergangenen Jahre, in denen sich das Ausnahmetalent aus Würzburg zu einem der besten Profis der Welt entwickelte, muss sich diese Episode bis zu Pippen herumgesprochen haben. Denn der revanchierte sich vor ein paar Monaten mit einem Kompliment. Man könne den 27 Jahre alten Nowitzki, so meinte der Mann, der 1992 in Barcelona im ersten Dream Team gestanden hatte, „mit einigen der besten Spieler vergleichen“. Er prophezeite Nowitzki „eine großartige Zukunft“.

Manchmal muss den 2,13 Meter großen Flügelmann aus Deutschland das ungute Gefühl beschleichen, dass diese Zukunft schon hinter ihm liegt. Denn während er sich innerhalb der vergangenen sieben Jahre persönlich in allen Belangen ständig verbesserte und sich den Respekt der fachkundigen Sportöffentlichkeit erarbeitete, reichte es für seine Mannschaft nie zu mehr als zur dritten Play-off-Runde (im Jahr 2003). Ein bescheidenes Resultat im Vergleich zu den sechs Meisterschaften, die Pippen mit den Chicago Bulls errungen hat – und zu den drei Titelgewinnen von Larry Bird, mit dem Nowitzki häufig verglichen wird.

Die Bilanz sähe kaum so mager aus, wenn sich nicht bei den Dallas Mavericks über die Jahre ein unrealistisches Anspruchsdenken breitgemacht hätte. Das pflegt vor allem Clubbesitzer Mark Cuban, der seit fünf Jahren die Fäden zieht. Anders als die meisten Eigentümer mischt er sich permanent in das Tagesgeschäft ein und betreibt eine Personalpolitik, die ein ständiges Kommen und Gehen provoziert.

Nachdem vor dieser Saison mit Michael Finley die einstige Führungsfigur im Team aus dem Vertrag herausgekauft wurde, sah sich Nowitzki einer seltsamen Erfahrung ausgesetzt: Er ist der einzige Maverick, der noch aus der Vor-Cuban-Zeit übriggeblieben ist.

Zwar hat sich die Entwicklung erst im zurückliegenden Jahr mit dem Wechsel seines besten Freundes Steve Nash nach Phoenix und dem Rücktritt von Trainer Don Nelson zugespitzt. Aber der Star der Europameisterschaft, der noch immer wie an der Nabelschnur an seinem Förderer und Privattrainer Holger Geschwindner hängt, hat wie auf so vieles andere auch nicht entsprechend reagiert. Seit ein paar Wochen ist er Kapitän der Mannschaft, aber er würde diese Rolle am liebsten einem anderen überlassen. „Ich habe immer gesagt, dass mein Stil nicht daraus besteht, mich vor dem Team aufzubauen und eine halbe Stunde lang eine Rede zu halten." Er möchte lieber auf dem Spielfeld Vorbild sein, „versuchen, mich jedes Spiel so hart wie möglich einzusetzen".

Die letzte Play-off-Erfahrung mit seinem Nebenmann Erick Dampier, den er nach einer Niederlage öffentlich kritisierte, weil der sich nicht hinreichend angestrengt habe, hat ihn verunsichert. Er will zwar noch immer den Mund aufmachen, wenn ihm danach ist, sagte er vor ein paar Tagen im Trainingslager, aber „vielleicht nicht mehr so laut" auftreten.

Die Verantwortung für die ganze Chose hat er ohnehin nicht. Sie obliegt dem „kleinen General" Avery Johnson, der gegen Ende der vergangenen Saison vom Assistenten zum Cheftrainer hochgelobt wurde und der Nowitzki genügend Ballast aufbürdet. Johnson ist ein Coach, der in seiner Arbeit vor allem auf ein Hauptaugenmerk achtet: auf die Verteidigungsarbeit. Und damit hat der Sohn einer sportlichen Familie selbst nach so vielen Jahren in der NBA noch immer Schwierigkeiten.

Doch was Nowitzki am meisten Kopfzerbrechen bereiten dürfte, ist die Aufforderung, seinen Angriffsstil umzustellen. Der Sprungwurfspezialist, der fast aus jeder Entfernung den Ball zielsicher im Korb versenkt, soll sich nach dem Wunsch des Trainers mehr in der Zone unterm Korb tummeln, wo Ellenbogen fliegen und nur wenig Platz bleibt, um sich durch das Gedränge zu wühlen. Amerikanische Spieler, für die der allabendliche Auftritt auf dem Parkett ein Ausdruck von Lebenslust, Show und sublimierter Männerrivalität ist, würden sich mit derlei Ansinnen nicht lange beschäftigen. Selbst die besten rebellieren immer wieder gegen Ordnungsschemata und Spielstruktur, sorgen auf diese Weise dafür, dass Trainer entlassen, Nebenleute verkauft und eine sinnvolle Verstärkung verpflichtet wird. Nowitzki, dessen Vertrag mit Dallas noch zwei Jahre läuft und der ihm in dieser Saison knapp 14 Millionen Dollar bringt, wirkt dagegen nicht wie jemand, der zum Aufstand neigt. Was sich in seinen jüngsten Erklärungen niederschlug, in denen er den persönlichen Verlust von Steve Nash und Michael Finley als klassische Geschäftsentscheidungen der Clubführung charakterisierte.

Das passt zu der Einschätzung, die der unkonventionelle Aufbauspieler Nash nach dem Wechsel nach Phoenix über Nowitzki von sich gab. „Er denkt, er ist ein Realist", sagte der Kanadier, der in Arizona als wertvollster Spieler der Liga in der regulären Saison ausgezeichnet wurde, über seinen Kumpel. „Aber ich glaube, er ist ein Pessimist. Ich musste ihn sehr oft aufmuntern."

Da traf es sich ganz gut, dass sich vor zwei Wochen ein angesehener Sportjournalist aus Chicago mit einem produktiven Vorschlag zu Wort meldete: Sam Smith, der einst die Psycho-Diktatur eines Michael Jordan, unter der auch Scottie Pippen litt, in einem aufschlussreichen Buch beschrieben hatte, glaubt, dass gleich zwei Mannschaften von einem prominenten Spielertausch profitieren könnten. Die Beteiligten: Dirk Nowitzki und Kevin Garnett von den Minnesota Timberwolves. Das Gegengeschäft brächte einen produktiven Korbjäger mit einer starken defensiven Einstellung aus Minneapolis nach Dallas. Und es würde dem offensiven Star der Mavericks eine neue Umgebung bieten, in der es viele Bausteine für den Erfolg gibt.

Da solche Entscheidungen nicht von ihm getroffen werden, sondern von Männern wie Mark Cuban, rechnet der Würzburger inzwischen damit, dass selbst er eines Tages in Dallas überflüssig werden könnte und ließ dies unlängst durchblicken. „Ich habe ziemlich schnell gelernt, dass diese Liga ein Geschäft ist“, sagte er gegenüber der Dallas Morning News. „Wenn du nicht das leistest, was sie wollen, oder wenn du es leistest, aber nicht in die Zukunftspläne einer Mannschaft hineinpasst, dann bist du eher früher als später draußen.“

Das Geschäft mit dem Basketball hat Dirk Nowitzki mehr als reichlich belohnt. Eine Zusammenstellung der Webseite Hoopshype seiner Jahresgehälter bis zum Ende der Saison 2017/18 kam auf eine Gesamtsumme von exakt 247.316.120 Dollar brutto. Wozu noch der Betrag für die vergangene Saison zu addieren wäre: eine vergleichsweise geringes Gehalt von 5 Millionen Dollar. Daraus ergibt sich nach Abzug aller Steuern eine Netto-Einnahme von mehr als 130 Millionen Dollar.

So hoch der Betrag sein mag: Der amerikanische Wirtschaftsinformationsdienst Business Insider rechnete vor einer Weile hoch, dass Nowitzki sehr viel mehr hätte verdienen können. Doch aufgrund seiner Loyalität zum Klub verzichtete er lieber auf lukrative Wechsel. Selbst in einer Liga wie der NBA, die sich intensiv darum kümmert, die Ausgaben der Klubs für Spielergehälter zu deckeln („Salary cap“), wäre für einen Spieler wie ihn sehr viel mehr drin gewesen. Nowitzki begann bereits 2006 damit, dem Team so etwas wie einen Rabatt einzuräumen, anstatt hart zu verhandeln. Eine solche Philosophie hätte ihm vermutlich insgesamt 446 Millionen Dollar brutto eingebracht, fast 200 Millionen mehr, als er tatsächlich an Gehältern verdient hat.

Juni 2006: Spitzname gesucht

Es ist schon eine Weile her, da brach der ehemalige amerikanische Basketballprofi Larry Bird in einem Fernsehinterview ein Tabu ganz besonderer Art. „Es ist das Spiel schwarzer Männer", sagte er über das Selbstdarstellungsprogramm, in dem er einst zum Vorzeigeathleten geworden war. „Und das wird es für immer und ewig bleiben."

Die Popularität der NBA allerdings, so fügte er hinzu, würde auf die Dauer davon abhängen, ob die Liga ein paar weiße Superstars hervorbringen könne oder nicht. „Ich denke, das wäre gut für die Fans. Die Mehrheit von denen kommt aus dem weißen Amerika."

Was Larry Bird denkt, der als Mitglied des *Dream Teams* von Barcelona 1992 und als die letzte überragende weiße Figur in der National Basketball Association über jede Kritik erhaben ist, wird in den USA nicht gerne öffentlich diskutiert, schon gar nicht unter den Spielern, von denen rund 80 Prozent schwarz sind.

So wunderte es denn auch niemanden, dass Dirk Nowitzki, der erste Weiße seit Bird mit dem Zeug zum Superstar, vor ein paar Tagen einer Antwort auswich, als er von einem Journalisten gefragt wurde, ob er die Sache so ähnlich sehe. „Darauf will ich mich nicht einlassen", meinte er. „Ich sehe das so: Wenn du auf dem Platz stehst, ist es egal, ob du weiß, schwarz, gelb bist."

Der Kommentar war typisch Nowitzki. Denn der 27-Jährige schreckt vor Statements jedweder Art zurück, die seine Entwicklung zu einem Ausstellungsstück der besten Basketballliga der Welt mit dem dazu notwendigen Selbstbewusstsein unterstreichen könnten. Die Haltung wirkt sympathisch und angemessen für einen Spieler aus einem Basketballentwicklungsland in der Mitte Europas. Doch sie perpetuiert eine Schwierigkeit: Auf Neudeutsch nennt man dies ein Branding-Problem. Der Würzburger wirkt auch nach acht Jahren in der Liga wie ein unbeschriebenes Blatt. Er ist der Mann, der keine Tätowierungen hat, Dribblings nicht mit artistischen Körperdrehungen abschließt und über den überzeugte Nowitzki-Verehrer in ihren Internet-Foren stöhnen: „Er ist nicht ausdrucksstark. Er ist nicht explosiv." Schlimmer. Sein Motto lautet: „Ich suche meistens den Nebenausgang und stehle mich aus dem Scheinwerferlicht."

Nichts bringt die Gemengelage in Sachen Image besser auf den Punkt als die Schlagzeile, mit der das Stadtmagazin *Dallas Observer* neulich ein ausführliches Porträt des deutschen Nationalspielers überschrieb: *„Dork Nowitzki"*.

Dork ist eine Schmähung, mit der man in den USA normalerweise linkische, spätpubertierende Teenager belegt. Und das Wortspiel bestätigte auf eine sarkastische Weise, was manche seiner wohlmeinenden Anhänger schon lange beklagen. Dirk Nowitzki hat nämlich keinen richtigen Spitznamen. Er verfügt über kein Label, das Respekt anmahnen würde wie im Fall des der Ballzauberers Earvin *Magic* Johnson oder von *Air Jordan,* dem Überflieger der Chicago Bulls.

Das unmittelbare Resultat des Imagedefizits: Selbst nach so vielen Jahren in der NBA müht sich immer wieder irgendjemand an dem Buchstabenangebot aus seiner Geburtsurkunde ab und verballhornt nach Kräften. Der Kreativität sprachkünstlerisch begabter Amerikaner sind da nur wenige Grenzen gesetzt.

Man denke nur an den Namen *Irk,* der ihm am Anfang seiner Karriere in Dallas angeheftet wurde. Damals war jemand auf die Idee gekommen, dass D zu streichen, das in der Basketballersprache für die Deckungsarbeit steht, weil der Würzburger sich bei der Verteidigung reichlich ungeschickt anstellte. Das neue Etikett sagte alles: *Irk* heißt auf Deutsch soviel wie piesacken oder nerven.

Die Sache erledigte sich von selbst, als Nowitzki in der Verteidigung besser wurde. Ebenso wie *Dirk Diggler,* eine Anspielung an den fiktiven Pornodarsteller im Hollywood-Film *Boogie Nights.* Denn ein derart schlüpfriges Anhängsel erwies sich einfach nicht als typgerecht. Zwischendurch werden immer mal wieder Begriffe wie *German Wunderkind* oder *Dunking Deutschman* recycelt. Sie alle klingen jedoch weder kreativ noch humorvoll wie etwa das Kunstwort *redirkulous,* was im Großstadt-Slang als Steigerung für das englische Wort *rediculous* (lächerlich) existiert.

Auch die jüngste Kreation *Nowitness,* die ein Zuschauer in der Play-off-Serie gegen die Phoenix Suns auf einem großen Schild präsentierte, wird nicht haften bleiben. Dahinter verbirgt sich eine Spitze gegen den jungen Basketballer LeBron James aus Cleveland, dessen Aufstieg zum Star von der Sportausrüsterfirma Nike mit dem Spruch begleitet wird *„We are witnesses"* („Wir sind Zeugen"). Wer würde wirklich auf die Idee kommen, den hochbegabten Deutschen mit King James zu vergleichen?

Mit Larry Bird hatten die Leute übrigens früher ähnliche Image-Nöte. Auch er war kein Typ, der sich gerne in den Vordergrund schob und der lieber in jeder freien Minute fleißig an seinen Sprungwürfen feilte. Was hängen blieb, war ein selbstironisches Etikett, das er selbst geprägt hatte. Er sei ein *Hick* aus French Lick, meinte er: Das Wort *Hick* bedeutet soviel wie Hinterwäldler, was auf seine Herkunft aus einem kleinen Dorf im Bundesstaat Indiana anspielte.

Als er sich in den frühen neunziger Jahren vom aktiven Sport zurückzog, hatte sich das Thema erledigt. Heute kennt man ihn nur noch als *Larry Legend.* Die Alliteration ist einfach unwiderstehlich.

Eine ähnliche Entwicklung sollte über kurz oder lang auch im Fall Nowitzki stattfinden. Zumal der „blonde Bomber" (ein Begriff aus dem Repertoire der *Dallas Morning News*), der auch schon *Big D* genannt wurde, sich auf dem besten Weg befindet, die weiße Legende Larry Bird qua Leistung und Erfolg in den Schatten zu stellen. Was eine solche Reputation wert wäre, hat Mavericks-Assistenztrainer Del Harris klar gemacht: „Bird ist einer der fünf besten Basketballer aller Zeiten." Viel besser geht nicht.

Im Frühjahr 2014 zeigte Dirk Nowitzki im amerikanischen Fernsehen jenen Humor, der demonstriert, dass man als Prominenter im öffentlichen Raum notfalls über allem steht. Da war er in der Talk-Show Conan *auf* TBS *bereit, eine lange Liste mit Spitznamen vorzulesen, die irgendein Redakteur zusammengetragen hatte. Auch auf* Wikipedia *findet man eine Liste (*„Tall Baller From The G", „Dirty", „The German Racecar", „Bavarian Bomber", „Dirk Diggler", „The Berlin Tall", „German Wunderkind", „Dirk Savage", „The Germinator", „The Big German"*). Aber sie zeigen nur, wie bemüht die Kreationen sind. Und warum sie nicht hängen bleiben konnten. Es wird wohl vermutlich auf eine eher einfache Lösung hinauslaufen: Sie heißt „Dirk" und wird „Dööörk" ausgesprochen. Es ist der Schlachtruf tausender von Mavericks-Fans, den sie anstimmen, wenn der Mann aus Würzburg vor den Heimspielen in die Halle kommt.*

Juni 2006: Gegen den alten Freund

Es gehörte schon immer ein bisschen mehr dazu, sich angesichts des Pantheons der großartigen Athleten in Amerika den Ruf eines erstklassigen Basketballspielers zu erarbeiten. Das gilt für einen Zuwanderer aus Deutschland noch stärker als für jedes schwarze Talent mit zwei goldenen Händen und dem Drang, sich im Scheinwerferlicht zu aalen. Wenn Dirk Nowitzki von Anfang an gewusst hätte, wie man es am besten anstellt, hätte er vermutlich nicht acht Jahre gebraucht, um auch dem letzten skeptischen Experten die größten Lobeshymnen zu entlocken.

Seit Donnerstag ist das Thema erledigt. Da legte er zwei Tage nach einem seiner schlechtesten Spiele des Jahres und einer herben Niederlage in der hart umkämpften Play-off-Serie gegen die Phoenix Suns eine derart dominierende Galavorstellung hin, dass deren Trainer Mike D'Antoni neidlos zugab: „Dirk war unglaublich. Wir konnten ihn nicht stoppen."

Die Zeitung *USA Today* sah es nicht anders: „Wenn sich Dirk Nowitzki dazu entscheidet, ein Spiel und vielleicht sogar eine gesamte Serie zu übernehmen, kann er der dominanteste Spieler in der NBA sein."

Seine Bilanz von 50 Punkten war eine persönliche Play-off-Bestleistung und der Grundstein für den 117:101-Erfolg der Dallas Mavericks. Das Team ging damit in der Best-of-seven-Serie mit 3:2 in Führung und benötigt nur noch einen Sieg, um sich für die Finalserie zu qualifizieren.

Zwar machte der 28-Jährige im Spiel am Donnerstag von Anfang an einen hervorragenden Eindruck und sorgte dafür, dass seine Mannschaft über weite Strecken die Führung inne hatte. Aber im dritten Viertel mussten die Mavericks erleben, dass sie sich selbst nach so vielen Auseinandersetzungen immer wieder von der Spielfertigkeit der Suns und ihres kreativen Ballverteilers Steve Nash überrumpeln lassen. „Als wir mit sieben Punkten zurücklagen, habe ich schon alles davongleiten gesehen", sagte Nowitzki nach dem Match. Also übernahm er die Initiative.

Dass der beste Basketballer Europas mit dem Ball umgehen kann, ist kein Geheimnis. Aber dass er in der Lage ist, ein ganzes Spiel von solcher Tragweite zu übernehmen, hatte das Publikum in Dallas noch nie gesehen. Es waren nicht nur die 15 Punkte in Folge, die er in der entscheidenden Phase erzielte, die die Zuschauer von den Sitzen rissen. Es war die Art und Weise, wie er sein komplettes Repertoire vorführte. Seine langen Beine wirkten so beweglich, als hätte er erst vor kurzem eine Tanzschule besucht. Und so wühlte er sich geschickt ein ums andere Mal mit immer wieder neuen Körpertäuschungen durch die ratlosen Verteidigerreihen. Mal kämpfte er sich zum Korb vor und punktete aus nächster Nähe. Mal warf er zielgenau aus der Distanz und wirkte dabei willensstark, zielstrebig und unwiderstehlich.

Die emotionale Aussage war klar – besonders nach einem kleinen Wortgefecht mit dem eckigen Tim Thomas in der erste Hälfte, der gerne seine Gegner provoziert, wofür beide mit einem Technischen Foul bestraft wurden: Dies ist die Dirk-Nowitzki-Show. Und sie ist all das viele Geld wert, dass man in Dallas einnimmt, wenn das American Airlines Center mit seinen knapp 20.000 Sitzplätzen bis auf den letzten Stuhl ausverkauft ist. Nichts drückte dies klarer aus, als die Zwischenbilanz aus dem letzten Spielabschnitt: Dirk Nowitzki 22, Phoenix Suns 20.

Als er den Ball zu seinem letzten Treffer – einem Dreier – im Korb versenkt hatte, trabte er Richtung eigene Hälfte und reckte den rechten Arm mit dem ausgestreckten Zeigerfinger hoch. Es war das deutlichste Zeichen, dass er sich in seiner Rolle als Hauptdarsteller wohlfühlt. Umso mehr dürfte ihm der frenetische Chor der Zuschauer und ihr „MVP, MVP"-Stakkato gefallen haben. Denn im Trikot der Phoenix Suns spielt sein bester Freund Steve Nash, der in diesem Jahr zum zweiten Mal als „most valuable player" der regulären Saison ausgezeichnet worden war.

Der Kanadier hatte ihn vor der letzten Begegnung zu sich nach Hause eingeladen, wo er mit dessen 19 Monate alten Zwillingstöchtern spielte und dabei womöglich für eine kurze Zeit vergaß, wie hart man gegen Nash und seine Mitstreiter kämpfen muss, wenn man auch nur ein Bein an die Erde bekommen will.

Die Beziehung der zwei, die begann, als beide vor acht Jahren neu zu den Mavericks kamen, gehört zu den Raritäten in einer Liga, in der im Kampf um den Ball und um die Millionengagen jeder des anderen Feind ist. Nashs paraguayanische Frau Alejandra nennt den Deutschen mit den langen blonden Haaren und dem Kinnbart „el tio loco" – den verrückten Onkel. Die beiden Freunde reden gewöhnlich nicht über Basketball, sondern ziehen sich gegenseitig auf. Bisweilen ist der Kreis auch etwas größer wie etwa vor Beginn der Serie, als sie zusammen mit Nowitzkis Mentor Holger Geschwindner essen waren.

Auf dem Platz stehen sie sich gegenseitig nur selten direkt im Weg. Was daran liegt, dass die Deckungsaufgaben so verteilt sind, dass ein kleinerer Mann wie Nash und ein wurfstarker Riese wie Nowitzki nicht einander bewachen. Wenn es trotzdem mal passiert, sagt der Riese, fehlt allerdings die Spannung. „Ich glaube, wir kennen uns beide sehr gut, Ich weiß genau, was er probieren wird. Und er weiß genau, was ich versuchen werde."

Bei dem Unterfangen, sich gegenseitig den Weg zum Titel streitig zu machen, könnte die Nummer 41 der Mavericks jedoch einen kleinen psychologischen Vorteil haben. Der Weggang von Nash, der ihn einst ständig freigesperrt hatte und ihm den Ball passgenau für den Sprungwurf servierte, hat Nowitzki gezwungen, seine gestalterischen Möglichkeiten auszubauen.

Die Suns sind nach dieser Niederlage keineswegs K.O. Sie haben allerdings die schlechtere Position. Sie müssen zweimal hintereinander gewinnen, wenn sie weiterkommen wollen. Den Mavericks fehlt nur noch ein Sieg. Die Statistik der NBA-Play-off-Geschichte spricht eine klare Sprache. Der Gewinner des fünften Spiels setzte sich bisher in vier von fünf Fällen durch.

Für Dirk Nowitzki gibt es viele Gründe, auf die Saison 2005/06 stolz zu sein. Auch wenn sie in einer unerklärlichen Finalniederlage endete.

Wozu zum Beispiel die Tatsache gehört, dass er in dieser Spielzeit in der am stärksten beachteten statistischen Kategorie seinen Zenit erreichte: 26,6 Punkte pro Spiel beziehungsweise 2.151 Punkte insgesamt – das war ein Wert, an den er zwar schon vorher nahe herangekommen war und auch später öfters beinahe wieder erreichte. Aber es sollte die Bestmarke einer zwei Jahrzehnte währenden Karriere bleiben.

Derartige Zahlen sollte man trotzdem mit einem gewissen Vorbehalt lesen. Denn Körbe kann auch der wurfgewaltigste Spieler nur dann erzielen, wenn ihm die eigenen Nebenleute den Ball überlassen, was mitunter taktisch aber gar nicht die klügste Variante ist. Denn wenn der Angriff auf einen bestimmten Schützen fixiert ist, kann sich die gegnerische Verteidigung eine Menge einfallen lassen, um ihn abzuschirmen oder in Doppeldeckung zu nehmen. Dass das Spiel trotzdem in einem wachsenden Maße über ihn lief, zeigt eine andere statistische Kategorie: die durchschnittliche Zahl der Freiwürfe, die er herausholen konnte, weil er von Gegenspielern gefoult wurde, wenn er den Ball hatte. Dieser Wert war seit seiner ersten Saison sukzessive gestiegen und erreichte im Winter davor seinen absoluten Höchststand: 9,1 Freiwürfe im Schnitt pro Begegnung. Diese Zahl fiel 2005/06 leicht ab. Doch gleichzeitig stieg seine Trefferquote von der Linie. Dirk Nowitzki hatte sich zu einem erstklassigen, außerordentlich effektiven Scorer entwickelt. Was sich auch bei der Präzision seiner Würfe aus dem Spiel heraus und von hinter der Drei-Punkt-Linie zeigte.

Der Kapitän der Mavericks konnte diese Form auf hohem Niveau konservieren und erreichte 2010/11, in der Saison, in der die Mannschaft den Titel gewann, die beste Trefferquote seiner Laufbahn: 51,7 Prozent.

Er selbst war allerdings nie von irgendeinem Zahlenfetisch angefixt. „Ich achte nicht auf so etwas", hat er mal gesagt. „Dafür gehe ich nicht raus und spiele. Dafür bin ich kein Basketballer geworden. Ich liebe den Wettbewerb, liebe das Spiel, liebe es zu spielen. Das ist das, was mir daran Spaß macht. Und wenn der ausbleibt oder mein Körper nicht mehr mitmacht, dann ist es Zeit aufzuhören."

Juni 2006: Das Prinzip Hoffnung hilft nicht

Die Arbeit fängt meistens erst nach dem regulären Training der Mannschaft an. Dann wandert Holger Geschwindner von seinem Platz auf der Zuschauertribüne aufs Spielfeld hinunter, zieht seine Jacke aus, krempelt die Ärmel hoch und nimmt sich den Ball, um den sich im Leben eines NBA-Profis alles dreht, und wirft ihn seinem Schützling zu.

Jahrelang hatte hierzulande kaum jemand von der Arbeitsbeziehung zwischen Dirk Nowitzki und seinem Entdecker und Privattrainer Notiz genommen. Nun gab es plötzlich Nachholbedarf. Und so wurde der *Shot Doctor,* der gerne karierte Holzfällerhemden trägt und auf seiner Visitenkarte Einstein abgebildet hat, zum Thema. Das gleiche gilt für seine Fundamentalausbildung für Basketballspieler, zu der solche Aktivitäten wie Rudern, Fechten, Ballett, Rollschuhlaufen, Handstand und Liegestütze auf den Fingerspitzen gehören.

Das Repertoire wirkt auf pragmatische Amerikaner, die nichts dabei finden, wenn Athleten jeden Tag dreimal Fast Food essen, eher esoterisch. Kein NBA-Coach, nicht einmal der Theorie-Tüftler Don Nelson, der die Dallas Mavericks in den letzten Jahren aus dem Tabellenkeller geführt und Dirk Nowitzki nach Amerika geholt hatte, wäre jemals auf solche Statements verfallen wie jenes über die Flugkurve des Balles: „Der optimale Winkel hängt natürlich von der Körpergröße und der Entfernung ab. Für Dirk habe ich den berechnet."

Über diesen Ball und seine Flugeigenschaften hat der 60 Jahre alte Mathematiker aus dem fränkischen Peulendorf schon oft und gründlich nachgedacht. Was nicht ungewöhnlich ist, wenn man mal ganz ordentlich Basketball gespielt, aber es selbst in seinen besten Jahren nie bis auf die große Bühne geschafft hat. Und wenn man die Überlegungen irgendwann im Mutterland der Sportart für eine Fallstudie in Sachen Erfolg einsetzen kann.

Der Ball ist also nur das Mittel zum Zweck. Das eigentliche Versuchsobjekt heißt Dirk Werner Nowitzki, ist 27 Jahre alt und soll in diesen Tagen den Beweis antreten, dass er nicht nur versteht, was Holger Geschwindner ihm erklärt, sondern dass er die Erkenntnisse auch noch unter extremen Bedingungen in der besten Liga der Welt anwenden kann.

Bis vor einer Woche schien das Projekt auf dem richtigen Weg. Da hatte Nowitzkis Mannschaft Dallas Mavericks nach drei kräftezehrenden Play-off-Runden gegen die Memphis Grizzlies, die San Antonio Spurs und die Phoenix Suns das Finale erreicht und den Gegner, die Miami Heat, gleich zweimal abgefertigt. Und Holger Geschwindner, der sich seit Wochen, abgesehen von wenigen Unterbrechungen, ständig in den Vereinigten Staaten aufhält, war auf einmal in fast allen amerikanischen Zeitungen aufgetaucht.

Aber Amerikaner sind tolerant. Das gilt in gewisser Weise auch für den großen Trainerstab der Dallas Mavericks, deren Assistenzcoach Del Harris den Zaungast aus Deutschland mit den Worten charakterisiert: „Er ist keine aufdringliche Person. Er ist kein Problem. Und es funktioniert für Dirk."

Es gilt auch für die Medien. „Es ist ziemlich erfrischend zu sehen, wenn sich jemand freiwillig von einem Sechzigjährigen, der nicht bei seinem Arbeitgeber angestellt ist, etwas sagen lässt", lautete die Einschätzung der Nachrichtenagentur *Associated Press* zum Verhältnis Nowitzki/Geschwindner in einem ausführlichen Porträt des Beraters, das vor zehn Tagen in den Vereinigten Staaten die Runde machte. Wenn sich überhaupt jemand wundert, dann darüber: Wieso spricht Geschwindner angesichts des offensichtlichen Aufstiegs der Dallas Mavericks und der Entwicklung von Nowitzki zu einem vielseitigen Spieler so oft davon, dass sein Schützling laut seinem langfristigen Plan erst in zwei Jahren wirklich alles gelernt haben wird, was ein Korbschütze mit einer Körpergröße von 2,13 Meter braucht? Glaubt er nicht daran, dass die Mavericks den Titel gewinnen?

Geschwindner ist kein Defätist. Selbst nach der katastophalen Niederlage am vergangenen Donnerstag („So schlecht haben die die ganze Saison noch nicht geschossen") sah er eher das Positive. Schließlich steht es vor dem nächsten Spiel in der Serie *Best of seven* an diesem Sonntag unentschieden 2:2. Mit anderen Worten: „Es ist noch alles drin."

Und wenn es wider Erwarten doch nicht zum Titel reicht, ist damit das Projekt noch nicht beendet. „Wir brauchen die Zeit, um zu trainieren. Während der Saison kann man nicht viel machen. Deshalb müssen wir in diesem Sommer einen weiteren Entwicklungsschritt tun", sagte er einem Reporter vom *Orlando Sentinel,* der Geschwindner in seinem Bericht attestierte, dass er „ziemlich smart" aussehe. Nowitzki ist der mit Abstand beste Ausländer in der Liga.

Kaum jemandem fiel auf, dass Holger Geschwindner meistens in der ersten Person Plural redet, wenn er von Nowitzki spricht. Er sagt „unser praktisches Problem", wenn er erklären will, dass es da noch einen anderen Trainer namens Avery Johnson gibt, der seine eigene Vorstellung davon hat, wie die Dallas Mavericks Meister werden können. Er sagt, dass „wir uns" an das Konzept anpassen. Ihm nützt es nicht viel, dass er während der Begegnungen auf der Tribüne sitzt und Nowitzki eventuell Zeichen geben könnte, die dem Spieler signalisieren, was nicht richtig funktioniert. Denn das würde Johnson nicht gefallen. „Unser Beitrag ist geleistet", sagt Geschwindner, „wenn wir trainiert haben."

Dass es auch in den nächsten Tagen aufs Trainieren ankommt, steht außer Frage. „Dirk hat Basketball erst relativ spät gelernt", sagt Geschwindner. „Da muss man eben ständig üben. Das Prinzip Hoffnung hilft nicht."

Die Ausgangslage für die Mavericks in den Play-offs der Saison 2005/06 war vergleichsweise seltsam. Dank eines eigenwilligen Qualifikationsmodus wurde Dallas nur auf Platz 4 in der Western Conference gesetzt. Und das obwohl die Mannschaft hinter Vorjahresmeister San Antonio Spurs im Westen die zweitbeste Saisonbilanz aufweisen konnte. „Das ist ein Witz", meinte Dirk Nowitzki angesichts einer Setzliste, die die Tabellenersten der drei Divisionen bevorteilt. „Wir haben 16 Siege mehr als

Denver, aber die sind an drei gesetzt, wir nur an vier. Das kann einfach nicht sein."

Das Problem war nicht der Gegner in der ersten Runde – die Memphis Grizzlies, die bis dahin in ihrer relativ kurzen Klubgeschichte noch kein einziges Play-off-Match gewonnen und in der regulären Saison gegen die Mavericks drei von vier Spielen verloren hatten. Die fertigte man glatt in vier Begegnungen ab. Schwierig waren die nächsten Herausforderungen. Etwa gegen die San Antonio Spurs, gegen die man sieben Spiele brauchte, und anschließend die Phoenix Suns, die sich immerhin schon nach sechs Partien geschlagen gaben.

Aber die psychische Verfassung der Mannschaft und die von Klubeigentümer Mark Cuban geschürte Erwartungshaltung reichten nicht für das große Finale gegen die Miami Heat. Cubans jahrelang öffentlich immer wieder geäußerte Kritik an der Leistung der NBA-Schiedsrichter, für die er sich hohe Geldstrafen einhandelte, prägte die Stimmung und steckte sogar den sonst eher unaufgeregten Dirk Nowitzki an. Der drosch nach dem selbstverschuldeten Kollaps in der Verlängerung im fünften Spiel der Finalserie gegen die Miami Heat verärgert den Ball mit dem Fuß in die Menge (Geldbuße: 5.000 Dollar), trat gegen ein Trainingsfahrrad auf dem Weg zur Umkleidekabine und fiel vor der Pressekonferenz aus der Rolle, als er gebeten wurde, solange zu warten, bis die Befragung von Miami-Heat-Spieler Gary Payton vorbei sei. „Ich warte nicht auf Gary Payton", nörgelte er und blieb dann doch. Ein trotziger Abmarsch hätte ihm eine zusätzliche Buße von 10.000 Dollar eingebracht.

Im sechsten und entscheidenden Spiel war Nowitzki zum ersten Mal wieder wirklich in Kampf- und Spiellaune und traf von Anfang an. Doch kurz danach entwich den Mavericks die Energie ganz langsam wie die Luft aus einem alten Reifen. Die Mannschaft hatte in den zwei nur knapp verlorenen Spielen der Serie gegen die Miami Heat, die genauso gut hätten gewinnen können, ja müssen, zu viel von allem eingebüßt: vor allem aber zu viel Spaß, zu viel Willenskraft und zu viel Nervenstärke. So musste Mark Cuban die bereits anberaumte Siegesparade durch Dallas wieder absagen.

Später wurde der Verdacht laut, dass Cubans Mavericks wegen dessen Schiedsrichter-Kritik nie eine Chance auf den Titel hatte. Dass die unerklärliche Niederlage gegen Miami nach einer 2:0-Führung die Revanche für all die Vorwürfe war. Spiel 5 schien so etwas wie die smoking gun, um solche Mutmaßungen zu erhärten, denn Dwyane Wade bekam 25 Freiwürfe zugestanden, genauso viele wie alle Dallas-Spieler zusammen. Cuban lief nach der Schlusssirene auf den Platz und giftete den Oberschiedsrichter an sowie David Stern, den Commissioner der NBA: „Deine Liga ist manipuliert", soll er gebrüllt haben. Was er später bestritt.

Ein NBA-Referee, der in den Jahren danach wegen unlauterer Spielbeeinflussung ausgeschlossen wurde, hatte keine andere Erklärung für die Entscheidungen seiner Kollegen. „Dallas lag doch in der Serie in Führung. Aber damals schaltete sich in solchen Situationen die Ligaspitze ein und ordnete an, dass man dafür sorgen solle, dass die Serie nicht sofort zu Ende gehen würde. Und dann analysierte man auf Video einzelne Situationen, die man hätte für Miami pfeifen können, aber nicht wurden. Und solche, die zu Gunsten von Dallas entschieden worden waren, aber so nicht hätten gepfiffen werden sollen, und hat den Referees aufgetragen, gezielt auf solche Dinge zu achten."

Das Ergebnis ist bekannt. Die beste Mannschaft der Saison 2005/06 hätte sicher unter normalen Umständen die Miami Heat geschlagen. Aber auch noch die Schiedsrichter zu besiegen, das war einfach nicht drin.

Oktober 2006: Eine Art Invasion

Er brauchte ein paar Jahre, bis er endlich einen Blick dafür entwickelt hatte. Aber dann hatte seine Ansicht etwas Definitives. Als Michael Jordan als Repräsentant seiner eigenen Sportartikelmarke sich endlich bemüßigt sah, einen Sachverhalt zu beglaubigen, den so gut wie jeder schon länger bei einem oberflächlichen Blick auf die NBA registriert hatte. „Es ist offensichtlich, dass europäische Spieler die Grundlagen besser beherrschen“, sagte der beste Basketballer aller Zeiten auf einer Werbetournee in Paris.

Es war das Eingeständnis, dass es zu einer erstaunlichen Entwicklung gekommen war. Etwas, was zu jener Zeit, als Jordan mit den Chicago Bulls die Liga dominierte und mit dem Dream Team bei den Olympischen Spielen von Barcelona Basketball von einem anderen Planeten praktizierte, kaum jemand für möglich gehalten hatte. Tatsächlich hatte es nur ein paar Jahre gedauert und einen Generationswechsel gebraucht, ehe die Importspieler vom alten Kontinent zum Standardrepertoire gehörten.

Die umgekrempelte Leistungslandschaft veränderte das Gesicht der National Basketball Association nur langsam, aber dafür umso nachhaltiger. Einst war der Leverkusener Detlef Schrempf als allererster Ausländer überhaupt in die All-Star-Mannschaft berufen worden. Und er und seine Landsleute Uwe Blab und Christian Welp waren als Ausländer froh gewesen, dass sie sich wenigstens einen Stammplatz in einem NBA-Team erarbeiten konnten. Aber dafür hatten sie einen Weg eingeschlagen, der dem der Amerikaner entsprach: Sie waren als Austauschschüler in die USA gegangen und anschließend vier Jahre lang auf ein College. Blab hatte in Indiana sogar ein Stipendium beim bekannt manischen Trainer Bob Knight erhalten. Und Schrempf und Welp hatten gemeinsam für die Washington University in Seattle gespielt.

Diese Lebensplanung war für die nachfolgende Generation nicht mehr nötig. Dirk Nowitzki kam direkt aus der deutschen Provinz in die NBA, wo er sich zu einem riesengroßen, kaum zu deckenden

Sprungwurfspezialisten entwickelte. Eine solche Metamorphose signalisierte den Scouts quer durch die Liga, dass man einen Fehler machte, wenn man unbedingt am alten System der Talentsuche festhalten wollte. Am College wurden Spieler von ihren Trainern klassischerweise und konsequent in einem Rollenverhalten geschult, aber nicht umfassend auf die Anforderungen der NBA vorbereitet.

Spieler wie Kevin Garnett, Kobe Bryant oder LeBron James, die allesamt auf einen Abstecher ans College verzichteten, bestätigten später, dass ein solches zusätzliches Ausbildungsprogramm für geniale Basketballer nicht vonnöten war. Die besten Amerikaner haben dieser Tage auch nur allenfalls ein Jahr College hinter sich. Und das auch nur, weil die NBA ein Mindestalter von 19 zur Regel erhoben hat. Die Highschool-Absolventen sind dadurch gezwungen, irgendwo die Zeit bis zu ihrem ersten Profivertrag totzuschlagen.

Die meisten Europäer kommen vom Balkan, wo schon in der Zeit, als die Vielrepublikenregion noch Jugoslawien hieß, eines der erfolgreichsten Nachwuchsprogramme existierte. Aber die Scouts fahnden inzwischen überall. So schaffte es irgendwann auch der Schweizer Nationalspieler Thabo Sefolosha zu den Chicago Bulls, dessen Profikarriere in Frankreich begonnen hatte und der zuletzt in Italien wirkte.

Der Sohn eines schwarzen Musikers aus Südafrika und einer eidgenössischen Künstlerin zeigt, wie gemischt sich die europäische Invasion entfaltet. Man sieht es an den Franzosen Tony Parker, Boris Diaw und Michael Pietrus: Sie sind allesamt dunkelhäutig.

Die Popularität der Ausländer unter den Team-Managern kommt manchem schwarzen Amerikaner nicht koscher vor. „Der Eindruck herrscht – und Eindruck spielt in Rassenfragen immer eine Rolle", schrieb die New Yorker Zeitschrift *Village Voice* irgendwann, „dass die NBA den schwarzen Mann aufgrund von wirtschaftlicher Gier und den Einkünften aus der internationalen Vermarktung ausstechen will." Kein Wunder. Eine 2001 am Carlton College in Minnesota durchgeführte Studie schien zu belegen, dass weiße Spieler zu einem gewissen Grad die Einschaltquoten verbessern.

Als Nowitzki 1998 von den Mavericks als total Unbekannter gedraftet wurde, hätte dieses Argument noch einen gewissen Sinn ergeben. Aber spätestens seit den Olympischen Spielen von Athen 2004, wo die amerikanische Nationalmannschaft mit zwölf ausschließlich schwarzen Spielern dreimal verlor und nur die Bronzemedaille gewann, verzerrt dieser Einwurf den wichtigsten Teil der Bewertung.

Sicher: Die Ausländer sind wie alle Einwanderer – anpassungsfähig, leise, zurückhaltend und den Anweisungen ihrer Trainer gegenüber aufgeschlossen. Aber was sie darüber hinaus auszeichnet, ist ein umfassendes Technik- und Spielverständnis, an dem sie von klein auf feilen. Demgegenüber begreifen sich die meisten Amerikaner, besonders die athletisch starken, als Individualisten und Entertainer.

Aber genau dort liegt das Problem: „Wir sind zu sehr auf Highlights, Dunks und Pässe aus", gab Michael Jordan bei seinem Ausflug nach Europa zu. Was mehr als interessant war, denn gerade er hatte einst solche Showeinlagen am Fließband produziert und eine ganze Generation von Nachahmern inspiriert.

Kaum jemand klang allerdings so enttäuscht über die Veränderungen wie der emeritierte Soziologieprofessor Harry Edwards von der Universität Berkeley, der den alten NBA-Basketballstil und seine Improvisationswelt mit dem Jazz vergleicht und in Vorlesungen gerne über die „Die Krise des schwarzen Athleten im 21. Jahrhundert" spricht.

Einen Spieler wie Dirk Nowitzki hätten seiner Meinung nach Ballartisten wie Julius Erving oder Dominique Wilkins trotz dessen Fähigkeiten schlichtweg vorgeführt. „Sie hätten den Ball von seinem Hinterkopf abprallen lassen", sagt er. „Kein Trainer hätte ihn auf den Platz gelassen, weil er nicht verteidigen kann. Aber er spielt, und er ist ein Star, weil sich das Spiel verändert hat."

In der Veränderung sieht Professor Edwards, der 1968 im Hintergrund den Athletenprotest schwarzer Amerikaner bei den Olympischen Spielen in Mexiko unterstützt hatte, allerdings auch eine Chance. „Schwarze Spieler müssen einfach an sich arbeiten, um die Gelegenheiten zu nutzen", sagt er.

„Die Frage lautet", schrieb Christopher Clarey in der in Paris erscheinenden *International Herald Tribune* Ende 2003, „wohin sich die internationalen Spieler entwickeln. Sie haben bereits bewiesen, dass sie in die großartigste Basketballliga der Welt gehören. Kaum ein Jahrzehnt, nachdem das Dream Team der Welt gezeigt hat, wie hoch die Latte lag, hoffen NBA-Scouts und -Trainer, dass einige der oft überragenden Grundlagen der Ausländer auf die jungen Amerikaner abfärben, die so tun, als hätten sie einen Alleinvertretungsanspruch."

Das Fehlen von Athletik und Charisma sei allerdings eindeutig eine Herausforderung für Spieler wie Dirk Nowitzki, meinte Clarey. Besonders in einer Zeit fallender Einschaltquoten im amerikanischen Fernsehen.

Die Statistik mit Blick auf das Thema Hautfarbe ist eindeutig. Obwohl die Zahlen von Jahr zu Jahr leicht schwanken, pendelt der Anteil der weißen Profis in der NBA beharrlich um 25 Prozent. Damit kommt die National Basketball Association im Vergleich zu anderen Profi-Ligen auf die höchste Quote an schwarzen Spielern in Nordamerika. Solche Erfolge wirken sich langsam, aber beharrlich auch auf das Kontingent schwarzer Cheftrainer aus. Dieser Wert erreichte zwischendurch 50 Prozent. Die geringste Auswirkung hatte die Dominanz schwarzer Spieler auf den Bereich der Klubbesitzer. Michael Jordan, dem die Charlotte Hornets gehören, ist der einzige Eigentümer, der eine Chance erhielt, sich zu profilieren. Weshalb ist das so? Für einen Basketballklub, wenn er denn überhaupt auf den Markt kommt, müssen Käufer zwischen 500 Millionen und 2 Milliarden Dollar ausgeben können. Da fragen sich viele: Woher sollen all die Afro-Amerikaner herkommen, die sich so etwas leisten können?

April 2007: Wiedersehen mit Nellie

Vielleicht braucht ein Basketballklub in einer Zeit, in der nichts mehr geht, einen Mann wie Ross Perot Jr., einen Geschäftsmann, der weder die Regeln des Spiels kennt noch die Namen der Spieler und Macher. Einen Mann, der aber erkennt, dass so ein Club eine gute Investition sein kann, wenn man zum richtigen Zeitpunkt einsteigt.

Ross Perot Jr. hatte 1996 die Dallas Mavericks erworben und dafür 110 Millionen Dollar bezahlt. Als er vier Jahre später die größte Tranche seines Anteils wieder verkaufte, bekam er 280 Millionen Dollar und hatte drei entscheidende Dinge getan: Er hatte den Kauf des 30 Hektar großen Geländes angeschoben, auf dem heute das *American Airlines Center* steht – die moderne Halle gehört zur Hälfte den Mavericks. Er hatte Don Nelson als General Manager und Cheftrainer einen langfristigen Vertrag gegeben. Und er war 1998 mit Nelson und dessen Sohn und Berater Donn nach Deutschland geflogen, um sich den Burschen anzuschauen, den der Klub ausgewählt hatte, der sich aber nicht sicher war, ob er den Sprung in die NBA wagen sollte.

„Wir waren in einer Schulturnhalle in Würzburg und warteten darauf, uns einen Eindruck von diesem 18-jährigen Jungen zu verschaffen, der lange Haare hatte und Ohrringe", erinnerte sich Perot später. Nach einer Weile scheuchte der ältere Nelson die anderen Teenager vom Feld und bat den jungen Basketballspieler um eine Solovorführung. Der versenkte zehn ganz normale Dreier nacheinander und erzielte anschließend acht Körbe bei zehn Würfen mit der linken Hand. Perot hatte die Zukunft gesehen. Sie hieß Dirk Nowitzki.

Neun Jahre später ist das Talent aus dem Fränkischen einer der besten Basketballspieler der Welt und der aussichtsreichste Kandidat für die Auszeichnung *Most Valuable Player,* die amerikanische Journalisten dem wertvollsten Spieler der Saison verleihen. Perot lebt im langen Schatten von Mark Cuban, einem neuen Typ von Clubbesitzer, der am liebsten bei der Auszeit mit im Knubbel der Spieler und Trainer stehen würde. Und Nelson trainiert die Golden State Warriors, nachdem er sich vor zwei Jahren kurz vor dem krönenden Erfolg seiner Arbeit mit Cuban über viel Geld gestritten hatte und sich vor zwölf Monaten ganz zurückzog.

Die Warriors, im kalifornischen Oakland zu Hause, waren ein Pflegefall, für dessen Gesundung ein Mann wie Nelson offensichtlich wie geschaffen ist. Kaum begann er mit der Arbeit, bugsierte er die Mannschaft langsam, aber sicher in die Play-off-Zone. Auf dem Weg dahin schlugen Nelsons Spieler die Mavericks dreimal in insgesamt vier Begegnungen. Und so beginnt an diesem Wochenende im *American Airlines Center* in Dallas die reizvollste der acht Auseinandersetzungen in der ersten Runde der NBA-Play-offs: das Duell zwischen Nelson, genannt „Nellie", einem taktischen Genie, der Basketball in ungewöhnlichen und riskanten Denkschemata praktiziert, und den Mavericks mit dem 28-jährigen Dirk Nowitzki.

Auf dem Papier sieht die Angelegenheit für die punktbeste Mannschaft der Saison wie ein Spaziergang aus. Die Mavericks hatten im vergangenen Jahr in der Finalserie gegen die Miami Heat den Titel schon so gut wie in der Tasche und wirkten in diesem Winter nach einem schlechten Saisonstart unwiderstehlich. Mit 67 Saisonerfolgen gehören sie, statistisch gesehen, zu den besten Mannschaften in der 60-jährigen NBA-Geschichte. Obendrein werden die Play-offs in einem *Best-of-seven*-Format ausgetragen, was den Faktor Tagesform reduziert.

Wer allerdings glaubt, Nelson wäre schon am Ende seiner Weisheit, der darf sich auf manche Überraschung gefasst machen: Der Mann hat nicht nur Nowitzki entdeckt, sondern auch den zweifachen *MVP* Steve Nash, den Cuban unverständlicherweise nach Phoenix ziehen ließ. Er hat Josh Howard gedraftet, der heute in Dallas neben dem deutschen Nationalspieler als Leistungsträger gilt. Und er hat Avery Johnson geholt und dessen Trainerlaufbahn gefördert. Wenn einer die Mavericks in und auswendig kennt, dann „Nellie".

Die Beziehung zwischen Nelson und Johnson reicht schon eine Weile zurück, in die Zeit, als der 66-jährige ehemalige Meisterspieler (mit den Boston Celtics) zum ersten Mal bei den Warriors arbeitete.

Er machte Johnson zum Spielmacher in der Startaufstellung. Das war 1994. Damals erreichte Golden State zum letzten Mal die Play-offs. Seine Rückkehr nach Oakland, die von seinem ehemaligen Schützling Chris Mullen, einem der Dream-Team-Mitglieder von Barcelona 1992, eingefädelt wurde, hat in Nordkalifornien für einen Stimmungswandel gesorgt. Die Mannschaft des Zigarrenrauchers und Whiskey-Trinkers Nelson gilt als „das heißeste Team in der NBA" (*San Francisco Chronicle*).

Das Blatt listete genüsslich seine herausragenden Einfälle des Jahres auf: die 1-2-2-Verteidigungsformation gegen die Utah Jazz, der hummelartige Schwarm, in dem seine Spieler Dirk Nowitzki umlagerten, die Dreifachdeckung für Kobe Bryant von den Los Angeles Lakers, der sich zu einer Wurfmaschine entwickelt hat, und die Art und Weise, wie die Warriors den baumlangen Chinesen Yao Ming von den Houston Rockets vom Platz trieben. „Manchmal funktioniert es. Manchmal nicht", resümierte die Zeitung in ihrer Freitagausgabe das Gefühl einer prickelnden Erwartungshaltung, die sich in der Region breitgemacht hat.

In Dallas wird niemand diesen Gegner unterschätzen. Nicht Avery Johnson, der ein Meister des Planbaren ist, aber oft ziemlich ratlos reagiert, wenn er von der Bank aus einem Spiel die Wende geben soll. Nicht Assistenztrainer Del Harris, einer der besten Freunde von Nelson, der sagt: „Don gibt nie auf. Egal, was er auch spielt. Und sei es Shuffleboard oder Rommee."

Am merkwürdigsten müsste sich in dieser Situation eigentlich Donn Nelson fühlen, genannt Donnie. Der Sohn arbeitet als Chefmanager bei den Mavericks unter Mark Cuban und kann nur hoffen, dass seine langjährige Arbeit in Dallas als Assistent seines Vaters in diesem Jahr endlich Früchte trägt. Er spielt die Konstellation am liebsten zu einer „guten alten Familienfehde" herunter. Was bleibt ihm anderes übrig? Anders als sein Vater kann er auf das Geschehen keinen Einfluss nehmen. Aber am Resultat trägt er genauso schwer. Ross Perot jr. hingegen ist aus dem Schneider.

Obwohl sie im Frühjahr auf schmerzliche Weise die Finalserie verloren hatten, wirkten die Mavericks in der neuen Saison so gut wie unantastbar. Und Trainer Avery Johnson fühlte sich blendend, denn er konnte in der Sommerpause einen Fünf-Jahres-Vertrag über insgesamt 20 Millionen Dollar abschließen, nachdem er noch 18 Monaten zuvor als Assistenzcoach neben Don Nelson auf der Bank gesessen hatte. Dallas hatte genug Geld im Topf. So stieg die Zahl der verkauften Eintrittskarten für die 42 Heimspiele auf 834.411 an. Damit lag der Klub auf dem vierten Rang aller 30 Klubs.

Rechtzeitig zu den Play-offs nach einer formidablen regulären Saison (67:15-Siege, darunter in einer Phase 17 in Folge, und der erste Platz in der Western Conference) hielt es Dirk Nowitzki für angebracht, zumindest für sein deutsches Publikum ein wenig aus sich heraus zu gehen. Er einigte sich mit der Bild-Zeitung auf eine wöchentliche Kolumne, in der er Eindrücke und Einschätzungen aus der NBA liefern wollte.

Was konnte man aus der ersten Folge lernen: Das Experiment, gegen die Golden State Warriors, den 2,13 Meter-Mann als Center aufzubieten, hatte die Mannschaft eine Woche lang geübt. Und: „Don Nelson, unser Ex-Trainer, der jetzt bei Golden State ist, hat bewiesen, dass er es immer noch drauf hat.“

Das hätte man vielleicht noch sehr viel dicker unterstreichen sollen. Die Mavericks hatten die gesamte Saison über nicht herausgefunden, wie man gegen „Nellie“-Ball gewinnen kann. Im Gegenteil, man hatte alle drei Begegnungen verloren. Umgerechnet 20 Prozent aller Niederlagen der Spielzeit kamen gegen Don Nelson zustande.

Leider hatte die Mannschaft auch in den Play-offs, in die die Warriors noch mit Ach und Krach am letzten Spieltag hineingerutscht waren, nicht viel entgegenzusetzen, obwohl die Mavericks mit zwei All-Stars antreten konnten – Dirk Nowitzki und Josh Howard.

April 2007: Der kleine General

Die Demontage einer stabilen Konstruktion beginnt bisweilen damit, dass jemand allzu sorglos die erste große Schraube herausdreht. Solide Handwerker wissen das und sind vorsichtig, weil man ihnen das alles beigebracht hat. Männer mit den Ambitionen eines Zauberlehrlings müssen es wohl immer erst selbst herausfinden.

Am späten Sonntagabend, als er nach der verlorenen Partie gegen die Golden State Warriors das Resultat begutachten sollte, wirkte Avery Johnson allerdings noch meilenweit von dieser Erkenntnis entfernt. Da brachte er mit dem für ihn typischen versteinerten Gesicht, das aus zwei bohrenden Augen und einem kräftigen Unterkiefer zu bestehen scheint, das Prinzip Hoffnung ins Spiel: „Zum Glück für uns ist die Serie nicht nach einer Begegnung zu Ende", sagte der Trainer der Dallas Mavericks. „Wir sind eine Mannschaft, die normalerweise wirklich gut auf Niederlagen reagiert. Und das werden wir jetzt tun müssen."

Gewiss. Es gibt da nur ein Problem. Auf Niederlagen gegen die Golden State Warriors, dem Gegner der hoch favorisierten Mavericks in der ersten Play-off-Runde der NBA, hat sein Team den ganzen Winter über nicht gut reagiert. Das 85:97 war – nach drei Schlappen in der regulären Saison – bereits die vierte in Folge. Und zwar eine, die ganz allein auf Johnsons Kappe ging. So hatte er sich als taktisches Konzept gegen die mit schnellen, aber im Schnitt um einen halben Kopf kürzeren Spieler aus Kalifornien überlegt, seinen Stammcenter Erick Dampier auf die Bank zu setzen, und Dirk Nowitzki als längsten Kerl in die Mitte beordert.

Das funktionierte nicht. Gegen eine reaktionsschnelle, aggressive und hochkonzentrierte Gruppe von Technikern, die mit einer unbändigen nervösen Energie aus jeder Distanz werfen und jeden ballführenden Gegner ständig stören, erwies sich der ganze Plan schon bald als Makulatur. Golden State diktierte den Stil der Auseinandersetzung.

Das Umbau-Projekt wäre vielleicht noch gut gegangen, wenn Johnson unterwegs wenigstens aufgefallen wäre, dass die Mavericks kurioserweise immer dann in Führung gingen und überlegen wirkten, wenn der deutsche Nationalspieler auf der Bank saß. Aber für eine noch wackligere Formation ohne seinen Star fehlte ihm offensichtlich die Courage. Und so schickte er den Würzburger wieder hinaus, wo der ständig von einer flinken Truppe von Verteidigern an seiner Entfaltung gehindert wurde und mit 14 Punkten und einer anämischen Wurfausbeute von 25 Prozent ganz und gar nicht wie ein Kandidat für den Ehrentitel *MVP* aussah.

Weshalb der „kleine General" ausgerechnet gegen seinen einstigen Mentor und Vorgänger im Amt des Cheftrainers der Dallas Mavericks so ratlos wirkt, mochte der 66-jährige Nelson hinterher nicht weiter erörtern. Eine *Best-of-Seven*-Serie ist im Idealfall ein großes Bühnenstück, bei dem man lieber nichts darüber verrät, welche Requisiten man hinter der Kulisse bereit hält, um auch den nächsten Akt mit Bravour hinzulegen.

So stapelte Don Nelson, der erfindungsreichste und eigenwilligste Trainer der NBA, so tief er konnte: „Das war unerwartet", sagte er. „Wir haben sie an einem Abend erwischt, an dem sie nicht sehr gut geworfen haben. Ich weiß nicht, warum einige ihrer Bälle nicht reingingen. Unsere gingen rein."

Die eigentliche Ironie des Abends dürfte Nelson dennoch nicht entgangen sein. Ausgerechnet er, der vorher fast zehn Jahre lang dafür gearbeitet hatte, aus den Dallas Mavericks eine Mannschaft von Format zu machen und der aufgrund eines Zerwürfnisses mit Clubbesitzer Mark Cuban im letzten Jahr nur als „Berater" ohne Portfolio zuschauen durfte, als das Team beinahe den Titel gewonnen hätte, könnte sich als riesiger Stolperstein für die Ambitionen seines ehemaligen Arbeitgebers erweisen.

Die Konstellation bietet alle Ingredienzien einer deftigen Revanche. Denn Dallas hat zur Zeit eindeutig die mit Abstand beste Mannschaft der Liga und verfügt über eine Reihe von hoch qualifizierten Kräften auf der Bank. Ausgerichtet auf den erwarteten Leistungstest mit herausragenden Gegnern wie den Phoenix Suns und die San Antonio

Spurs, haben sich Johnson und sein vielköpfiger Assistentenstab aber wohl nie ernsthaft mit der Möglichkeit beschäftigt, zunächst einmal ihren Lehrmeister aus dem Weg zu räumen.

Der hatte sich mit den Warriors erst am letzten Tag der regulären Saison den achten und letzten Play-off-Platz in der Western Conference gesichert. Bis zum Mittwoch haben die Vordenker der Mavericks Zeit, wenigstens die eine große Schraube wieder reinzudrehen und all die losen Elemente des gesamten Gerüsts fest anzuziehen. Falls das nichts bringt, kommt die Konstruktion ins Wanken.

Zu den Experimenten, die Avery Johnson probiert hatte, hatte es gehört, vier Spiele vor dem Ende der Saison und mit einem bereits garantierten ersten Platz in der Play-off-Tabelle seine besten Spieler auf der Bank zu lassen und die Ersatzleute einzusetzen. Als es darum ging, gegen die Golden State Warriors von Anfang die stärksten Kräfte einzusetzen, harmonierte die Einheit nicht mehr so wie in den Monaten davor.

Spiel eins, das von manchen so eingestuft wurde, als hätten die Warriors den Mavericks den Sieg auf listige Weise gestohlen, bot hingegen die Vorschau auf das, was folgen sollte: Eine denkwürdige Play-off-Pleite mit 2:4. Mit einer Fußnote für die Rekordlisten der NBA: Noch nie zuvor in einer Best-of-Seven-Serie hatte eine an eins gesetzte Mannschaft gegen die Nummer acht verloren.

Mai 2007: Wie ein Mann ohne Eigenschaften

Es war eine Saison der großen Erwartungen und der großen Erfolgsserien. Doch die ging am Donnerstagabend in Oakland vorzeitig mit einer großen Pleite zu Ende, die das Dilemma der Dallas Mavericks offenbarte: So gut die Mannschaft normalerweise auch ist – gegen einen unkonventionellen Gegner fehlt ihr über weite Strecken alles, was man braucht, um in der NBA zu gewinnen – Spielwitz, Tempo, Wurfgenauigkeit, Kampfkraft, Zielstrebigkeit und ein überragender Spieler, der ein Match an sich reißen und entscheiden kann. Das machte der überragende 111:86-Sieg der Golden State Warriors mehr als deutlich, die Dallas im sechsten Spiel der ersten Play-off-Runde mit einer sensationellen Energieleistung endgültig aus allen Meisterschaftsträumen holten.

Die Warriors treffen nach dem Erfolg in 4:2 Siegen in der zweiten Runde auf den Sieger der Auseinandersetzung zwischen den Houston Rockets und Utah Jazz. Die Mavericks gehen vorzeitig in die Ferien. Der einzige offizielle Akt, der ihrem besten Mann noch bevorsteht, ist die Entgegennahme der Auszeichnung zum „wertvollsten Spieler“ der abgelaufenen sogenannten regulären Saison. Dass Dirk Nowitzki als erster Europäer diesen Ehrentitel zugesprochen bekommt, gilt unter Experten als ausgemacht.

Die Ironie dieser Konstellation wird den Würzburger noch den Rest seiner Karriere begleiten. Zumal er ausgerechnet in dem Augenblick, in dem nur ein Sieg die Chance auf eine entscheidende siebte Begegnung eröffnet hätte, das schlechteste Spiel der Serie ablieferte. Der deutsche Nationalspieler, der nach der Niederlage gegen die Miami Heat im vergangenen Juni lange davon gesprochen hatte, wie sehr ihm die Schmach weh getan hatte, wirkte erstaunlich hilflos und deplatziert und erzielte ganze acht Punkte. Hinterher bei der Pressekonferenz saß er mit hängenden Schultern am Tisch und wirkte wie ein Mann ohne Eigenschaften. Er zupfte sich am stoppeligen, blonden Bart, blickte stumpf ins Nichts und tat in noch so vielen Worten doch nur wenig kund. „Ich konnte dieser Serie nicht meinen Stempel aufdrücken", lautete noch eine seiner markanteren Feststellungen. Er werde wohl noch mehr an sich arbeiten, kündigte er an. Vor allem in der Defensive.

Nowitzki und seine Mitspieler hatten die Serie gegen eine zusammengewürfelte Mannschaft aus athletischen und selbstbewussten Technikern verloren, die sich innerhalb kürzester Zeit amerikaweit den Rang von Publikumslieblingen erarbeitet haben. Während die Spieler den Erfolg im Konfettiregen zusammen mit 21.000 Fans in der restlos ausverkauften Halle überschwänglich feierten, genoss ihr Trainer Don Nelson den Triumph mit einer erstaunlichen Gelassenheit. „Das ist hier im Moment ein ziemlich besonderer Ort", sagte der 66-Jährige, der im letzten Sommer an seine alte Wirkungsstätte in Oakland zurückgekehrt war, nachdem er zwischendurch im Laufe von knapp zehn Jahren die Dallas Mavericks als General Manager und Trainer zum Meisterschaftskandidaten aufgebaut hatte.

An diesem Abend hatten zwar seine Spieler gewonnen und dabei einmal mehr gezeigt, was „Nellie-Ball" ist: hyperaktive Extremitäten an den Nervenenden eines klugen Gehirns, das am liebsten jedwedes konventionelle taktische Denken ignoriert und den kompakten Erfahrungsschatz einer hundert Jahre alten Sportart gegen den Strich bürstet. Aber jeder, der ein bisschen genauer hingesehen hatte, wusste, wer der eigentliche Sieger war – der Mann, der entgegen allen Erwartungen seinen Sohn Donnie (Sportlicher Direktor bei den Mavericks), seinen Zögling und Nachfolger im Traineramt (Avery Johnson), sein größtes sportliches Fundstück Dirk Nowitzki und seinen ehemaligen Arbeitgeber Mark Cuban zu einem Spielball seiner Kreativität gemacht hatte.

Nach draußen wirkte Nowitzki wie der Hauptverantwortliche für die Panne. Ein Eindruck, den erste Reaktionen in den Zeitungen nur noch verstärkten (*Dallas Morning News:* „Die Mavs werden keine Meisterschaft gewinnen, solange Dirk Nowitzki ihr bester Spieler ist").

Tatsächlich ging das 2:4 in erster Linie auf die Kappe von Trainer Avery Johnson, der dem wilden Ansturm von Talenten wie Spielmacher Baron Davis und den Distanzschützen an seiner Seite kein Defensivkonzept entgegensetzte. Dies war umso erstaunlicher, da er eigentlich noch nie von etwas anderem geredet hat als von der Bedeutung der Verteidigungsarbeit. Dabei hätte er sich während der Erst-Runden-Serie nur ein Beispiel an den Warriors nehmen sollen, die Dirk Nowitzki bei jeder Ballannahme störten und ihm so gut wie jedes Dribbling verbauten. Dann hätte er erkannt, wen man lahm legen muss: den unwiderstehlichen Spielmacher Baron Davis, der sich am Donnerstag eine leichte Oberschenkelzerrung zuzog, mit leicht angezogener Handbremse spielte und immer noch eine erstaunliche Handlungsfreiheit zugestanden bekam.

Und er hätte gesehen, dass man einen Mann wie Stephen Jackson, der den deutschen Nationalspieler ohne Unterlass störte, aus dem Konzept bringen muss. Jackson hat einen Hang zu selbstzerstörerischen Reaktionen und muss nicht von ungefähr damit rechnen, demnächst ein paar Monate im Gefängnis zu verbringen. Nachdem er als Mitglied der Indiana Pacers wegen seiner Rolle bei einer Schlägerei mit Zuschauern in Detroit eine Strafe auf Bewährung erhielt, wird ihm demnächst wegen seiner Beteiligung an einer nächtlichen Schießerei im Herbst in Indianapolis der Prozess gemacht.

Mavericks-Eigentümer Mark Cuban, von dem Nelson noch etwas mehr als sechs Millionen Dollar an ausstehenden Gehaltszahlungen fordert, versuchte das Debakel herunterzuspielen. Die Niederlage gegen Miami im vergangenen Jahr sei „sehr viel schmerzhafter" gewesen. Er habe deshalb auch nicht die Absicht, den Kader auseinanderzureißen. Jeder, der die Fähigkeiten von Dirk Nowitzki anzweifle, ein Team zu führen, sei „ein Idiot". „Das könnt ihr drucken", sagte er.

Es war das erste Mal in vierzehn Jahren, dass sich die Golden State Warriors überhaupt für die Play-offs qualifizieren konnten. Und so feierte man in der Oracle Arena in Oakland nach dem sechsten Spiel den Erfolg über die Mavericks ausgelassen mit Konfetti. Bereits eine Runde später gegen die Utah Jazz war allerdings schon Endstation. Die Mannschaft verlor deutlich mit 1:4.

Don Nelson blieb noch bis 2010 als Trainer in Kalifornien und demonstrierte in dieser Zeit erneut seine Spürnase für junge Talente. Das Team angelte sich 2009 bei der Draft einen gewissen Stephen Curry und legte so den Grundstein für den Aufstieg des Teams in die obersten Galaxien der NBA. Zwar entwickelten die Warriors auch ohne Nelson ihren zirzensischen High-Speed-Angriffsstil. Aber der entsprach komplett dem Geist jenes Mannes, der als einer der ersten diese Art des Basketball-Spektakels kultiviert hatte.

Mai 2007: Wie wertvoll ist ein MVP?

Das Protokoll ist seit Jahren das gleiche. Da kommt der Commissioner der Liga aus New York angereist, hält kurz vor Spielbeginn eine knappe Ansprache und überreicht dem Spieler eine Bronzestatuette, die nach einem seiner Amtsvorgänger benannt ist. Dann schaut er mit seinem besten Lächeln in die Kameras, während der Geehrte an seiner Seite immer ein wenig unbeholfen und verlegen wirkt.

Für die National Basketball Association (NBA) gehört der Ritterschlag eines ihrer besten Spieler zum sogenannten *Most Valuable Player* (MVP) zu den wenigen werbewirksamen Gelegenheiten, um ihren Sinn für Tradition auf der einen und ihren sportlichen Qualitätsanspruch auf der anderen Seite zu demonstrieren. Wem die *Maurice Podoloff Trophy* zugestanden wird, liegt zwar in der Entscheidungsgewalt von rund 100 amerikanischen Medienvertretern, die ihre Stimmzettel am Ende der Vorrunde einreichen. Aber weil sie gewöhnlich den besten Mann im besten Team nominieren, liest sich die Liste der Ausgezeichneten inzwischen wie der Gotha der 60-jährigen Geschichte der NBA.

Irgendwann in der nächsten Woche wird die Auszeichnung mit ziemlicher Wahrscheinlichkeit zum ersten Mal an einen Europäer gehen. Das wäre eine große Sache. Der feierliche Rahmen wird jedoch eher kurios ausfallen. Denn anders als in den letzten Jahren, als Commissioner David Stern Basketballprofis wie Steve Nash von den Phoenix Suns oder Tim Duncan von den San Antonio Spurs den Pokal bei einem Heimspiel vor deren begeisterten Anhängern übergeben konnte, muss er sich für Dirk Nowitzki etwas Neues ausdenken. Der Würzburger ist am Donnerstag mit den Dallas Mavericks in Oakland gegen den Außenseiter Golden State Warriors bereits in der ersten Play-off-Runde ausgeschieden und hängt seitdem quasi in der Luft.

Eine Halle und eine Mannschaft zu finden, die als passende Kulisse für die Zeremonie dienen können, das ist nicht das einzige Problem. Die ausgesprochen schwache Leistung des deutschen Nationalspielers in den sechs Begegnungen gegen das Team seines einstigen Förderers

Don Nelson stellt im Nachhinein sogar den Stellenwert der Auszeichnung in Frage. Warum wird ein Spieler zum MVP ernannt, der im entscheidenden Moment völlig unter Wert auftrat?

Man kann Dirk Nowitzki im Prinzip keinen Vorwurf machen. Er hatte in den letzten Monaten immer wieder betont, dass er Basketball als Mannschaftssportart betreibt und nur ein Ziel habe: „Ich will eine Meisterschaft gewinnen." Die Würdigung seiner Person sei ihm im Vergleich dazu ziemlich egal. Fehlt nur noch, dass der bescheidene und selbstkritische Nowitzki die *Maurice Podoloff Trophy* gar nicht erst annimmt.

Das jedoch erwarten plötzlich zahllose amerikanische Basketballanhänger von dem 28-jährigen Unterfranken, nachdem sie den unerklärlichen Formeinbruch seines Teams erlebt hatten. Über die Gründe für das Debakel machen sich viele selbsternannte Experten lauthals ihre Gedanken. Denn die Geschlagenen hielten sich nach dem entscheidenden sechsten Spiel mit ihren Analysen zurück. Mavericks-Trainer Avery Johnson, dem bereits zum zweiten Mal die Auszeichnung zum Coach des Jahres zugesprochen wurde, wirkte geradezu fatalistisch. Er sah allenfalls ein Defizit im Psychischen, nachdem sein Kapitän bereits vor dem vierten Spiel für den Fall einer Niederlage die Flinte ins Korn geworfen hatte. Vor allem deshalb wurde Nowitzki am Tag nach dem Scheitern von vielen Kommentatoren gescholten.

Am härtesten schlug Adrian Wojnarowski vom populären Internet-Portal *Yahoo Sports* in diese Kerbe: „Dirk war schlichtweg eine Katastrophe – von seiner Körpersprache bis zu seinen defätistischen Proklamationen zwischen den Spielen und vor allem durch die Art und Weise, wie er während der Serie untertauchte." Die *Washington Post* blies ins gleiche Horn: „Nowitzki könnte als der am wenigsten respektierte MVP-Kandidat in die Geschichte der Liga eingehen." Insbesondere nachdem ihm der populäre Gegenspieler Dwyane Wade bereits die Finalniederlage gegen Miami Heat in der vergangenen Saison angekreidet hatte: „Er ist der Grund dafür, dass sie die Meisterschaft verloren haben. Er hat nicht die Führungsrolle gespielt, die er in entscheidenden Augenblicken übernehmen müsste."

Diesmal stand Nowitzki allerdings eine unkonventionelle Mannschaft im Weg, mit Trainer Don Nelson an der Spitze, der „im Grunde Nowitzki erfunden" hatte, wie Ian Thomson, der Basketball-Experte von *Sports Illustrated* anmerkte: Und nun habe er „nicht viel anders als Dr. Frankenstein" seine Schöpfung zerstört.

Diese Einschätzung klingt plakativ, aber geht sicher viel zu weit. Denn bei genauerem Hinsehen stellt man fest, dass der bislang beste Import-Basketballer aus Europa – aus welchen Gründen auch immer – gerne einfach allzu hoch gejubelt wird. „Nowitzki ist in der Lage, ein Spiel an sich zu reißen", sagte Jim Litke vom Nachrichtendienst *Associated Press.* „Und jeder, der gesehen hat, wie er den größten Teil der Angriffslast der Mavericks während der Saison mit ihren 67 Siegen geschultert hat, dürfte sich nicht beschweren, dass er den MVP-Titel erhält." Aber alle ständig hochkommenden Vergleiche mit den heiligen drei Königen des Spiels, mit Michael Jordan, Magic Johnson und Larry Bird, seien einfach fehl am Platze: „Nowitzki ist nicht so gut." Er brauche seine Mannschaftskollegen als Stütze mindestens genauso wie sie ihn.

In der Serie gegen die Golden State Warriors waren sie so hilflos wie er. Nicht zu reden von ihrem Trainer Avery Johnson, der seit Jahr und Tag ziemlich ratlos aussieht, wenn er das Team während eines Spiels auf veränderte taktische Herausforderungen einstellen soll. Einen Tag nach dem Aus wusste er noch immer nicht, warum die Mavericks gegen die leistungsbereiten, aber chaotischen Warriors so hilflos ausgesehen hatten.

Die adäquate Übergabe eines Preises von einer derartigen Bedeutung sieht anders aus. Aber im Frühjahr 2007 blieb der NBA nichts anderes übrig, als die Sache auf einer kleinen Flamme zu köcheln. Die Dallas Mavericks waren in Kalifornien aus den Play-offs geflogen und hatten nach ihrer Rückkehr im American Airlines Center ihre Spinde leer geräumt.

Doch ein Punkt auf der Tagesordnung stand noch aus: Dirk Nowitzki den Pokal zu überreichen, der dem „wertvollsten Spieler" der abgelaufe-

nen regulären Saison zusteht. Man ließ allerdings lieber zwei Wochen zwischen dem Aus und diesem Termin verstreichen, in der Hoffnung, dass sich die Enttäuschung in Dallas gelegt haben würde. Der Mann im Zentrum dieser Angelegenheit hatte die Erinnerung aber noch immer nicht abgestreift: „Es ist hart, über solche Dinge nachzudenken", sagte er. „Das alles ist noch immer ziemlich frisch. Das sind seit der Niederlage ein paar harte Tage gewesen."

Nowitzki war innerlich gespalten. Einerseits, na, klar, war es eine „unglaubliche Ehre", als erster Europäer als MVP ausgezeichnet worden zu sein, etwas was wahrscheinlich „20 Jahre später oder wann auch immer" in den Annalen der Liga als „beeindruckende Leistung" geführt werden würde. „Aber im Moment ist es hart. Das ist kein gutes Gefühl, wie unsere Saison zu Ende gegangen ist." Und das auch, weil er wusste, dass man ihm die Hauptverantwortung dafür zuschieben würde. „Ich weiß doch, was los ist", hatte er, der ewige Pessimist, schon vor der Serie gegen Golden State gesagt. „Wenn wir verlieren, sagen doch alle, dass sie die großen Spiele nicht gewinnen können und über keine richtige Führungsfigur verfügen."

Trotzdem sollte man an dieser Stelle Nowitzkis wichtigste statistische Werte erwähnen. Pro Spiel: 24,6 Punkte, 8,9 Rebounds und eine für seine Rolle auf dem Platz erstaunliche Zahl von 3,4 Assists sowie mit 50,2 Prozent die beste Trefferquote der Liga.

Wie die Abstimmung der 132 Wahlmänner genau ausgegangen war, wurde nicht bekannt. Die Vermutung lag nahe, dass er knapp seinen Freund Steve Nash ausgestochen hatte, der in den beiden Jahren davor diese Auszeichnung erhalten hatte.

Bei der offiziellen Übergabe im Rahmen einer Pressekonferenz in Dallas nutzte Mark Cuban die Gelegenheit, Nowitzki vor allem wegen seines Arbeitsethos zu würdigen und war in seiner kurzen Eloge den Tränen nahe. „Er ist nicht jemand, den man ermuntern muss, zum Training zu kommen. Er ist derjenige, den du aussperren musst. Er ist nicht nur ein Vorbild für junge Menschen, die Basketball spielen. Er ist ein Vorbild für alle von uns – in unserem Beruf und in unserem Leben."

Oktober 2007: Er ist der Star, aber die anderen wollen nur tanzen

Neun Jahre in der NBA sind eine lange Zeit für einen Spieler, der sich kontinuierlich von Saison zu Saison steigert und doch nie den ganz großen Erfolg schafft.

Sicher – die ersten drei Jahre rinnen rasch dahin, besonders wenn man noch jung ist und damit beschäftigt, dem eigenen, noch nicht ganz ausgewachsenen Körper und den ungelenken Extremitäten jene Kraft und Bewegungsroutine zu verschaffen, ohne die man in der besten Basketballliga der Welt einfach untergeht. Und wenn man nicht in einer Spitzenmannschaft spielt, vergehen auch die nächsten Jahre schnell. Man lernt schließlich ein paar wertvolle Dinge: Taktik, mannschaftliche Disziplin und die Fähigkeit, Niederlagen wegzuschieben.

Dirk Nowitzki hat diese beiden Phasen schon vor einer Weile durchwandert und irgendwann den dritten Abschnitt seiner Profikarriere erreicht. In dem wird bisweilen alles etwas zäher. Denn dann zeigt sich, ob ein Basketballprofi tatsächlich das Potential entfalten kann, das man ihm schon immer zugetraut hat.

Die Zwischenergebnisse fielen für den bestbezahlten Sportler Deutschlands vergleichsweise mager aus. Im Juni 2006, in der Finalserie gegen die Miami Heat, etwa wirkte der 2,13-Meter-Mann, als ob er in dem riesigen ärmellosen Trikot der Dallas Mavericks mit der Nummer 41 verschwunden war. Vor sechs Monaten, in der ersten Play-off-Runde gegen die Golden State Warriors, wurde er von seinem ehemaligen Trainer und Förderer Don Nelson schachmatt gesetzt.

Die Leistung legte zwar vor allem die Schwächen des Mavericks-Coachs Avery Johnson bloß. Aber sie warf ein paar kritische Fragen an die Adresse des wertvollsten Spielers der letzten Saison auf: Wann fängt er eigentlich an, Basketball nicht mehr länger aus der Warte eines Funktionsträgers und Erfüllungsgehilfen auf dem Spielfeld zu betrachten? Wann sagt er seinem Trainer, dass er als Chef auf dem Platz ein paar

Ansprüche an die Übungsleitung hat? Und wann erklärt er dem Clubbesitzer klipp und klar, dass ein Sprungwurfspezialist seiner Güteklasse hochqualifizierte Nebenleute braucht, um den Titel zu holen?

Auf die Antworten wartet man noch immer. Nowitzki, in einer symbiotischen Beziehung mit seinem Entdecker, Privattrainer und Agenten Holger Geschwindner gefangen, die den Jüngeren permanent in der Rolle des anpassungsfähigen Studenten bestärkt, geht denn auch am Dienstag in die kommende Saison so, als ob die lange Auszeit in Australien keine neuen Gedanken produziert habe.

Währenddessen zog Trainer Johnson im Trainingslager von Beginn an sein altes Psychospiel auf. Darin tut er – „der kleine General" – immer so, als wäre er der überragende Pädagoge und Steuermann und nicht dieser zappelige, aufgedrehte Doktor Allwissend mit dem stieren Blick, dem im entscheidenden Moment am Spielfeldrand verblüffend wenig einfällt.

Die quasipatriarchalische Konstellation ist für NBA-Verhältnisse eher kurios. Andere Clubs, die einen *Most Valuable Player* oder respektierten All-Star unter Vertrag haben, werden nämlich nicht von Leuten trainiert, die ihre Stars nach Gusto umkrempeln wollen. Das gibt es weder in Phoenix (Steve Nash) noch in Miami (Shaquille O'Neal). Und schon gar nicht in Los Angeles, wo Kobe Bryant seit Monaten das Management öffentlich unter Druck setzt, ihn entweder an einen anderen Verein abzugeben oder ordentliche Verstärkung einzukaufen.

In Dallas sieht es hingegen so aus: Auf der einen Seite regiert ein Trainer, der seine Position herablassend mit den Worten illustriert: „Die Sache mit meiner Mannschaft ist: Ich warte darauf, dass sie mental reif wird." Auf der anderen Seite ein Star-Spieler, der die Propaganda begrüßt. „Wir habe alle Teile, die wir brauchen", sagte der 29 Jahre alte Nowitzki und tat so, als gäbe es überhaupt nichts an den Mavericks auszusetzen. „Wir haben Schützen. Wir haben einige großartige Verteidiger. Wir müssen einfach nur arbeiten."

Dabei haben die Mavericks zur Zeit nicht mal einen vernünftigen Center. Weshalb Nowitzki in einem Vorbereitungsspiel auch noch diese Rolle übernahm.

Die Haltung ehrt ihn. Die Resultate solcher Dienstbarkeit sind jedoch bislang nicht groß der Rede wert. Weshalb der Würzburger die altkluge Tour seines Trainers überhaupt nicht zu akzeptieren brauchte. Zumal es eine selten günstige Gelegenheit gibt, sich mit einem Befreiungsschlag jene Luftveränderung zu verschaffen, die ihm weit eher zu einem Meisterschaftserfolg verhelfen würde als der Verbleib in Dallas. Er müsste nur signalisieren, dass er bereit ist, im Rahmen eines Tauschs mit Kobe Bryant zu den Los Angeles Lakers zu wechseln.

Dem *Spiegel* gegenüber wiegelte er jetzt ab: „Das sind die üblichen Gerüchte." Dabei haben die Verantwortlichen der Lakers – einst Heimat von Kareem Abdul-Jabbar und Magic Johnson, später von Shaquille O'Neal und Kobe Bryant – im Laufe ihrer Geschichte immer wieder gezeigt, dass sie willens und in der Lage sind, Trainer und Talente zusammenzuführen, die zielstrebig den Titel anpeilen.

In Dallas hingegen gibt man zwar bereitwillig viel Geld aus, sieht sich aber vor allem gerne selbst im Fernsehen. So trat Clubeigentümer Mark Cuban in den letzten Wochen in der Erfolgssendung *Dancing with the Stars* auf, von wo aus er erklärte, er denke nicht daran, Dirk Nowitzki abzugeben. Kaum ein Titel beschreibt besser, in welches Fahrwasser Nowitzki bei den Mavericks geraten ist. Er mag der Star sein. Aber die anderen wollen nur tanzen.

Zu einem Spielertausch, der Kobe Bryant zu den Dallas Mavericks gebracht hätte, wäre es tatsächlich beinahe gekommen. Mark Cuban verriet vor ein paar Jahren, dass er damals ursprünglich sogar glaubte, der Transfer sei bereits perfekt. Während er nicht daran dachte, dafür Nowitzki an die Los Angeles Lakers abzugeben, war er durchaus bereit gewesen, sich für Bryant von Josh Howard und Jason Terry zu trennen. Dazu hätte man mindestens einen Draftplatz abgegeben und dafür einen Spieler übernommen, den man in LA aus rein finanziellen Gründen loswerden wollte. „Ich habe überall hinter den Kulissen von Dancing With the Stars *erzählt, dass die Sache beschlossen war." Aber dann hätten entweder der Chefmanager der Lakers oder der Clubbesitzer Kobe Bryant das wieder ausgeredet.*

Ein Wechsel hätte mit Bryant und Nowitzki zwei der erfolgreichsten Korbschützen in der Geschichte der NBA zusammengebracht. Dirk wäre laut Cuban sogar damit einverstanden gewesen, in einem anderem Tausch-Szenario nach Los Angeles zu gehen und hatte signalisiert: „Wenn du das mit Kobe hinkriegst, dann musst du das einfach machen." Aber der winkte nur ab: „Dazu wird es nicht kommen."

Februar 2008: Kidd kommt

Als Mark Cuban vor vier Jahren einen der besten Spielmacher der National Basketball Association (NBA) ziehen ließ, setzte er sich an den Computer und schrieb einen langen Sermon von mehr als 4.000 Wörtern für sein Internet-Tagebuch *Blogmaverick*.

Die Rechtfertigung dafür, weshalb er seinen langjährigen Spielmacher Steve Nash nicht einen Vertrag mit einer angemessenen Gage angeboten hatte, vernebelte die eigentlichen Gründe für seine Entscheidung: Der Eigentümer der Dallas Mavericks hielt den damals 30-Jährigen Kanadier einfach für zu alt, um ihm eine Entlohnung zu garantieren, wie er sie Nashs bestem Freund Dirk Nowitzki ohne Weiteres zahlen wollte.

Für seinen Geiz zahlt Cuban noch heute. Nicht nur weil Nash bei den Phoenix Suns zweimal zum wertvollsten Spieler der NBA avancierte und im entscheidenden Moment in Dallas fehlte, um dem Team im Frühjahr 2006 zu einer Meisterschaft zu verhelfen. Seit Dienstag dieser Woche kippt der selbstbewusste Basketballunternehmer Geld mit beiden Händen aus. Und alles nur, um ein Leistungsloch zu stopfen, das er selbst gebuddelt hatte.

Der Empfänger: Jason Kidd, der seine Profikarriere 1994 in Dallas begonnen hatte. Sein Alter: derselbe Jahrgang wie Nash. Er wird in einem Monat 35. Seine Entlohnung: 19,4 Millionen Dollar pro Saison und damit der vierttteuerste Profi in der NBA. Um ihn in einem komplizierten Tausch mit den New Jersey Nets nach Texas holen zu können, mussten die Mavericks gleich noch eine Handvoll von Spielern und zwei jener wertvollen Draftplätze abgeben, mit denen man sich im amerikanischen Ligasport den Nachwuchs angelt.

Dass die Transaktion, die bis zuletzt zu scheitern drohte, kalkulatorisch eher verwegen wirkt, scheint den ehemaligen Studenten der Betriebswirtschaft nicht zu stören. Seine Einschätzungen lieferte Cuban schon immer am liebsten nach dem Prinzip ab: Was interessiert mich mein Geschwätz von gestern? Noch vor Beginn der Saison hatte er erklärt, dass er überhaupt keinen Grund sehe, seine Mannschaft zu verstärken. Das Echo aus dem Mund von Dirk Nowitzki lautete zu jener Zeit: „Wir haben auch so eine gute Mannschaft, die stark genug ist."

Das Eingeständnis, dass es sich dabei um eine Fehleinschätzung handelte, kam am Dienstag. Zusammen mit einer neuen Sprachregelung. Cuban erklärte, der Tausch sorge in Dallas für eine „neue Dimension", von der er hoffe, „dass sie uns auf das nächste Niveau bringt".

Ein Niveau, das andere Mannschaften im Westen in den letzten Wochen bereits erreicht hatten. Zum Beispiel die Los Angeles Lakers, die Dallas einen Center wegschnappten, den sie theoretisch ebenfalls hätten haben können: den Spanier Pau Gasol, der bei den Memphis Grizzlies unter Vertrag war.

Kurz danach eisten die Phoenix Suns Shaquille O'Neal in Miami los und signalisierten, dass sie bei den kommenden Play-off-Spielen ebenfalls etwas gegenzusetzen haben werden.

All diese Veränderungen ließen Dallas kaum noch eine andere Wahl, als zu reagieren und sich um einen der wenigen verbleibenden Spieler zu bemühen, die eine Mannschaft auf einen Schlag besser machen können. Koste es, was es wolle.

Die Verpflichtung dürfte sich zwar auf dem Parkett ziemlich schnell als nützlich erweisen. Kidd denkt und handelt schneller als die meisten Basketballprofis neben ihm, verteilt Bälle mit sicherer Hand und steht fast immer genau dort, wohin die Rebounds abprallen. Dennoch lässt sich die Maßnahme angesichts der einstigen Entscheidung gegen seinen ehemaligen Spielgestalter Steve Nash zu den teuersten Irrtümern in Cubans Amtszeit hochrechnen. Denn Nash verdient in Phoenix mal gerade 11,3 Millionen Dollar. Nicht nur das: Um ihn zu halten, hätte Dallas keine Spieler abgeben müssen. Der erste Einsatz Kidds für Dallas sorgte für weitere Ernüchterung: Bei den New Orleans Hornets verloren die „Mavs" mit 93:104.

Nostalgiker in der NBA und im Umfeld der Liga gibt es reichlich. Das liegt daran, dass so viele Ex-Spieler Trainer werden. Oder Manager.

Oder Radio- und Fernsehkommentatoren, die jede Woche mehrmals aus der Halle berichten, in der sie einst ihre große Zeit als Aktive hatten. Sie schielen gerne mit einem Auge Richtung Vergangenheit, weil auch sie in der Befindlichkeit gefangen sind, wonach einst alles angeblich so viel besser, attraktiver, entspannter und redlicher war.

Als Jason Kidd in der Mitte der neunziger Jahre noch in Dallas spielte, gab es tatsächlich vor allem eins: Stress. Denn trotz allen Potenzials schienen er und zwei andere hoch gehandelte junge Spieler – Jim Jackson und Jamal Mashburn – nicht miteinander zurechtzukommen. Sie spielten zwar im günstigsten Fall einen schnellen, attraktiven Ball, aber taten nur wenig für die Verteidigung. Die Konstellation war nachgerade trostlos.

Als bereits vor seinem Wechsel nach Dallas die Spekulationen über diesen Transfer anhoben, galt derselbe Jason Kidd plötzlich als Retter und nicht mehr als Schmollmeister von einst, der über die Phoenix Suns zu den New Jersey Nets gekommen und mit dem Team zweimal in der Finalserie gescheitert war. Schon damals war klar, dass der in die Jahre gekommene Kidd alleine das Team nicht aus einer Phase der Mittelmäßigkeit herausholen konnte. Die Mavericks brauchten einen exzellenten Center. Sie fanden ihn zum Glück auch. Aber erst 2010, als Tyson Chandler in einem Tausch von den Charlotte Bobcats nach Dallas kam, bei dem die Mannschaft endlich den völlig überforderten und überteuerten Erick Dampier loswerden konnte.

Chandler fügte dem Team eine Dimension hinzu, die es vorher nicht hatte: Einen Mann in seinen besten Jahren mit Muskelkraft und Willensstärke und Intensität vor allem unter dem eigenen Korb. Weshalb er auch in der Lage war, während der Finalserie ein Jahr später gegen die Miami Heat just in jenem Augenblick zu glänzen, als der fiebrige Dirk Nowitzki geschwächt nur eine Minimalleistung abrufen konnte.[21]

Dirk Nowitzki machte nie einen Hehl daraus, worin er die besonderen Qualitäten von Jason Kidd sah: Als er zur Mannschaft stieß, „bin ich wieder mehr gelaufen, bekam wieder den Ball, sobald ich frei war. Was ihn auszeichnet, ist, dass er das Spiel antizipiert. Bei anderen Aufbauspielern bekommst du die Vorlage erst, wenn du dich frei gelaufen hast.

Aber wenn der Ball bei dir ankommt, wirst du bereits von einem gegnerischen Verteidiger angegriffen. Er sieht so etwas und schickt den Pass bereits auf die Reise, wenn du noch gar nicht frei bist. Aber wenn du ihn fängst, bist du es tatsächlich. Und zwar für diesen einen Bruchteil einer Sekunde, auf den es ankommt."

April 2008: Der Ring-Kampf des Psychologen

Wenn Trainer die Mitglieder einer Mannschaft motivieren wollen, verzichten sie schon mal bewusst auf lautstarke Sprüche. Nicht nur weil vor einem wichtigen Match der Worte irgendwann genug gewechselt sind. Man kann schließlich Sportlern das gemeinsame Ziel auch anders vor Augen führen. Zum Beispiel mit einem dieser dicken Ringe am Finger, mit denen in den Vereinigten Staaten traditionell die Gewinner von Meisterschaften beschenkt werden.

Bei den Dallas Mavericks kann kein einziger Spieler mit solch einer Preziose protzen. Dazu hat es bisher sportlich nicht gereicht. Anders ist das bei Cheftrainer Avery Johnson, der am Dienstag seinen glitzernden schwarzen und goldenen Reif aus dem Jahr 1999 aus der Schublade holte, um ihn beim Spiel seiner Mannschaft gegen die New Orleans Hornets zu tragen.

Die Botschaft dieser Ring-Vorführung an Dirk Nowitzki und seine Nebenleute war leicht zu entschlüsseln: Wenn ihr auch mal Meister werden wollt, so wie ich, dann müsst ihr euch ein bisschen mehr anstrengen. Der Hinweis mag durchaus bei den Spielern angekommen sein. Aber ihre Leistung – mal abgesehen von den Bemühungen von Dirk Nowitzki, den man noch nie motivieren musste, und von dem starken Zug von Brandon Bass zum Korb – spiegelte nicht wider, ob und wie sie diese Anspielung verstanden hatten.

Der Mann auf der Bank sah durchaus, dass seine Spieler den unbekümmert angreifenden Hornets konzeptlos ausgeliefert waren. Aber während des Spiels kamen von ihm keine nützlichen Impulse. Die Sache mit dem Ring wird er wohl nicht noch einmal probieren. „Ich schätze mal, das hat heute Abend nicht motiviert“, sagte er nachher. Wie er die anderen Beobachtungen im weiteren Verlauf der Serie in ein brauchbares taktisches Korsett bringen will, wurde allerdings auch nicht klar.

Die meisten Mavericks wirkten im zweiten Match der Play-off-Serie gegen die quicklebendigen Hornets eher wie müde Matadoren. Selbst die ganz konkreten Regieanweisungen von Johnson, etwa den beeindruckenden Dribbler Chris Paul in Doppeldeckung zu nehmen, nutzten nichts. Der Spielmacher marschierte entweder trotzdem weiter, oder er spielte einen öffnenden Pass an einen freigelaufenen Mitspieler.

„Wir müssen verhindern, dass er den Ball bekommt", sagte Johnson nach der heftigen 103:127-Niederlage über den gerade 22-jährigen Chris Paul. „Er hat einen sehr starken Willen und ist zäh, und er ist schnell auf dem Weg zum Ball." Er hätte auch sagen können: „Chris Paul ist ein besserer Aufbauspieler, als ich jemals war, und ich habe keine Ahnung, wie man gegen einen solchen Mann verteidigt." Aber das wäre vermutlich zu viel verlangt gewesen.

So räusperte sich Kolumnist Jean-Jacques Taylor am nächsten Tag kurz und sprach im Lokalblatt *Dallas Morning News* öffentlich aus, was mittlerweile viele Anhänger des Clubs denken: „Falls Avery nicht herausfinden kann, wie er seine Mannschaft dazu bringt, zu reagieren und diese Serie zu gewinnen, sollte niemand überrascht sein, wenn Cuban ihn feuert."

Nur drei Jahre nachdem er eine der besten und attraktivsten Mannschaften der NBA übernahm und wie von magischer Hand durch eine Umorientierung auf intensive Defensivarbeit zum Titelaspiranten machte, ist von dem alten Schwung und der Begeisterung nicht mehr viel zu spüren.

Das wissen auch die Hornets. Sonst würden sie nicht so gelassen in die Begegnung gehen. Center Tyson Chandler, der Dallas-Fans mit seinen von Chris Paul eingefädelten Alley-Oop-Dunks und seinen Defensiv-Rebounds ständig deutlich dokumentiert, wie groß das Defizit ihrer Mannschaft auf der gleichen Position ist, lassen solche Spieltheorien ziemlich kalt: „In diesem Jahr haben wir eine ganze Menge Trends beendet."

Das wäre alles nur halb so schlimm, wenn das Team an diesem Freitag nicht auch mit den in der Vergangenheit geschürten hohen Erwartungen in eine vielleicht schon wegweisende Begegnung der Serie gehen würde. Denn mit einem bisschen Aufbäumen ist es nicht getan. Dallas liegt in der Serie 0:2 zurück und müsste von den maximal fünf restlichen Begegnungen vier gewinnen. Was man sich schwer vorstellen kann, nachdem die Mavericks in den bisherigen Spielen kein Rezept gefunden haben, um die unerfahrene, aber enthusiastische Gruppe von Basketballern aus Louisiana auch nur in Verlegenheit zu bringen.

Da wirkte es denn auch bezeichnend, dass man am Mittwoch im Umfeld der Mavericks auf eine andere alte Einschwörungsformel aus dem Repertoire der Trainerpsychologie zurückgriff: auf das Gesetz der Serie. Denn die Hornets haben in den letzten zehn Jahren kein einziges Spiel in Dallas gewonnen. Warum das so ist, weiß niemand. Dennoch möchte jeder daran glauben, dass dies ein brauchbares Omen ist. Inzwischen wirkt bereits jeder Strohhalm wie ein Ring: wie ein Rettungsring.

Avery Johnson wurde am 30. April 2008 in Dallas entlassen. Er bekam nach einer Verschnaufpause 2010 einen neuen Job bei den New Jersey Nets, die während seiner Zeit als Cheftrainer in New York eine neue Heimat fanden und in Brooklyn Nets umgetauft wurden. Auch hier bekam er nach kurzer Zeit den Stuhl vor die Tür gesetzt.

Seit 2015 betreut er die Mannschaft der Universität Alabama. Im College-Basketball hat Johnson, der seinen Spielern ständig klarzumachen versucht, dass sie noch ganz viel zu lernen haben, womöglich genau den richtigen Rahmen gefunden. Finanziell geht es ihm kaum schlechter. Er verdient 2,9 Millionen Dollar brutto im Jahr. Sein bisher bestes Resultat: das Erreichen der letzten 32 im K.-o.-Turnier um die amerikanische College-Meisterschaft im Frühjahr 2018. Sein Team scheiterte an der besten Mannschaft der Saison: dem späteren Meister Villanova.

November 2008: Da ist Musik drin

Vor etwas mehr als einer Woche trat Dirk Nowitzki in einem Vorort von Dallas zu einem dieser Werbeauftritte an, die in Amerika zum Alltag von berühmten Sportlern gehören. Eingerahmt von drei Mitgliedern der Mavericks-Tanztruppe, die bei den Auszeiten während der Spiele aufs Parkett rauscht und sich zu lauten Rhythmen die Hüften wiegt, saß er auf dem Parkplatz eines Shopping-Centers und spielte einer kreischenden Menge von Fans einen Rock-Song vor.

Der 30-Jährige Basketball-Profi, der in seiner Freizeit gerne auf der Gitarre herumschrammelt und selbst Songs komponiert, griff allerdings wie schon beim offiziellen Fototermin der Mannschaft im September zu einem Instrument, das nur wie eine Gitarre aussieht: zum Spielbrett von *Guitar Hero,* einem der populärsten Computerspiele der letzten Jahre.

Im Duett mit dem Rechner servierte er denn auch nicht etwa ein eigenes Werk, sondern einen der einprogrammierten, langsamen Oldies, bei dem man sich nicht gleich auf den Tastenfeldern der Apparatur die Finger bricht.

Der sowohl textlich als musikalisch sehr verpuzzelte Pop-Song *About a Girl* der amerikanischen Grunge-Band Nirvana ist eine melancholische Ballade, die ganz gut zu der Stimmung passt, die so mancher in diesem Teil von Texas zu Beginn der neuen NBA-Saison empfindet. Von dem Hoch, das man mit den Dallas Mavericks vor zwei Jahren erlebt hat, als die Mannschaft beinahe den Titel gewann, kamen alle notgedrungen Stück für Stück herunter. Der Blues kehrte endgültig ein, als der Club im Frühjahr erneut von einem vermeintlich schwächeren Gegner gleich in der ersten Runde der Play-offs, für die sich sechzehn Mannschaften qualifizieren, ausgeknockt wurde.

Immerhin hatte dieses Aus Konsequenzen. Es kostete Trainer Avery Johnson den Job und brachte mit Rick Carlisle einen Nachfolger nach Dallas, der als Klavierspieler in seiner Freizeit jenes Feingefühl für die Kunst des Improvisierens zeigt, von der im Basketball auf NBA-Niveau nicht nur die Spieler zehren. Auch die Zuschauer lieben Kreativität.

Das erste Gespräch neulich zwischen Carlisle und Nowitzki dauerte sage und schreibe vier Stunden und endete damit, dass Dirk Nowitzki einen knurrenden Magen hatte. Aber es muss ganz nach seinem Geschmack gelaufen sein. Denn selbst nach zehn Jahren NBA ist Nowitzki immer noch lernbegierig und so hungrig wie am Anfang.

Die beiden saßen in seiner Wohnung zusammen, wo Rick Carlisle schließlich aufstand und dem wichtigsten Spieler der Dallas Mavericks ein paar Bewegungsabläufe zeigte, wie sie Larry Bird, genannt *Larry Legend,* im Angriff drauf hatte. Sachen, die ein 2,13-Meter-Typ gut brauchen kann, wenn an einem Abend die Sprungwürfe mal nicht fallen und es darum geht, sich selbst ein paar Zentimeter Freiraum zu verschaffen.

Dass der Neue in all dem „ernsthaft, konzentriert, angenehm und ruhig“ wirkt, wie der *Fort Worth Star-Telegram* feststellte, der das Wohl und Wehe der Mavericks täglich mit einer Begleitmusik aus kleinen und großen Geschichten anklingen lässt, macht die Sache noch vielversprechender. Nach der Ära des kleinen Generals, der gerne die Rolle des Abkanzlers spielte, kommt der 49-Jährige zwar nicht gerade präsidial daher. Aber es ist wenigstens wieder Musik drin. Zumal Carlisle kein Problem hat, das aus Nowitzkis Sicht größte Problem der Vergangenheit zu bewältigen: den Mangel an Kommunikation.

Die Offenheit des Trainers gegenüber besonderen Umständen schließt sogar Holger Geschwindner und dessen Rolle als persönlicher Wurftrainer ein, der vor ein paar Wochen bei einem Besuch des Mavericks-Trainers in Deutschland für sich und den Gast aus den USA eine Jam-Session arrangierte. „Es war recht witzig“, sagte er in einem Interview mit der Sport-Webseite *Spox.* „Wir mieteten uns einen Raum in einem Hotel, ließen ein Klavier reinrollen und es wurde mit der Truppe musiziert, die seit Jahren an meinen Basketball-Camps teilnimmt: Wolfgang Haffner, Christian von Kaphengst, Till Brönner. Es wurde ein sehr netter Abend.“ Mit einem Schlagzeuger, Bassisten und einem Trompeter.

An so viel schrägen Sinn für Takt und Tempo muss sich das Ensemble der Spieler allerdings erst noch gewöhnen. Zwar sah man der Mannschaft bei ihrer Begegnung zum Auftakt der Saison in eigener Halle gegen die Houston Rockets an, dass sie den neuen Schwung phasenweise sehr attraktiv in Zählbares umsetzen kann. Sowohl Nowitzki als auch Josh Howard warfen und trafen aus fast allen Lagen. Aber solange das Team auf einen Center von der Qualität eines Erick Dampier angewiesen ist, sind viele Gegner in der stark besetzten Western Conference über 48 Minuten einfach besser. Erst recht die Rockets, deren baumlanger chinesischer Nationalspieler Yao Ming die langwierige Verletzung aus der letzten Saison komplett auskuriert hat und am Donnerstag unter dem Korb gegen die Mavericks schalten und walten konnte.

Zwei Tage später im zweiten Spiel gegen die harmloseren Minnesota Timberwolves funktionierte das neue Programm schon besser. Vor allem im letzten Viertel, als der bereits 35-jährige Spielmacher Jason Kidd gleich zweimal einem Gegner den Ball abnahm und die Mavericks im Gegenzug punkteten.

„Er hat nach meiner Meinung noch immer die schnellsten Hände in der Liga", sagte Dirk Nowitzki über seinen Nebenmann, der in Peking mit der US-Nationalmannschaft die Goldmedaille gewonnen hatte. „Wenn du bei ihm nicht vorsichtig bist, ist der Ball weg." Der deutsche Nationalspieler hatte mit 21 Punkten einmal mehr die größte Ausbeute im Team.

„Sie sind die talentierteste Mannschaft, gegen die wir bis jetzt gespielt haben", lobte Timberwolves-Neuling Kevin Love, ein Neffe des Sängers der berühmten kalifornische Band The Beach Boys, den die Hallenregie in Minneapolis jedes Mal nach einem Korb wegen seines Namens mit Tonfetzen aus einem Beatles-Song feiert (*All You Need Is Love*). Die Beatles waren in ihrer aktiven Zeit die größten künstlerischen Rivalen der Beach Boys gewesen.

Die wohlwollenden Worte klangen voreilig. Die Mavericks haben noch 80 weitere Spiele auf dem Programm, von denen sie die ersten fünf in den nächsten neun Tagen abspulen müssen. Den Gegner am heutigen Montag zum Beispiel darf man als weiteren Testfall betrachten. Denn mit den Cleveland Cavaliers und LeBron James kommt eines der besten Teams aus der Eastern Conference in die Stadt.

Club-Besitzer Mark Cuban hat jedoch so früh noch keine Erwartungen an die Auftritte seiner Basketballer. In jenem Winter, als die Mannschaft schließlich zum ersten Mal in der Geschichte des Teams die Finalserie erreichte, legte sie mit vier Siegen und drei Niederlagen einen durchschnittlichen Saisonstart aufs Parkett. Im Jahr darauf verloren die Mavericks zwar die ersten vier Spiele, hatten aber am Ende mit 67 eine Siegesbilanz für die Rekordbücher auf die Beine gestellt.

„Ich will, dass wir gesund in die Play-offs gehen und dann unseren besten Basketball spielen", sagte er am Samstag. Sein bester Mann geht sogar noch etwas weiter. „Meine Ziele sind immer dieselben", gab Dirk Nowitzki vor Beginn der Saison zu verstehen. „Und das ist der Gewinn des Titels. Wir waren vor ein paar Jahren nah dran. Wir waren in den letzten beiden Jahren nicht so nah dran. Wir versuchen, wieder die Endspielserie zu erreichen."

Der Rest wird sich zeigen.

„In jedem Team gibt es Zweifel", sagte er nach der Niederlage gegen die Rockets, mit der sein elftes Jahr in der NBA begann. In Dallas kreist die Skepsis ganz sicher in diesem Jahr nicht um Fragen der Harmonie. Sondern eher um solche simplen Dinge wie das Tempo, mit dem die Spieler ihre Gegner attackieren. Mit balladenhaften Anstrengungen ist es nämlich auf gar keinen Fall getan. Rick Carlisle weiß das. Wie sagte er vor einer Woche? „Wir sind noch immer nicht da, wo wir sein sollten. Wir müssen dringend aufholen."

Als Rick Carlisle 2008 nach Dallas kam, wirkte er wie ein gestandener Trainer mit einem soliden Fundament. Dabei hatte er mal gerade sechs Jahre als Head Coach bei den Detroit Pistons und den Indiana Pacers hinter sich. Aber er hatte in dieser Zeit ein paar Hinweise darauf gegeben, dass er ein Optimierer ist. Jemand, der mit den vorhandenen Spielern Lösungen findet, die Leistungsbilanz zu verbessern. 2002 in Detroit zum Beispiel sprang so die Auszeichnung „Trainer des Jahres" heraus. 2004 mit den Pacers wurde er zum Coach des All-Star-Aufgebots der Eastern Conference berufen. Aber beide Engagements endeten vorzei-

tig, weil die Club-Verantwortlichen dann doch mit dem Gezeigten nicht zufrieden waren.

Umso bemerkenswerter ist die Tatsache, dass man ihn in Dallas trotz all der hier und da geknickten Erwartungen nie in Frage stellte. Ein Engagement von mehr als zehn Jahren ist für Trainer in der NBA eine Rarität. Er steht in der aktuellen Tabelle der am längsten bei einem Team beschäftigten Übungsleiter auf Platz drei – hinter einem Methusalem der Branche, Gregg Popovich, und hinter Erik Spoelstra, den er 2011 im Finale eine Vorführung im match coaching *gab, obwohl er mit den Mavericks eine nicht annähernd so gut besetzte Mannschaft hatte. Ohne Carlisles kluge taktische Maßnahmen hätten die Mavericks damals vermutlich nicht die Miami Heat bezwungen. Und trotzdem wäre bei der Gelegenheit die Hauptschuld auf den Schultern von Dirk Nowitzki abgeladen worden.*

Der 59-Jährige scheint sowohl der richtige zu sein im Umgang mit einem Spieler wie dem Deutschen, dessen für Basketball-Verhältnisse hohes Alter sich seit dem Triumph von 2011 im wachsenden Maße zu einem Defizit entwickelte, als auch mit jungen Ausnahmetalenten wie Luka Dončić, den sich die Mavericks in der Draft 2018 sicherten und der sofort zu einem auffälligen Pluspunkt in der im Umbau befindlichen Mannschaft wurde. Der 19-jährige Slowene gab dem Team eine realistische Chance, die Play-offs zu erreichen. Etwas, was man zuletzt nicht mehr geschafft hatte.

Den Typ Carlisle hat der langjährige Mavericks-Beat-Reporter Tim MacMahon in einem Porträt mal anhand jener Art beschrieben, wie er als Pilot seiner eigenen Cessna auf einem Flugfeld an den Start rollt. „Er ist entspannt, konzentriert, selbstbewusst, vorbereitet." Fliegen gehört zu seinen Freizeitbeschäftigungen. So wie das Klavierspiel, was er sich vor Jahren selbst beigebracht hat.

Rick Carlisles Vertrag wurde 2015 erneut verlängert und läuft nun erst 2020 aus. Sein Gehalt liegt bei 7 Millionen Dollar im Jahr. In seinem Alter dürfte er noch lange nicht über einen Abschied vom aktiven Berufsleben nachdenken, auch wenn er eines Tages seinen Job in Dallas verlieren sollte. Die NBA funktioniert für viele arrivierte Trainer wie ein regelrechtes Karussell. Wenn sie irgendwo notgedrungen absteigen müssen, ergibt sich wenig später die Gelegenheit, woanders wieder aufzusteigen. Zumal Carlisle unter den Chefmanagern der Liga einen hervorragenden Ruf hat, weil er immer wieder beweist, wie man aus wenig relativ viel machen kann. Und zwar dann, wenn man sich wirkungsvolle eintrainierte Spielzüge ausdenkt, die die Stärken eines Kaders ans Tageslicht bringen.

Mai 2009: Verliebt in eine Betrügerin

Dirk Nowitzki pflegt normalerweise einen eisernen Grundsatz. Und auf den hat er sich am Donnerstag vor amerikanischen Journalisten in Dallas nach einer Trainingseinheit seines Klubs noch einmal deutlich berufen: „Ich will, dass mein Privatleben privat bleibt." Er sagte es mit dunklen Ringen unter den Augen und zog sich wenig später mit hängenden Schultern und finsterem Blick zurück.

Tatsächlich hat die Öffentlichkeit auf einmal ein Interesse an ihm wie selten zuvor. Er aber weigert sich beharrlich, Fragen zu dem mysteriösen Fall zu beantworten, der sich in seiner sechs Millionen Dollar teuren Villa in einem Vorort von Dallas abgespielt hat.

Gerade mal 24 Stunden zuvor hatte die Polizei genau dort eine Frau festgenommen, gegen die zwei Haftbefehle vorlagen – einen, weil sie gegen Bewährungsauflagen verstoßen haben soll, die sie nach einem Urteil wegen Scheckfälschung erhielt; und einen weiteren, weil sie sich angeblich kurz vor einem Prozess abgesetzt hatte, in dem sie wegen Betrugs angeklagt war. Eine Frau, 37 Jahre alt, auf der Flucht vor den Behörden, die in dem riesigen Land scheinbar spurlos abtauchen konnte, aber irgendwann Anker im Lebensplan eines der reichsten Sportler Amerikas werfen konnte.

Den Behörden ist sie nicht nur als Crystal Taylor bekannt. Sie führte in den letzten Jahren eine ganze Reihe von Namen.

Dass der 30 Jahre alte Sportler, der in der besten Basketballliga der Welt 18 Millionen Dollar im Jahr verdient, Fragen von Journalisten ausweicht, wirkt angesichts der riesigen Publizität des Falles nicht erfolgversprechend. Es entspricht jedoch dem Naturell des Sohn eines Malermeisters, der als Lebensphilosophie einen simplen Satz angibt, der zeigt, dass fröhliche Farben nicht sein Ding sind: „Ich bin ein Pessimist."

Die Weisheit, die auch für sein Privatleben gelten dürfte, zog sich schon länger durch sein Berufsleben. Seit Jahren blieb er immer wieder die erhofften großen sportlichen Erfolge schuldig – sei es in den Vereinigten Staaten oder auch mit der deutschen Nationalmannschaft. Weil er jedoch wie Sisyphos in der griechischen Mythologie stets unverdrossen rackerte, bevor es ihn wieder zurückwarf, wurde er zu einer weltbekannten Figur und in Deutschland zu einem Sympathieträger. Bei den Olympischen Spielen in Peking durfte er die deutsche Fahne ins Stadion tragen.

Es handelt sich übrigens nicht um das erste Mal, dass eine Person aus dem engeren Umfeld Nowitzkis in Schwierigkeiten mit dem Gesetz geraten ist. Sein wichtigster Förderer und Manager, Holger Geschwindner, saß 2005 fünf Wochen in Untersuchungshaft, weil ihm Steuerhinterziehung in Millionenhöhe zur Last gelegt wurde. Geschwindner wurde zu einem Jahr auf Bewährung verurteilt, nachdem er die ausstehenden Schulden beglichen hatte.[22]

Aber in diesem Fall geht es nicht um Steuern oder Bürokratie. Deshalb setzen die amerikanischen Medien nun alles in Bewegung, um das Ausmaß der Beziehung zwischen Nowitzki und der Frau aufzuhellen. Der örtliche Fernsehsender Channel 8 entdeckte ein wackliges, aber hinreichend scharfes Video im Internet, das Taylor und Nowitzki in freundlicher Umarmung zeigt.

Als Aufnahmeort wurde die Küche in der Villa des Athleten identifiziert. Das Ganze garnierte der Fernsehkanal mit einer Reihe von Gerüchten. So soll Crystal Taylor schwanger sein.[23] Zudem wollten die beiden angeblich heiraten. Weitere Berichte nähren den Verdacht, dass die beiden schon seit Monaten ein Paar waren.

Taylor saß bei einem Spiel im April neben Dirks Vater Jörg auf der Zuschauertribüne. Ihre Mutter Shirley im fernen St. Louis wusste ebenfalls von der Liaison. Bislang wurde jedoch noch nicht einmal offiziell bekannt, auf welche Weise die Strafverfolgungsbehörden der Frau auf die Spur kamen und weshalb sie Taylor ausgerechnet an einem Tag verhafteten, als Dirk Nowitzki mit seiner Mannschaft zu einem Auswärtsspiel in Denver unterwegs war.

Der Dreißigjährige möchte das Thema so weit wie möglich von sich fern halten. Er steht mit den Dallas Mavericks in der zweiten Runde der Play-offs der National Basketball Association, wo Mannschaften in langen und hart umkämpften Serien von bis zu sieben Begegnungen ermitteln, wer weiterkommt und wer im Kampf um die Meisterschaft ausscheidet.

Nach schwachen Leistungen in den Vorjahren machte man sich in dieser Saison in Dallas erstmals wieder berechtigte Hoffnung auf ein besseres Abschneiden. Doch nach zwei Partien gegen die Denver Nuggets liegt das Team mit 0:2 Punkten im Rückstand. An diesem Samstag steht die vorentscheidende dritte Partie an.

Immerhin gibt Nowitzki in diesen Tagen zu Basketballfragen Auskunft. Seine Antworten sind vermutlich darauf angelegt, seine Mannschaftskollegen sowie die Anhänger des Klubs zu beruhigen: „Ich bin ein Krieger", sagte der 2,13 Meter große Hüne am Donnerstag. Das ist schon deswegen tröstlich, weil von seiner Form und Treffsicherheit Wohl und Wehe des Teams abhängen.

Es gibt zum Liebesleben von Dirk Nowitzki nur wenig Material. Und das unter anderem auch deshalb, weil klassische Basketball-Journalisten in Gesprächen mit ihm einen Bogen um derart private Fragen zu machen pflegen. Umso erhellender ist sein Antwort auf die Frage der deutschen Ausgabe des Männermagazins GQ im Jahr 2007 zur Groupiesituation in Dallas. Er sagte: „Es gibt schon viele Girls hier, die sehr aggressiv sind. Dann kommt es darauf an, welchen Lebensstil man für sich wählt. Klar, theoretisch könnte ich 30 Frauen im Monat haben. Aber ich bin da nicht der Typ für."

Anstelle dessen war er offensichtlich ein Typ, der einer Betrügerin auf den Leim gehen konnte. Ein paar Monate, nachdem die Affäre Schlagzeilen machte, hatte Nowitzki allerdings bereits eine entspanntere Haltung zu der Episode gefunden. Bei einer Pressekonferenz in Frankfurt am Main erklärte er: „Ich bin wieder wohlauf. Das Leben geht weiter. Es hat gut getan, die Familie als Rückhalt zu haben." Crystal Taylor sei eine „sehr interessante Frau" gewesen, meinte er bei anderer Gelegenheit: „Witzig, überhaupt nicht langweilig. Und jeder, der sie getroffen hat, hat gemerkt, wie intelligent sie ist." Von seinem Plan, schon bald eine Familie zu gründen, hatte ihn der Fall ganz und gar nicht abgebracht.

Crystal Taylor wurde im August 2009 von einem Gericht in St. Louis zu fünf Jahren Gefängnis verurteilt, nachdem sie im Verfahren eine Reihe von Straftaten eingestanden hatte.

Ein Jahr später lernte Dirk Nowitzki die Schwedin Jessica Olsson kennen, die in einer Kunstgalerie in Dallas beschäftigt war. Die offizielle Heirat fand 2012 in der großen Villa des Basketball-Profis statt, nach einer traditionellen afrikanischen Zeremonie in Kenia, der Heimat von Nowitzkis Schwiegermutter. Olsson hat eine ausgeprägte Beziehung zum Spitzensport. Ihren beiden Brüdern Marcus und Martin gelang eine erfolgreiche Karriere mit Abstechern in den englischen Profi-Fußball und Auftritten in der schwedischen Nationalmannschaft.

„Weshalb ist sie etwas Besonderes?", räsonierte Nowitzki 2017 gegenüber der Webseite „The Undefeated". „Weshalb habe ich mich in sie verliebt? Zunächst musste sie attraktiv aussehen. Das ist ganz klar ein wichtiger Teil. Aber bei uns hat es auch intellektuell einfach geklickt. Sie mag Kunst. Sie mag Sport. Wir mögen beide Tennis und reisen gerne, lieben Kinder und eine Familie zu haben."

Diese Familie ist mittlerweile auf fünf angewachsen. Die Nowitzkis haben drei Kinder: ein Mädchen – Malaika – und die beiden Jungen Max und Morris.

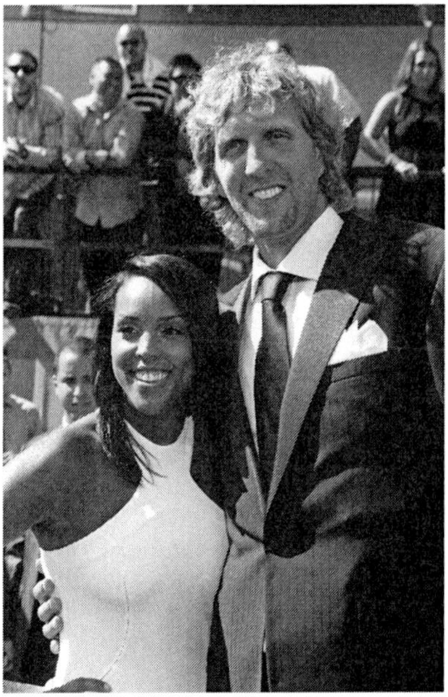

Dirk Nowitzki mit seiner Frau Jessica Olsson bei der Verleihung der ESPY Awards im Sommer 2011. (Dreamstime)

Oktober 2009: Träumen muss erlaubt sein

Wenn man in der NBA mit Mühe und Not die Play-offs erreicht, sollte man daraus zumindest eine simple Lektion ableiten: Die Mannschaft braucht Verstärkung. Je mehr desto besser.

Doch in der besten Basketballliga der Welt kann man sich nicht einfach seine Wunschspieler zusammenkaufen. Dagegen steht bereits das Regularium, das eine möglichst große Leistungsbalance zwischen den 30 Mannschaften anstrebt. Mit Geld allein kommt man hier nicht zum Erfolg.

So standen den Dallas Mavericks im Laufe des Sommers nicht sehr viele Optionen offen, um Dirk Nowitzki ein paar neue Nebenleute zu besorgen, die aus einer mittelmäßigen Truppe mit hochgefönten Ambitionen einen ernsthaften Titelanwärter machen können. Am Ende konnten sie nach ein paar Rochaden auf dem Transfermarkt nur einen wirklich bemerkenswerten Neuzugang verbuchen: den 31-jährigen Shawn Marion, einen sprint- und sprungstarken Spieler mit einem Riecher für Rebounds und einer enormen Kondition. Allein das Alter des Spielers und die günstigen finanziellen Konditionen seiner Anstellung (7,9 Millionen Dollar pro Jahr) illustrieren jedoch bereits, dass es die Mavericks einmal mehr nicht geschafft haben, ins oberste Fach der NBA-Vitrine zu greifen. Marion, Spitzname *The Matrix,* ist über seinen Zenit hinweg.

So ragte einer mal wieder ganz besonders zu Beginn des Trainingslagers aus der Truppe heraus: der lange Lulatsch Dirk Nowitzki, der entspannt und mit langen, lockigen blonden Haaren aus einem ausgiebigen Urlaub zurückgekehrt war, um sich mit seinen Kollegen auf seine zwölfte NBA-Saison vorzubereiten. Der Würzburger hatte zum ersten Mal in seiner Profikarriere die deutsche Nationalmannschaft im Stich gelassen und auf eine Teilnahme an der Europameisterschaft verzichtet. Am Umbau der Mannschaft hatte er nichts auszusetzen. „Ich denke, wir haben einige wichtige Teile zum Puzzle hinzugefügt", sagte er.

So etwas Ähnliches sagt Nowitzki allerdings vor jeder Saison. Positiv denken, nennt man das. Erwartungen wecken, damit das Publikum in Dallas nicht murrt und womöglich den Verdacht schöpft, die teuren Stars seien selbstzufrieden und leisten nur Dienst nach Vorschrift. Alles nach dem Motto: Vom Gewinn der Meisterschaft zu träumen, muss erlaubt sein.

Tatsächlich ist die Konkurrenz in der Western Conference auch in diesem Jahr mehr als formidabel. Titelverteidiger Los Angeles Lakers, der schon in der letzten Saison vorzüglich besetzt war, konnte nicht nur einen Leistungsträger wie Lamar Odom mit einem neuen Vertrag halten, sondern verstärkte sich mit einem echten *game changer* – mit dem abwehrstarken und ehrgeizigen Ron Artest. Auch die jungen und doch schon ziemlich abgeklärten Portland TrailBlazers müssen keine Teilchen mehr zusammenfügen. Genauso wenig wie die Denver Nuggets, die im Frühjahr die Mavericks aus den Play-offs kegelten, oder die San Antonio Spurs, die Hauptkonkurrenten der Mavericks in der Southwest Division.

Diese vier Clubs dürften allesamt in der Substanz mehr zu bieten haben als das Team von Mark Cuban, der sich neuerdings freimütig mit den Segnungen von anabolen Steroiden beschäftigt und einer kontrollieren Freigabe unter ärztlicher Aufsicht das Wort redet. Ein Thema, dem sich in der NBA bislang noch niemand offen zugewandt hatte.

Solche Ausflüge in den Themenwald wirken nicht einmal ungeschickt. Sie lenken von den Bemühungen von Mavericks-Trainer Rick Carlisle ab, eine Mannschaft mit einem hohen Altersdurchschnitt (Spielgestalter Jason Kidd ist 36, Center Erick Dampier 34, Shooting Guard Jason Terry 32) in einen Eilzug zu verwandeln, der aufs Tempo drückt und das Spiel schnell macht.

An Dirk Nowitzki soll es nicht liegen. Der kam nicht nur ausgeruht nach Texas zurück, sondern hatte sich mithilfe seines persönlichen Trainers Holger Geschwindner in der Vorbereitungsphase in Bamberg gleich mehrere Kilogramm Körpergewicht abgearbeitet.

Carlisle war von dem Resultat beeindruckt. „Dirk ist besser in Form als in den letzten Jahren um diese Zeit", sagte er vor ein paar Tagen. Obendrein hat er offensichtlich die leidige Angelegenheit mit der Verlobten überwunden. Die verschwand komplett aus seinem Leben, als sie im Sommer wegen Betrugs und Verstoß gegen Bewährungsauflagen zu fünf Jahren Gefängnis verurteilt wurde und sich ihre angebliche Schwangerschaft als Erfindung herausstellte. Er müsse sich „nicht irgendwie ängstigen vor der Zukunft" und sei „eigentlich ein bisschen mehr erleichtert", dass er sich nicht mehr auf eine Rolle als alleinerziehender Vater einstellen muss, verriet er der Gefühls-Gazette Bunte.

Diese Zukunft sieht der beste Basketballer Europas nach wie vor bei den Mavericks, selbst wenn sich dort der Traum von einem Titel nicht erfüllen sollte. Tatsächlich könnte er nach Ablauf dieser Saison bei jedem anderen NBA-Club anheuern und wäre sicher – selbst mit einem Gehalt von über 20 Millionen Dollar pro Jahr – hoch willkommen. Doch die Loyalität zu seinem Arbeitgeber scheint groß: „Ich will auf jeden Fall in Dallas bleiben."

Die Bilanz der vorausgegangenen regulären Saison 2008/09 hatte aus einem sechsten Platz in der Western Conference bestanden, was jedoch noch nichts über die Leistungsfähigkeit der Mannschaft verriet. Denn im Frühjahr 2009 war der Abstand zwischen dem zweiten – den Portland TrailBlazers mit 54:28 – und dem achten – den Utah Jazz mit 48:34 – erstaunlich gering. Und so wirkte es auch nicht überraschend, dass die Mavericks in der ersten Runde der Play-offs die an drei gesetzten San Antonio Spurs aus dem Weg räumten (mit 4:3-Siegen und dem entscheidenden Erfolg in der Halle des Gegners). Energie und Können reichten jedoch nicht mehr für die zweite Runde, wo man gegen die Denver Nuggets ziemlich sang- und klanglos mit 1:4 ausschied.

Immerhin: Dirk Nowitzki machte trotz der psychologischen Belastung der vielen unangenehmen Enthüllungen aus seinem Privatleben in den zehn Begegnungen eine gute Figur und erzielte einen Punkteschnitt von 26,8 und kam auf stattliche 10,1 Rebounds pro Spiel.

Oktober 2010: Sehnsucht geht unter die Haut

Man kann seine sportlichen Ambitionen auf unterschiedliche Weise öffentlich kundtun. Selbstironisch etwa. Also so wie Dirk Nowitzki, der vor ein paar Jahren in einem Werbespot der National Basketball Association den verschmähten Liebhaber spielte. Der hinterlässt ständig vergeblich Nachrichten auf dem Anrufbeantworter des Goldpokals, den die Liga jedes Jahr ihrer Meistermannschaft verleiht. Die Pointe: Leider ruft die Trophy nie zurück.

Im Wissen um diese Kalamität kann man als Spieler der Dallas Mavericks demonstrativ aber auch noch einen Schritt weitergehen. Dann macht man sich einfach selbst zur Litfaßsäule und demonstriert so öffentlich sein Verlangen. Also so wie Nowitzkis Mannschaftskollege Jason Terry. Der ließ sich im Laufe des Sommers eine Abbildung des zwölf Pfund schweren Prestigeobjekts – des Meisterpokals – auf seinen rechten Bizeps tätowieren. Das wirkte wie eine hilflose Idee, um dem Rest der Welt zu zeigen, dass man es ernst meint mit dem Streben nach dem höchsten Gut der NBA. Denn genau genommen haben die Mavericks den Gewinn des Titels schon seit zehn Jahren im Visier, aber nur einmal – 2006 – waren sie nah genug dran, ihn tatsächlich zu erobern.

Zwischen dem plakativen Akt von Terry, der wie die meisten NBA-Profis Tätowierungen für einen Ausdruck von Selbstwertgefühl hält und aus diesem Grund unter anderem unter der Haut die Telefonvorwahl seiner Heimatstadt Seattle („206") mit sich herumträgt, und dem fatalistischen Humor seines Kollegen aus Deutschland liegt übrigens die ganze mentale Spannbreite einer Mannschaft, die seit Jahren immer wieder höhere Erwartungen produziert, als sie am Ende einlösen kann. Terry zum Beispiel darf dieser Tage froh sein, wenn ihn Trainer Rick Carlisle gleich beim Anpfiff eines Spiels auf den Platz schickt. Er kommt, wie man das in der Basketballer-Sprache nennt, von der Bank. Ein sechster Mann. Zugegeben, in dieser Rolle ist er einer der besten der Liga.

Die neue Saison begann in dieser Woche. Und sie bereitet dem Coach noch so einiges Kopfzerbrechen. Das liegt daran, dass der Club in diesem Sommer auf dem Spielermarkt einen baumlangen Kerl aufgetrieben hat, der immerhin auf dem Papier das Zeug hat, Mannschaftskapitän Dirk Nowitzki einen Teil der Last abzunehmen, die der seit Jahren klaglos trägt. Die Umbauarbeiten waren lange fällig, besonders nachdem der Würzburger im Sommer einen neuen Vier-Jahres-Vertrag über 80 Millionen Dollar unterschrieben hatte. Denn zum gleichen Zeitpunkt trennte sich der Club endlich von dem überteuerten und überforderten langjährigen Center Erick Dampier. Stattdessen sicherte man sich die Dienste von Tyson Chandler, der zuletzt im Dienst der Charlotte Bobcats stand.

Ob der sprungstarke und bewegliche Rebounder an seinem neuen Arbeitsplatz ins Gefüge passt, wird sich zeigen. So muss er sich unter anderem erst noch mit seinem Mannschaftskollegen Brendan Haywood arrangieren, mit dem er in der Vergangenheit im Kampf Mann gegen Mann, Ellbogen gegen Ellbogen, unterm Korb mehr als einmal aufs Heftigste in die Wolle geraten war. Die beiden kämpfen nun wieder gegeneinander – um einen Stammplatz im selben Team.

Nowitzki, der im Sommer darauf verzichtet hatte, bei der Weltmeisterschaft in der Türkei für die deutsche Nationalmannschaft zu spielen, scheint zu ahnen, dass die bisherigen Personalentscheidungen bei den Mavericks noch nicht der Weisheit letzter Schluss sind. Zumal ihm Clubbesitzer Mark Cuban in den Vertragsverhandlungen mehrfach versichert hatte, „dass er alles tun wird, damit wir irgendwann mal die Meisterschaft holen". Ein Ziel, für das ein NBA-Team mindestens zwei Könner vom Format des Unterfranken braucht, der inzwischen die Verschleißerscheinungen seiner Karriere spürt („ich bin jetzt keine 20 mehr, die Regenerationsphasen werden länger").

Doch herausragende Spieler sind Mangelware. Und die, die in Frage kommen, zieht es offensichtlich nicht nach Texas. So unterschrieben LeBron James (vorher Cleveland Cavaliers) und Chris Bosh (vorher Toronto Raptors) bei den Miami Heat. Amar'e Stoudemire (vorher Phoenix Suns) ließ sich von den New York Knicks anwerben. Andere Starspieler machten es wie Nowitzki. Sie gingen auf Nummer sicher und blieben, wo sie waren. Trotzdem glaubt der 32-Jährige, dass die Mavericks „nur einen Superdeal davon entfernt" sind, um eine realistische Chance auf den Titel zu haben. Solche Transaktionen sind in der NBA gang und gäbe, denn eine Einwilligung des Betroffenen ist etwa bei einem Tausch nicht zwingend erforderlich. So könnte auch ein Tages Jason Terry, Spitzname *The Jet,* als Teil eines Pakets von Mavericks-Spielern bei einem anderen Club landen. Der wäre trotz seiner mittlerweile 33 Jahre sicher für viele Teams eine Verstärkung.

Dass offensichtlich ein wichtiger Baustein fehlt, spiegelt sich übrigens in den Einschätzungen amerikanischer Basketball-Experten wider, die der Mannschaft vor Beginn der Saison zwar durchaus zutrauen, sich in den insgesamt 82 Begegnungen der Tabellenphase als Erstplatzierte in der Southwest Division einen Play-off-Platz zu sichern. Aber als Meisterschaftsfavorit wird vor allem ein Team gehandelt: Die Los Angeles Lakers mit Kobe Bryant und Pau Gasol.

Es war nicht nur ein Spieler, der fehlte, sondern es waren zwei. Zum Glück für die Verantwortlichen der Mavericks schlugen die wichtigsten Neuanschaffungen auf der Haben-Seite ein. Das begann mit dem neuen Center Tyson Chandler, der im Sommer 2010 im Rahmen eines Tauschs von den Charlotte Bobcats kam. Und es setzte sich mitten in der Saison mit der Verpflichtung des erfahrenen Distanzschützen Predrag Stojaković fort. Der Serbe, den die meisten Peja nennen, hatte kurz davor innerhalb weniger Wochen kurze Gastspiele in New Orleans und Toronto gegeben, wo man aber nicht sehr viel mit ihm anzufangen verstand. Seine Integration in Dallas gelang ohne Probleme. Er wurde zu einem wichtigen Faktor in den Play-offs. Zu einer zusätzlichen Option in den Angriffsschemata, die sich Trainer Rick Carlisle ausdachte.

April 2011: Sinn für Nachhaltigkeit

Als außergewöhnliches Basketballtalent hatte Dirk Nowitzki einen erheblichen Teil seiner sportlichen Entwicklung all die Jahre selbst in der Hand. Die Entscheidung, in die beste Liga der Welt zu gehen und dort seine Klasse zu beweisen? Die traf er selbst – als jemand, der NBA-Stars wie Michael Jordan und Scottie Pippen verehrte und der 1999 die mächtige Herausforderung annahm, gegen solche Größen anzutreten.

Sein Arbeitswille und seine Energie, mit seinem wichtigsten Ratgeber Holger Geschwindner so gut wie jeden Tag ein Extra-Pensum Trainingsaufwand abzuspulen? Das entsprach seiner ureigenen Haltung gegenüber dem Leben und dem Sport. Niemand musste dem Sohn eines selbständigen Handwerkers auseinandersetzen, dass mannschaftliche Erfolge und präzise Distanzschüsse nicht einfach vom Himmel regnen.

Im Laufe der Zeit sind noch ein paar Erkenntnisse dazu gekommen. Diese aus dem Vorrat der Entdeckungen etwa geht Dirk Nowitzki bereits seit einer Weile durch den Kopf. Aber erst vor Beginn der Saison fand er es an der Zeit, laut darüber nachzudenken. „Energie zu sparen wird in Zukunft immer wichtiger werden für mich. Ich bin schließlich 32 geworden dieses Jahr. Ein alter Mann eben", sagte er dem Magazin Stern in einem Interview. „Auf einmal tun dir morgens beim Aufstehen die Knochen weh, du kommst schlechter raus aus dem Bett, und dann weißt du: Aha, ab jetzt geht die Fahrt rückwärts."

Seitdem trainiert er mit mehr Sinn für Nachhaltigkeit. Zu seinem Programm gehören Pilates-Technik und Yoga. Denn wer will sich schon rückwärts orientieren, wenn er als der beste europäische Basketballer aller Zeiten noch immer nicht am Ziel seiner sportlichen Ambitionen angekommen ist: dem Gewinn der NBA-Meisterschaft.

Ob er – der prototypische Sisyphos – das Ziel jemals erreicht, ist allerdings schwer zu sagen. Denn im Unterschied zu so vielen anderen Dingen hat er genau darauf tatsächlich nur begrenzt Einfluss. Zumal er vor einem Jahr, als er zum ersten Mal seit Beginn seiner Profilaufbahn in den USA völlig frei entscheiden durfte, bei welchem der insgesamt 30 Klubs in der Liga er unterschreiben wollte, erneut seiner Tendenz nachgab, dem Allzuvertrauten zu vertrauen.

Nowitzki war in jenen Monaten im Frühsommer 2010 eigentlich der ideale Kandidat, um irgendwo anders in der NBA zum Beispiel zusammen mit dem bislang ebenso titellosen Superstar LeBron James anzuheuern. Aber er blieb dann doch lieber in Dallas und unterschrieb bei den Mavericks einen Vertrag über vier Jahre und 80 Millionen Dollar brutto, obwohl er seinen Marktwert woanders leicht mit rund zehn Millionen Dollar mehr hätte abfinden lassen können. Er glaubte zum x-ten Mal Klubbesitzer Mark Cuban, dass der die Mannschaft ergänzen und verbessern würde, obwohl der das schon oft versprochen, aber – bei allem guten Willen – nie hinbekommen hatte.

Neun Monate später gelten die Mavericks nur als Außenseiter auf den Titel, das neue Glamourteam von LeBron James in Miami halten viele für den chancenreicheren Aspiranten: „Die San Antonio Spurs und die Los Angeles Lakers haben im Westen die Favoritenrolle", sagte Nowitzki vor ein paar Tagen und bestätige damit die gängige Einschätzung, die sich in der Tabelle widerspiegelt. In der steht Dallas im Westen nur auf dem dritten Platz. „Im Osten sehe ich Chicago und Miami als Titelkandidaten", sagte er.

Falls dies so eintrifft, muss der 32-Jährige wohl auf Plan B zurückgreifen: „Wenn es in vier Jahren immer noch nicht geklappt hat mit dem Titel", sagte er vor Monaten der Süddeutschen Zeitung, „muss man mal sehen. Vielleicht läuft's ja so gut und mein Körper macht so weit mit, dass ich noch bis 40 spielen kann. Dann übernehme ich halt eine andere Rolle, komme von der Bank und kann einer guten Mannschaft vielleicht noch helfen, die Meisterschaft zu gewinnen."

Das Interessante an dem langen Kerl aus Würzburg ist, dass er trotz dieser Neigung zum vorbeugenden Gedanken noch nie die Schuld am Fehlen des letzten Quentchens Erfolg bei jemand anderem gesucht hat. Seit er Leistungsträger Nummer eins bei den Mavericks ist, schultert er die Verantwortung. Nur einmal – 2005 – rempelte er öffentlich einen überbezahlten Nebenmann an, nachdem der zum wiederholten Mal gezeigt hatte, wie hilflos er unterm Korb agiert. Typisch sind eher selbstkritische Betrachtungen wie die in dieser Saison, als er die längste Verletzungspause seiner Karriere erlebte, nachdem er sich das rechte Knie verstaucht hatte. Ja, gab Nowitzki zu, nachdem er drei Wochen gefehlt hatte: Danach habe „es eine Weile gedauert, bis ich wieder in Tritt kam".

Diese Erfahrung war ein weiteres Indiz dafür, dass er trotz aller Willenskraft nicht die Uhr anhalten kann und wie viele andere Sportler jenseits der 30 vor ihm nicht mehr taufrisch ist. Bei den Mavericks geht man deshalb auch etwas vorsichtiger mit den Ressourcen im Team um. „Dass wir unsere Minuten ein bisschen runterfahren, war von Anfang an der Plan", sagte Nowitzki in der vergangenen Woche. Das gilt vor allem für Spielmacher Jason Kidd. Der ist schließlich bereits 38 Jahre alt. „Er spielt weniger, und wir haben ihm eine Woche frei gegeben vor den Play-offs, damit er wirklich topfit ist."

Dallas ist mit einem Altersdurchschnitt von knapp 32 Jahren die älteste Mannschaft in der NBA. Zum Vergleich: Die überraschend starken Oklahoma City Thunder – die knapp hinter Dallas auf dem vierten Platz der Tabelle der Western Conference landeten – kommen auf einen Schnitt von etwas mehr als 23 Jahren.

Kann man auf diese Weise Meister werden? Durchaus. Die NBA-Geschichte zeigt: ältere, Play-off-erfahrene Mannschaften setzen sich, wenn sie fit sind und mit ihren Kräften klug haushalten, in dem Vier-Phasen-Play-off-Schema meistens durch. Wichtiger sind die von den Trainern ausbaldowerten taktischen Feinheiten auf dem Platz gegen Gegner wie die Portland TrailBlazers (in der ersten Runde) oder – ein Weiterkommen vorausgesetzt – gegen Titelverteidiger Los Angeles Lakers in der zweiten.

Bloß: Für solche Dinge ist Nowitzki in Dallas nicht zuständig. Dafür muss Trainer Rick Carlisle sorgen, der die eine große Schwäche – das Fehlen eines überragenden zweiten Mannes neben Nowitzki –

gerne überspielt: „Wir haben eine Menge Jungs mit der Fähigkeit, sich zu steigern", sagte er neulich. „Unser Spiel ist ausgewogen."

Immerhin: Sein wichtigster Mann ist fit und verbreitete diesen Eindruck noch einmal per Video. Da kündigte Dirk Nowitzki an, dass er bei der Europameisterschaft in Litauen vom 31. August bis 18. September für die deutsche Nationalmannschaft auflaufen wird. „Wenn alles weiter so gut läuft und ich gesund bleibe, freue ich mich schon, dort zu spielen", sagte er. „Coach Bauermann hat in den letzten Jahren viel mit den jungen Spielern gearbeitet, und ich glaube, wir haben eine super Truppe, die die Olympia-Qualifikation schaffen kann."

Die Spiele von 2012 in London wären die zweiten nach Peking, wo Nowitzki als Fahnen- und Sympathieträger im Olympischen Dorf agierte. Solche Sympathien zu gewinnen, kann zwar den NBA-Titel nicht ersetzen. Aber es hilft über das Schlimmste hinweg und erinnert ihn immer wieder daran, dass es im Sport mehr zu gewinnen gibt als den Platz ganz oben auf dem Treppchen.

Zur Europameisterschaft trat Nowitzki tatsächlich an. Aber in der Zwischenrunde gegen Gastgeber Litauen schied die Mannschaft aus, in der nach seiner Teilnahme im Olympia-Team zum zweiten Mal bei einem wichtigen Turnier der eingedeutschte Amerikaner Chris Kaman spielte[24]*. Das Aus bedeutete, dass Deutschland auch die Qualifikation für die Olympischen Spiele 2012 in London verpasste.*

Dirk Nowitzki trat in seiner Karriere 153-mal in der Nationalmannschaft an. Sein Debüt gab er im Februar 1997 im Alter von 18 Jahren in Porto gegen Portugal. Es blieb das einzige Match im Trikot des Deutschen Basketballbundes, in dem er keinen einzigen Punkt erzielte. Ganz anders bei der Europameisterschaft im September 2001, als sich das Team nach der Niederlage gegen Spanien (90:99) mit Platz vier begnügen musste. Mit 28,7 Punkten pro Spiel war er der effektivste Spieler in diesem Turnier.

Das beste Resultat fuhr die Mannschaft im September 2002 bei der Weltmeisterschaft in den USA ein, als man gegen Argentinien den Ein-

zug ins Finale verpasste, aber anschließend gegen Neuseeland die Bronzemedaille holte. Erneut zeigte Dirk Nowitzki eine Ausnahmeleistung.

Auf ähnlichem Niveau ist das Abschneiden bei der Europameisterschaft im September 2005 in Belgrad einzustufen, wo Nowitzki und die DBB ins Finale kam und gegen Griechenland verlor, aber der Würzburger zum wertvollsten Spieler der Titelkämpfe gewählt wurde.

2008 reicht es dann nur knapp zur Teilnahme an den Olympischen Spielen und im Turnier läuft es miserabel. Die Mannschaft scheidet gleich in der Vorrunde aus und fängt sich unter anderem eine 57:106-Niederlage gegen den späteren Olympiasieger USA ein. Dennoch erlebt Dirk Nowitzki den Ausflug nach Peking als puren Genuss. Er marschiert beim Einzug der deutschen Delegation als Fahnenträger voran.

Die anstrengenden Abstecher in der Sommerpause gehen am 10. September 2015 bei der Europameisterschaft in seiner Heimat zu Ende. Zwar ist der Ausflug sportlich kein Erfolg, aber Nowitzki wird nach seinem letzten Match in Berlin minutenlang von den Fans gefeiert.

Juni 2011: Der Wert des eigenen Wegs

Es war ein überraschendes Bild, das die Mitglieder einer Fernsehcrew vor zwei Wochen in der Basketball-Halle von Oklahoma City auf ihren Monitoren entdeckten. Eigentlich waren sie nur gekommen, um rechtzeitig vor dem dritten Spiel der Play-off-Serie zwischen Oklahoma City Thunder und den Dallas Mavericks ihre Kameraausrüstung zu testen. Doch was sie sahen, machte sie neugierig.

Da zog sich ein älterer Mann eine Trainingshose an und warf Dirk Nowitzki den Ball zu. Der Star der Dallas Mavericks versuchte sich zunächst an einer Reihe von konventionellen Würfen aus unterschiedlichen Distanzen. „Aber dann wurde es verrückt", erzählte einer der Kameraleute, die neugierig alles aufnahmen. Eine 50-Minuten-Session mit „den bizarrsten Dingen, die ich je gesehen habe".

Der Deutsche trainierte zum Beispiel eine 360-Grad-Pirouette auf der Höhe der Foul-Linie, und er arbeitete an einbeinigen Sprungwürfen, die zwar linkisch aussehen, aber ihm so gut wie immer gelingen. Er zielte aus unmöglichen Positionen auf den Korb, etwa aus der Hocke. Und er baute sich mit weit gespreizten Beinen auf, um so den Ball zu fangen und ihn in den Korb zu befördern. Derartige Übungen sind die Grundlage dafür, dass der 2,13 Meter große Basketballprofi in der Hektik des Spiels weder die Balance verliert noch die Orientierung.

Der ältere Mann mit den graumelierten Haaren ist der 65 Jahre alte Holger Geschwindner. Wenn man so will, ist er der Entdecker von Nowitzki. Seit Mitte der neunziger Jahre arbeiten beide zusammen. Geschwindner, Trainer, Mentor und Berater des Superstars, hat das Talent entdeckt und geformt. Nun könnten sie den gemeinsamen sportlichen Höhepunkt erleben. In der Nacht auf Montag kommt es zum dritten Spiel in der *Best-of-seven*-Finalserie der nordamerikanischen Basketball-Profiliga zwischen Dallas und Miami Heat (1:1). Und natürlich ist Geschwindner wieder dabei.

So, wie er es immer macht, wenn eine Saison in ihre entscheidende Phase geht. Täglich widmen sie sich dann ihrem Spezialtraining, durch das Nowitzki auch mit 32 Jahren sein Repertoire erweitern soll, jenen ominösen Werkzeugkasten, den ihm Geschwindner anempfohlen hat. Kein anderer NBA-Profi käme auf die Idee, sich mit solchen Trainingsmethoden auch nur zu beschäftigen. Geschwindner hat sie in petto. Inklusive der einen oder anderen Wurfvariante, die eines Tages auch im Spiel zum Einsatz kommen könnte.

„Da sind ein paar Sachen, die er noch nicht auspacken kann", sagt Geschwindner. „Wenn man die vorführt, dann muss man gewährleisten, dass die mit einem hohen Prozentsatz realisierbar sind und funktionieren." Und so bleiben sie auch in diesen Play-offs, in denen Nowitzki die Chance hat, zum ersten Mal in seiner Karriere die NBA-Meisterschaft zu gewinnen, vorerst noch weggepackt.

Was die Fachleute zu sehen bekommen, wie etwa der ehemalige NBA-Trainer Hubie Brown, der die Finalserie als Radio-Kommentator verfolgt, ist allerdings beeindruckend genug. Besser gesagt: „Es ist unglaublich", sagt Brown.

Für Nowitzkis außergewöhnliche körperliche Fähigkeiten haben sich in den dreizehn Jahren seiner NBA-Karriere nur wenige Experten und Sportjournalisten in Amerika wirklich interessiert. In diesem Jahr hat sich das angesichts einer überlegenen Leistung der Mannschaft in den Serien gegen Portland, Los Angeles und Oklahoma geändert. Doch die wenigsten bemühen sich darum, herauszufinden, aus was für Grundbausteinen seine athletische Leistung und seine mentale Stärke eigentlich bestehen. Was nicht ganz einfach ist. Denn nach jedem Spiel – egal ob Sieg oder Niederlage – öffnet Nowitzki seine Gefühlswelt allenfalls einen Spalt breit.

Die amerikanische Nowitzki-Rezeption bleibt an der Oberfläche und wird derzeit hauptsächlich von einem Vergleich beherrscht: von jenem mit Larry Bird, dem letzten dominierenden weißen Amerikaner, der in den achtziger Jahren mit den Boston Celtics dreimal den Titel gewann und 1992 mit Michael Jordan und Magic Johnson bei den Olympischen Spielen in Barcelona Basketball von einem anderen Stern vorführte.

Bird ließ vor Beginn der Play-offs an die Adresse von Nowitzki ausrichten, er „habe den Jungen schon immer bewundert". Und er sehe tatsächlich „eine Vielzahl von Ähnlichkeiten". Zum Beispiel Nowitzkis Arbeitsmoral und dessen Loyalität zu seinem Heimatland. „Das ist wirklich eine Ehre für mich, dass mich Leute mit ihm vergleichen", sagt Bird.

Nowitzki ist dank seiner Körpergröße und seiner Wurfgenauigkeit zu einer äußerst wirkungsvollen Spielerpersönlichkeit geworden. Dass er sich zu einem ureigenen Typ entwickelt hat, liegt unter anderem daran, dass er sich in den Händen von Geschwindner völlig anders entfalten konnte als jedes junge amerikanische Talent mit seiner Körpergröße.

In den Vereinigten Staaten hätte man den jungen Nowitzki in eine einzige Rolle gepresst: die des Centers. Und so wären alle seine anderen Begabungen verkümmert, und er hätte nie all das gelernt, was ihn heute zu einem besonderen Spieler macht: zu einem, der den Ball aus jeder Lage und aus jeder Entfernung über fast jeden Gegner hinweg im Korb versenken kann und dadurch die gegnerischen Mannschaften zwingt, ihn möglichst mit zwei Leuten zu decken.

Den Wert dieses ganz eigenen Weges, auf dem Nowitzki zu einer überragenden Figur in der NBA geworden ist, haben nicht nur Experten wie Mavericks-Trainer Rick Carlisle erkannt. Auch Erik Spoelstra, Trainer der Miami Heat, gibt gerne zu, dass der Würzburger einzigartig ist. Oder um es mit Carlisle zu sagen, der seinen Star schon als einen der zehn besten Profis in der Geschichte der NBA feiert: „extrem einzigartig."

Der Stil des Basketballspiels auf dem Niveau der NBA hat sich seit 1998, als Dirk Nowitzki gedraftet wurde, ganz beachtlich verändert. Die Nummer 41 der Dallas Mavericks hat sogar einen erheblichen Teil dazu beigetragen. Als er in die Liga kam, ging es darum, sich mit Körpereinsatz und jeder Menge Muskelkraft in der Zone unweit vom Korb den notwendigen Platz für die eigenen Ellenbogen zu erkämpfen, um den Ball ins Netz zu stopfen. Dunks waren populär. Je wuchtiger, desto besser. Verteidiger waren gezwungen, Angreifer in Manndeckung zu nehmen, weil die Regeln Raumdeckung ausdrücklich untersagten. Bis 2001, als der Bann weitgehend aufgehoben wurde. 2004 wurde das sogenannte Hand-checking verboten, ein Störmanöver, bei dem es nicht darum geht, dem Angreifer den Ball aus den Händen zu fingern, sondern ihn konsequent körperlich zu behindern. Etwa indem man seinen Arm berührt, sein Handgelenk oder sein Beine. Aus einem Wettkampf, in dem Kraft und Reichweite der Arme für die Spielweise von Verteidigern ein wichtiger Faktor geworden waren, wurde auf diese Weise ein Duell, in dem es auf Raumaufteilung, Schnelligkeit, Reflexe und Spielwitz ankommt.

In Nowitzkis erster NBA-Saison, so besagen die Statistiken, kamen alle Teams zusammen nur auf einen Schnitt von 13,2 Drei-Punkt-Wurfversuchen. In der Saison 2018/19 probierte keine Mannschaft weniger als 22 Dreier pro Spiel. Könner wie James Harden ziehen heute bis zu fünfzehnmal pro Halbzeit aus der Distanz ab.

Nowitzki, der Typ mit dem ungewöhnlichen einbeinigen Sprungwurf und der sicheren Hand aus so gut wie jeder Entfernung, hat die Tendenz natürlich registriert. „Jetzt kann jeder werfen, manchmal von drei oder sogar fünf Metern hinter der Drei-Punkt-Linie. Das ist unglaublich, wenn man das sieht. Dazu das Tempo, die Athletik – alles hat sich entwickelt."

Juni 2011: Das Irgendwann ist jetzt

Vor ein paar Wochen erschien in der *Dallas Morning News* mal wieder eine jener Ehrbezeugungen, die die Zeitung gerne druckt, um den besten Basketballspieler der Gegend zu feiern.

Dies ist ein gutes Jahr für Elogen auf den Mann, der nicht nur körperlich die Galerie der Profis des örtlichen NBA-Klubs überragt. Seit dreizehn Jahren gehören dem großen Blonden mit den riesigen Sneakers die größten Schlagzeilen in der Stadt. So wie die an diesem Tag: „Vertrauen in Dirk".

Das Vertrauen ist gegenseitig. „Das Beste ist, mit welch offenen Armen mich die Stadt aufnimmt", erzählte Dirk Nowitzki in dem Artikel. Viel mehr wollte er nicht preisgeben: „Sie wissen, dass ich es hasse, über mich selbst zu reden?"

Macht nichts. Denn seine Leistungen sprechen für sich. Sie sind für einen Athleten im Alter von mittlerweile fast 33 Jahren geradezu verblüffend. Abend für Abend zeigt er, dass er wohl immer noch ein paar nicht angezapfte Reserven besitzt, die er sich in zehntausenden von Stunden Training und hartem Spiel draufgeschafft hat. Ganz abgesehen von dem alten, unverbrauchten Instinkt eines zielsicheren Kanoniers und dem exzellenten Blick für den freistehenden Nebenmann: Kein Gegenspieler vermag ihn wirkungsvoll zu decken oder gar auszuschalten, wie das früher noch manchmal möglich war. Seine Entfaltungsmöglichkeiten auf dem Platz verblüffen denn auch viele amerikanischen Sportjournalisten, die ihn einst gerne als „weich" abgestempelt haben.

An dem alten Nowitzki entdecken viele einen neuen Nowitzki – unwiderstehlich, brillant und ein Kämpfer, der nicht aufgibt.

Gleich neben dem Artikel fand sich ein Bericht der Nachrichtenagentur *Associated Press* über einen anderen Basketballer, an dessen Namen man sich in Dallas immer wieder erinnert. Es handelte sich um eine Meldung über Robert *Tractor* Traylor, 33. Den hatte man nämlich in seiner Wohnung in Puerto Rico tot aufgefunden, in einem abgelegenen Teil des Basketball-Universums, in dem er nach sieben unterdurchschnittlichen Jahren in einigen Klubs in der National Basketball Association und Abstechern in der Türkei, Italien und Mexiko auf der Karibik-Insel gelandet war. Die Polizei vermutet Herzversagen als Todesursache.

Was man in Dallas weiß, ist, dass es zwischen Traylor und Nowitzki eine Verbindung gibt. Sie war nie mehr als eine interessante Fußnote der Sportgeschichte, geschrieben im Frühsommer 1998, als Don Nelson, der damalige Chefmanager und Trainer der Mavericks, bei der Draft der Nachwuchsspieler sicherstellen wollte, dass sein Klub die vertraglichen Rechte an dem Sprungwurftalent vom DJK Würzburg erhält. Und so ging er damals mit den Milwaukee Bucks ein kompliziertes *Gentlemen's Agreement* für einen Spielertausch ein. Das Resultat: Milwaukee wählte den großen Unbekannten Nowitzki aus, aber gab ihn eine Stunde später für den besagten Robert Traylor an Dallas ab, die ihm auf Platz sechs der Draft absprachegemäß den Zuschlag gegeben hatten.[25]

Am Ende ging Nelsons Plan auf. Nowitzki wechselte als vierter deutscher NBA-Spieler nach Uwe Blab, Christian Welp und Detlef Schrempf über den großen Teich in die Prestigeliga, entwickelte sich nach einer sportlich schwierigen Anfangszeit zum All-Star und wurde 2007 sogar zum *Most Valuable Player* der Liga gewählt.

Wie wertvoll? Sein Trainer Rick Carlisle erhob ihn vor kurzem in den Rang einer Legende: „Meiner Meinung nach gehört er zu den zehn besten Spielern in der Geschichte der NBA", sagte er über den Mann mit der Nummer 41, der aus jeder Lage trifft und von der Freiwurflinie aus fast jeden Ball versenkt. „Seine Art zu spielen, ist einzigartig. Genauso wie die Art, wie er diesen Klub mehr als zehn Jahre lang geschultert hat."

Damit stände sein Name in einer Reihe mit Michael Jordan, Magic Johnson, Kareem Abdul-Jabbar, Bill Russell, Wilt Chamberlain, Larry Bird, Oscar Robertson, Kobe Bryant und Julius Erving. Auch sie waren – jeder auf seine Art – einzigartig und meistens nicht zu stoppen und prägten das Bild einer Liga, deren Überflieger ein Leistungsniveau erreichen, das in seiner Mischung aus Athletik, Körperbeherrschung und Ballbehandlung etwas Artistisches hat.

Der Unterschied zu Nowitzki ist nicht, dass er manchmal etwas linkisch aussieht, wenn er auf einem Bein zurückweicht und in der Rückwärtsbewegung den Ball wirft. Die Genannten haben alle mindestens einmal den Larry-O'Brien-Pokal gewonnen, den die Liga der Meistermannschaft reicht. Nowitzkis Bilanz in dieser wichtigen Kategorie zur Bestimmung einer Karriereleistung steht bei Null.

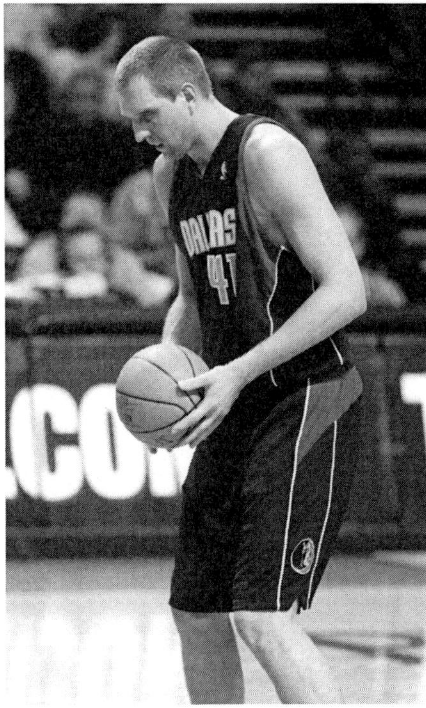

Eine überragende Quote von der Freiwurflinie. (Dreamstime)

„Im Profi-Basketball gibt es nichts Schwierigeres, als einen Titel zu gewinnen", sagte Don Nelson neulich und sprach aus bitterer Erfahrung. Denn er, der als Spieler mit den Boston Celtics fünfmal Meister geworden war, schaffte so etwas trotz seines großen Einfallsreichtums und seiner Energie in einer Spanne von 35 Jahren als Trainer nie wieder. Obwohl er seinen Zug zum Genialen bewies, als er 1998 das schüchterne Talent aus Deutschland in die USA lotste.

2006 hätte sich das Blatt wenden können. Aber als die Sterne endlich günstig zu stehen schienen, hatte er sich bereits in den Hintergrund zurückgezogen. Da sah man ihn während der Heimspiele häufiger zwischen den Tribünen des *American Airlines Center* lässig an einen Pfeiler gelehnt, von wo aus er das Geschehen auf dem Platz verfolgte, nachdem er ein Jahr zuvor die Übungsleitung an den von ihm persönlich ausgewählten Nachfolger Avery Johnson und die Managementaufgaben an seinen Sohn Donn abgegeben hatte.

Er wirkte in seiner Beraterrolle wie ein *Elder Statesman,* der sich nur noch milde für die Mavericks interessierte. Zumal Avery Johnson die Spieler bereits durch seine Pedanten-Mühle gedreht hatte und ihnen seine Pädagogik des „Ihr seid noch lange nicht gut genug" eintrichterte. Den unbekümmerten, ständig attackierenden Autobahn-Basketball der Jahre davor – „Nellie-Ball" – hatte er abgewürgt.

Die Mannschaft des Jahres 2011 ist anders, weiß Nelson, der einst nach Würzburg flog, um das Talent mit eigenen Augen vor Ort zu studieren. „Ich liebe die Bausteine, die sie zusammengesetzt haben. Und mir gefällt, mit welchem Zusammenhalt das Team spielt."

Natürlich – da war noch was: „Ich glaube nicht, dass es die beste Mannschaft ist, die die Mavericks je hatten." erklärte der Pensionär, der sich erneut auf die Hawaii-Insel Maui zurückgezogen hat. Aber Nelson, ein Mann mit Hang zur Sophisterei, konzedierte immerhin eines: „Aber sie spielen vermutlich so gut wie das beste Team."

2006, das ist ein Jahr, das vielen in Dallas immer wieder ins Gedächtnis kommt. Denn damals schien die Mannschaft, nachdem sie mit viel Verstand und ein wenig Glück in den Play-offs die hervorragenden San Antonio Spurs aus dem Weg geräumt hatte, spielerisch reif und mental in der Lage, in der Finalserie die Miami Heat zu bezwingen und das Ziel der Ziele zu erreichen: die Meisterschaft.

Aber dann geschah etwas Merkwürdiges: Nachdem die Mannschaft mit 2:0-Siegen in Führung ging und im dritten Spiel bis sechseinhalb Minuten vor der Schlusssirene ganz stattlich mit dreizehn Punkten Vorsprung in Front lag, brach ohne irgendeinen ersichtlichen Grund das Angriffsspiel auseinander. Und als Nowitzki drei Sekunden vor dem Schluss den Freiwurf zum Ausgleich nicht verwandeln konnte, mit dem sich die Mavericks in die Verlängerung gerettet hätten, wurde dieser Moment zu einem stillen Fanal für den Prozess der totalen Selbstaufgabe. Dallas verlor die restlichen Spiele der Serie.

Am meisten muss dem selbstkritischen Basketballprofi Dirk Nowitzki hinterher die Aussage von Dwyane Wade wehgetan haben. Der Ballzauberer, dessen Stern in dem Jahr neben dem bulligen Center Shaquille O'Neal aufging, gab zu, dass die Heat diese Serie locker hätten verlieren können. Aber als er und seine Nebenleute sich angesichts der Niederlage endlich ins Zeug legten, habe sich gezeigt, wer eine Mannschaft führen kann und wer nicht: „Sie haben die Meisterschaft verloren, weil er nicht der Anführer war, der er in entscheidenden Momenten sein sollte."

So etwas ist natürlich schwerer zu lernen als Sprungwürfe, die Nowitzki unter der Anleitung seines mit ungewöhnlichen Trainingsmethoden arbeitenden Mentors Holger Geschwindner auch heute noch jeden Tag stundenlang übt. Das Talent dazu muss man wohl mitbringen und darf es sich weder von solchen Trainern wie Avery Johnson noch von solchen Klubbesitzern wie dem selbstbewussten Mark Cuban abkaufen lassen.

Nowitzki hat in den Jahren seitdem nie öffentlich zum Innenleben des Klubs und sein Spannungsfeld zwischen den hohen Ansprüchen und Erwartungen und den Resultaten Stellung genommen. Im Prinzip hörte sich alles immer nach Parteilinie an: Alles wird gut. Wir haben Spieler, mit denen man den Titel gewinnen kann. Notfalls werden wir uns verstärken.

Und so verging die Zeit. Eine Zeit, in der es so peinliche Vorstellungen gab wie die beim Aus in der ersten Play-off-Runde 2007 gegen jenen Don Nelson, der inzwischen die Golden State Warriors trainierte. Der wusste, wie man einen MVP ausschaltet und einen Nachfolger wie Avery Johnson in Sachen Taktik blamiert. Nowitzki hätte allen Grund gehabt, damals zu revoltieren, anstatt weiterhin Basketball pflichtschuldig aus der Warte eines Funktionsträgers und Erfüllungsgehilfen zu betrachten.

Aber erst ein Jahr später, nachdem Johnson entlassen worden war, ließ er durchblicken, dass er den Stil dieses Trainers und dessen „starken Willen" nicht gemocht hatte. Der Nachfolger heißt Rick Carlisle und besitzt als Freizeit-Klavierspieler mehr Feingefühl für die

Kunst des Improvisierens. Carlisle schloss in diese Partitur auch den omnipräsenten Geschwindner ein.

Die Harmonie blieb erhalten. Weshalb Nowitzki im letzten Sommer nach ein paar folgenlosen Kontakten mit anderen Klubs lieber in Dallas verlängerte und einen Vier-Jahres-Vertrag über insgesamt 80 Millionen Dollar unterzeichnete. Am Ende des entscheidenden Gesprächs mit Club-Besitzer Mark Cuban stand Nowitzki auf, umarmte ihn und erklärte zu den gemeinsamen Meisterschaftsambitionen: „Lass es uns machen. Ich bin dabei."

Seitdem ist die Mannschaft zum ersten Mal in der Nowitzki-Ära auf der chronisch fehlbesetzten Position direkt unterm Korb verstärkt worden. Es kam mit Tyson Chandler ein Center von Format. Obendrein sicherten sich die Mavericks die Dienste des gefährlichen Distanzschützen Predrag Stojaković. Nowitzki sah, dass sein Arbeitgeber tatsächlich „alles tun wird, damit wir irgendwann mal die Meisterschaft holen". Diese Loyalität eines Mannes, der keine Lust darauf hatte, in einer anderen Stadt mit einem anderen Team seinem Traum hinterherzujagen, scheint sich demnach gelohnt zu haben. Noch vier Siege gegen den alten Widersacher Miami Heat in der Finalserie, die am 31. Mai beginnt, und das Irgendwann ist jetzt.

„Big Three vs. Big D" lautete die Überschrift, mit der die Zeitung USA Today die Finalserie ankündigte, die am Ende wirklich nur deshalb riesige Erinnerungen hinterließ, weil die Außenseiter gewannen. Leider entsprach das Interesse in Deutschland an der Auseinandersetzung nicht dem besonderen Zuschnitt des Ereignisses. Was sicher auch, aber nicht nur an der nachtschlafenden Zeit lag, in der die Spiele übertragen wurden. Abgesehen von Michael Ballack während seiner Ferien vom Fußball, der wenig später vom Bundestrainer aus der Nationalmannschaft hinauskomplimentiert wurde, hatten sich keine Prominenten aus Nowitzkis Heimatland im warmen Florida eingestellt.

Der Spruch, den Fans auf der Tribüne in Miami auf mitgebrachten Plakaten ausrollten – „Dirk, 82 Millionen Deutsche stehen hinter dir"

– war eine gewaltige Übertreibung. Denn von jenen Millionen waren in der Nacht des entscheidenden sechsten Spiels tatsächlich nur ein paar Verwegene aufgeblieben.

Und das waren hauptsächlich die Menschen in seinem Geburtsort 8.000 Kilometer Luftlinie entfernt, wo Tausende in den Kneipen vor den Fernsehschirmen saßen, bangten und schließlich mitjubelten. Einer von ihnen war sein Vater Jörg, der in diesem Augenblick den Erfolg so treffend wie kein anderer charakterisierte: Damit werde Dirk, so sagte er, „jetzt endlich auch in Amerika als echte Sportgröße anerkannt". Ein Sisyphos, der die Last eines gewichtigen Mythos von sich abfallen sah.

Juni 2011: Der Gute hat gewonnen

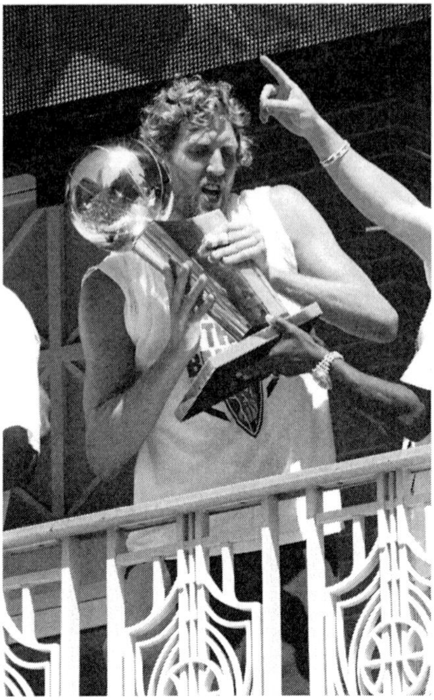

Sisyphos am Ziel seiner sportlichen Träume – Feierlichkeiten des NBA-Champions in Dallas, Juni 2011. (Dreamstime)

Als es endlich geschafft war und das Spiel vorbei, da marschierte Dirk Nowitzki erstmal auf dem schnellsten Weg in die Umkleidekabine und ließ seine Mannschaftskameraden in ihrem Triumph auf dem Spielfeld zurück und nahm eine ganz persönliche Auszeit.

„Ich habe erst mal ein Minute gebraucht. Für mich selber. Das war natürlich ein bisschen emotional. Ich habe ein bisschen geheult. Ich wollte kurz für mich allein sein, ein paar Minuten in der Dusche bei uns hinten, in der Umkleide. Dann habe ich mich einfach wieder gefangen."

Aber er war rechtzeitig wieder da, als NBA-Commissioner David Stern den Goldpokal überreichte: die Larry O'Brien Trophy, die der Meister der National Basketball Association erhält. Stern gratulierte mit den Worten: *„Tonight we crown a new champion. For the first time in franchise history the Dallas Mavericks have won the NBA championship. Congratulations."*

Die Mavericks hatten das sechste Spiel der Serie mit 105:95 ziemlich deutlich gewonnen. Und obwohl Nowitzki an diesem Abend mehr auf seine Mannschaft angewiesen war, als sie auf ihn – denn er produzierte erstaunlich viele Fehlwürfe – war er die wichtigste Person. Der MVP, der *Most Valuable Player,* der Mann mit den größten Meriten, der seit der ersten Begegnung der Finalserie gegen Miami mit einem Sehnenriss am linken Mittelfinger spielte und der in Spiel vier mit hohem Fieber antrat.

Um diesen sportlichen Erfolg zu erleben und um ihn auskosten zu können, hat Nowitzki vermutlich härter gearbeitet als jeder andere NBA-Profi der letzten Jahre. Ihm dabei geholfen hat Holger Geschwindner, der ihn einst als rohes Talent entdeckte und über die gesamte Zeit zur Seite stand. Der saß in Miami auf der Tribüne und hatte feuchte Augen, als das Spiel zu Ende war. Den kühl rechnenden Mathematiker und Technik-Coach hatten die Emotionen des Augenblicks gepackt. Trotz aller Rückschläge hatte sein Schützling nie die Hoffnung aufgegeben, selbst mit einer Mannschaft mit schon ziemlich alten Spielern den Gipfel zu erreichen. Dort anzukommen, wo seine Idole vor ihm gestanden hatten.

Der Erfolg der Arbeit spricht für sich: Nowitzki wurde in einer Liga, in der 80 Prozent aller Spieler eine dunkle Hautfarbe haben und in der einst der Spott kreiert wurde *„White men can't jump"* – „Weiße können nicht springen" – zum Beweismittel Nummer eins, dass dies nicht stimmt. Man muss die großgewachsenen weißen Kids einfach nur richtig trainieren und darf sie nicht mit 16 ganz klassisch auf die Position des Centers unterm Korb abdrängen, wo ihre Talente verkümmern.

Nowitzki, der am Anfang – mit 20 – erhebliche Schwierigkeiten hatte, sich auf das Leistungsniveau der Liga hochzuhieven, werden heute Elogen und Fangesänge aus ganz Amerika und dem Rest der Welt gewidmet. Unter anderem auch deshalb, weil er in diesem Frühjahr gleich eine ganze Reihe von Riesen des Basketballgeschäfts bezwungen hat: den fünffachen Meister Kobe Bryant und die Los Angeles Lakers zum Beispiel, und den aufstrebenden Kevin Durant von den Oklahoma City Thunder. Und nicht zu vergessen in den letzten beiden Wochen dann auch noch LeBron James, vermutlich die beste All-Round-Begabung in der NBA, und seinen Mannschaftskollegen Dwyane Wade, die in Miami den Kern einer All-Star-Mannschaft bilden, die als arrogant gilt. Aus der aber der junge Trainer Erik Spoelstra nie alles herausholen konnte.

LeBron James musste in den letzten Tagen oft Journalisten Rede und Antwort stehen und konnte nicht erklären, warum er in den wichtigen Momenten stets so ratlos aussah. Und das ausgerechnet bei einem Auftritt, der in Amerika hohe Einschaltquoten erzielte, weil er mit seiner Geschichte des Kampfs des guten Nowitzki gegen die unsympathischen Stars aus Miami quer durch alle Bevölkerungsschichten faszinierte.

Der Kampf ging wie im Märchen aus. Der Gute hat gewonnen.

Typisch im amerikanischen Sport: Nowitzki erhielt zusammen mit den anderen Mavericks vom Club einen dicken Weißgoldring mit dem eigenen Namen und 31 Diamanten geschenkt – einer für jedes Jahr, das seit der Aufnahme der Dallas Mavericks in die NBA vergangen war. Diese Schmuckstücke kosteten schätzungsweise zwischen 150.000 und 200.000 Dollar das Stück.

Keiner der Mavericks hatte in den sechs Begegnungen der Finalserie länger auf dem Platz gestanden als Dirk Nowitzki (242 von insgesamt 288 Minuten also 84,02 Prozent der gesamten Spielzeit). Und nur einer hatte mehr Punkte erzielt als er mit seinen 156 und einem Schnitt von 26,0: Dwyane Wade von den Miami Heat mit 159. Aber er hatte phasenweise unter seiner Handverletzung und dem Fieber-Anfall gelitten, weshalb seine Trefferquote von 41,6 Prozent aus normalen Spielsituationen heraus nicht besonders herausstach. Schon eher die Präzision, mit der er seine Freiwürfe versenkte. Von den insgesamt 46 landete nur einer nicht im Netz.

Im Vergleich zu LeBron James allerdings spielte er gleichsam auf einem anderen Level. Was unter anderem die Zahl seiner Rebounds unterstrich. Auch hier war er der beste von allen auf dem Platz, besser sogar als sein Mannschaftskollege Tyson Chandler, zu dessen Spezialaufgaben als Center es gehörte, möglichst viele Abpraller einzusammeln.

Februar 2012: Zahlenspiele

Der beste Mann der Dallas Mavericks hinterlässt seit etwas mehr als dreizehn Jahren fast jeden Abend auf eine beeindruckende Art seine Spuren in der National Basketball Association. Auch beim 105:95-Sieg gegen die Denver Nuggets war Dirk Nowitzki in der Nacht zum Donnerstag mit 25 Punkten wieder erfolgreichster Werfer seines Teams. Das summiert sich im Laufe der Zeit.

In der Liste der erfolgreichsten Korbschützen, die von den Jahrhundertbasketballern Kareem Abdul-Jabbar, Karl Malone und Michael Jordan angeführt wird, arbeitete sich Dirk Nowitzki auf den 22. Platz mit vorläufig 23.179 Punkten vor. Dieser Wert sagt einiges über seine Fähigkeiten aus. Manchen gilt der sogar als einziger, unbestreitbarer Beleg für die Qualität eines Basketballprofis in den Vereinigten Staaten.

Zu einer solchen Einschätzung neigen besonders jene Sportfans, die sich stundenlang und mit sehr viel Begeisterung mit Statistiken beschäftigen, Phantasie-Teams zusammenstellen oder Videospiele an ihrer Konsole austragen. Sie repräsentieren eine neue Gruppe von Anhängern, die das Gefühl kultivieren, man könne in dem Zahlen-Wust eine Wahrheit entdecken. Eine, die man mit bloßem Auge nicht zu erkennen vermag.

„Die Leute verlassen sich sehr stark darauf, was sie sehen, wenn sie einen Spieler auf dem Platz verfolgen", sagt Professor David Berri, einer der Vorreiter der Bewegung, der weiß, dass Augenschein typischerweise zu einem schwer zu korrigierenden Resultat führt: Bei den Mavericks etwa konzentriert sich der Blick auf Dirk Nowitzki, bei den Los Angeles Lakers auf Kobe Bryant.

Warum? „Die haben oft den Ball in der Hand, und sie machen viele Punkte." Dieses Geschick aber kann täuschen. Topscorer helfen nicht immer einer Mannschaft, ein Spiel zu gewinnen. Berri, ein Volkswirtschaftler mit dem Spezialgebiet Sportstatistik und Sportökonomie, der vor ein paar Jahren eine Formel entwickelt hat, um den aus seiner Sicht wahren Wert eines Basketballprofis zu ermitteln, kam im vergangenen Jahr zu einer verblüffenden Einschätzung.

Danach war Nowitzki, der wertvollste Spieler der Finalserie, der seine Mannschaft mit einem verletzten Finger und in einem Spiel gar mit Fieber zum Titel führte, in der regulären Saison 2011 nicht mal der effektivste Mann bei den Mavericks. Dieses mathematisch ermittelte Prädikat verdiente sich Center Tyson Chandler.

Wie bei allen anderen wurde auch bei ihm neben der Trefferquote präzise registriert, wie lange und wann er auf dem Parkett stand. Profis, die ihre Punkte erzielen, wenn das Spiel längst entschieden ist, haben nicht die gleiche Bedeutung wie Kollegen, die in den Schlussminuten einer spannenden Partie die entscheidenden Körbe werfen. Chandler war effektiver als jeder andere. Er wechselte nach dem Meisterschaftserfolg für viel Geld zu den New York Knicks.

Bei Nowitzki sehen die Zahlenwerte der laufenden Saison übrigens schlechter aus als 2011. Seine Korbausbeute ist gesunken – von 23,0 auf 17,2 Punkte pro Spiel. Auch seine Trefferquote hat nachgelassen und liegt mit 45,5 Prozent sogar unter dem Durchschnittswert für seine gesamte NBA-Karriere. So etwas lässt sich auch mit bloßem Auge erkennen. Trainer Rick Carlisle reagierte neulich und verordnete Nowitzki ein paar Tage Pause zur Regeneration.

Eine Erklärung für die Schwankungen des 33-Jährigen aber steht aus: War die letzte Saison mit der langen Play-off-Runde und der folgenden Europameisterschaft in Litauen zu anstrengend und kräftezehrend? Fehlt ihm nach dem großen Erfolg die Motivation? Behindern ihn Verletzungen? Die Frage könnte man auch anders stellen: Hatte der Zahlenmeister Berri so etwas bereits kommen sehen, als er Nowitzki für das vergangene Jahr mit seiner Formel auf seinem Blog *Wages of Win* nachlassende Effizienz nachsagte?

„Berri ist ein Rebound-Typ", sagt Roland Beech, der im Stab der Dallas Mavericks für die Zusammenstellung und Auswertung statistischer Informationen zuständig ist und einst als einer der Gurus der Sportstatistiker von Mark Cuban angeheuert worden war. Der Klubeigentümer hat ein Faible für diese Disziplin, die es ihm unter anderem gestattet, vor der Verpflichtung neuer Spieler und vor dem Abschließen teurer Verträge deren Potenzial auszuloten.

Berri, Wissenschaftler von der Southern Utah University, einst jahrelang Präsident des nordamerikanischen Verbandes der Sportökonomen und Co-Autor des Buches „The Wages of Win", sehe „überhaupt keinen Wert in solchen Dingen wie der Fähigkeit eines Spielers, sich selbst Chancen zu erarbeiten". Beech lässt sich deshalb nicht auf Berri ein: „Ich nehme seine Bewertungen nicht ernst."

Die Meinungsverschiedenheiten der Experten zeigen vor allem eines: dass die Materie schwer zu verstehen ist. Über den Ausgangspunkt sind sie sich allerdings einig. Basketball bietet sich für eine Auswertung des Zahlenmaterials geradezu an. Das Regelwerk der vor etwas mehr als hundert Jahren in Neu-England erfundenen Sportart sorgt dafür, dass beide Mannschaften ungefähr genauso oft in Ballbesitz kommen.

So entscheidet am Ende vor allem eines über Sieg und Niederlage: der Grad der Chancenauswertung und nicht etwa die spektakulären Kunststückchen und Dunks, die in den Spielberichten der Fernsehsender landen. Wer gewinnen will, sollte dem Spieler den Ball geben, der häufiger trifft als sein Nebenmann, und ihn freiblocken.

„Basketballer sollten danach bewertet werden", sagt Berri, „wie gut sie in der Lage sind, Körbe zu erzielen." Und wie effektiv sie der Mannschaft etwa als Rebounder oder Passgeber auf dem Weg zum Korb helfen. Nach diesen Kriterien war Chris Paul in der vergangenen Saison der beste Profi der NBA. Der Aufbauspieler wechselte vor Beginn der Saison von den New Orleans Hornets zu den Los Angeles Clippers und leitete dort einen Aufschwung ein. Ob dem 33 Jahre alten Nowitzki das noch einmal gelingt?

Neulich erzielte er wieder 30 Punkte. „Er ist alt", sagte Professor Berri: „Alter killt die Leistung von NBA-Spielern. Das setzt ein, wenn sie 30 werden."

Nowitzki wehrt sich. Als Kandidat für das All-Star-Spiel sieht er sich nach elf Berufungen in Serie diesmal zwar nicht. „Wer im Schnitt

16, 17 Punkte macht“, erklärte er gegenüber ESPN, „sollte kein All-Star sein.“ Nach dem Show-Spiel der NBA Ende Februar will er aber wieder zuschlagen: „Ich muss wieder in den Rhythmus kommen. Dann wollen wir Druck machen.“

Roland Beech wurde nach dem Gewinn der Meisterschaft in Dallas zum Vice President of Basketball Operations befördert, wechselte 2015 als anerkannter Statistik-Guru zu den Sacramento Kings, die er jedoch 2017 wieder verließ. Seine Heimat ist die Webseite 82games.com, eine der detailbesessenen Zahlenmühlen im amerikanischen Sport. Der Name spielt darauf an, dass alle NBA-Mannschaften in der regulären Saison insgesamt 82 Spiele austragen.

David Berri hat sich inzwischen auf ein anderes zentrales Thema im Sport verlegt. Er beschäftigt sich intensiv mit wirtschaftlichen Fragen im Frauensport und dem Mangel an Fairness weiblichen Athleten gegenüber. Auch in diesem Bereich sind statistische Informationen das Fundament für seinen kritischen Blick auf die Verhältnisse. Aber er wies unlängst einmal mehr in einem Gespräch zwischen uns darauf hin, dass sich für die Frauen nichts ändert, wenn sie nicht um eine bessere Behandlung kämpfen. „Auch die Männer mussten sich im Baseball in den sechziger und siebziger Jahren zusammenschließen und mit Streiks drohen. Anders erreicht man keine Veränderungen. Du musst in der Lage sein, notfalls die Arbeit zu verweigern, um bessere Bedingungen auszuhandeln. Und wir sehen, dass das auch passiert. Zum Beispiel in Australien und in den Vereinigten Staaten im Fußball.“

Dezember 2012: Eine Begegnung mit dem Erfinder des Spiels

Die Skulptur ist ein richtiger Klotz. Fast einen Meter hoch und mehr als 30 Kilo schwer zeigt sie einen Mann mit einem Ball in der Hand und einem Pfirsichkorb an der Wand. Von diesem Mann hat man schon mal gehört, wenn man sich mit der Geschichte der Sportart Basketball beschäftigt hat. Oder wenn man in der nach ihm benannten Hall of Fame in Springfield war. Falls nicht: Er heißt Jim Naismith und hat im Winter vor fast 130 Jahren das Spiel und die ersten dreizehn Regeln erfunden.

An diesen historischen Sachverhalt wurde Dirk Nowitzki am Montag mal wieder erinnert. Denn da erhielt er in der Kings Arena in Sacramento dieses Mini-Monument feierlich überreicht.

Die Ehre ist etwas ganz Besonderes. Denn der Kapitän der Dallas Mavericks ist der erste Nicht-Amerikaner, dem dieser gewichtige Naismith Legacy Award verliehen wurde, mit dem der besondere Beitrag von Spielern und Trainern zum weltweiten Erfolg der Sportart gewürdigt wird. Vor ihm hatten ihn solche Legenden wie die College-Trainer Dean Smith und Mike Krzyzewski und ein gewisser Michael Jordan erhalten.

Nowitzki wurde in diesem Augenblick auf dieselbe Stufe gestellt. Weshalb? „Dirk hat einen riesigen Einfluss auf den Basketball weltweit gehabt“, unterstrich die Naismith Legacy Foundation in ihrer Begründung.

An der kleinen Zeremonie in der Halbzeitpause nahm der 34-Jährige im grauen Anzug teil. Denn seit Anfang der Saison reist der Kapitän und beste Spieler der Dallas Mavericks immer nur mit. Selbst zwei Monate nach einem arthroskopischen Eingriff an seinem rechten Knie kann er – abgesehen von Korbwürfen und Dribblings – noch immer nicht richtig trainieren.

„Das Knie ist besser“, sagte er vor einer Woche. Aber nun fehlt die Kraft in der Muskulatur, um die Belastung anstrengender NBA-Begegnungen auszuhalten. Eine Prognose für die Rückkehr ins Aufgebot hat er bislang noch nicht gewagt. Weshalb sich die Spekulationen verdichten, dass Nowitzki den Mavericks erst Anfang des nächsten Jahres wieder zur Verfügung steht.

In der Zwischenzeit sah sich Trainer Rick Carlisle gezwungen, mit jener Mannschaft zu arbeiten, die ihm das Clubmanagement im Laufe des Sommers zusammengebastelt hatte und das auf den ersten Blick wie eine Kollektion von der Resterampe wirkte. In diesem Team hat sich ein Neuzugang als besonders hilfreich erwiesen: Er heißt Ovinton J'Anthony Mayo – genannt O. J. – und lief seit seinem Einstieg in die NBA jenen ziemlich hoch gesteckten Erwartungen hinterher, die man ihm bereits als Collegebasketballer entgegengebracht hatte.

Der 25-jährige Shooting Guard war zunächst bei den Memphis Grizzlies gelandet, wo seine spielerische Entwicklung vergleichsweise wenig Beachtung fand. Der Grund: Die Grizzlies gehören traditionell zu den von den amerikanischen Medien am stärksten ignorierten Mannschaften mit – im Vergleich zu den anderen 29 Klubs – einem der geringsten wirtschaftlichen Bilanzwerte der Liga.

Bei den Mavericks, die Mayo im Juli für ein für NBA-Verhältnisse fast bescheidenes Jahresgehalt von vier Millionen Dollar unter Vertrag nehmen konnten, hat sich das alles geändert. Hier profilierte er sich als beständiger Punkteproduzent, dessen Korbausbeute (20,8 pro Spiel) und dessen Trefferquote (48,7 Prozent) Karrierehöchstwerte sind. Der 1,93 Meter große Mayo ist der Hauptgrund dafür, dass sich Dallas nach dem ersten Viertel der Saison mit einer Zwischenbilanz von elf Siegen und zehn Niederlagen auf dem siebten Platz der Conference-Tabelle befindet und Chancen auf die Play-off-Teilnahme hat.

Mayo hatte sich im Sommer sehr bewusst für die Mavericks entschieden, obwohl ihm klar war, dass die Mannschaft abgesehen von Dirk Nowitzki aus lauter Fragezeichen bestand. Sein Interesse galt dem Trainer, der ihm als besonders begabter Talentförderer von einem seiner Vorbilder empfohlen worden war: von Chauncey Billups, der unter Rick Carlisle in Detroit die Entwicklung zu einem vielfachen All-Star-Spieler geschafft hatte und die Leistungen brachte, die man schon vorher von ihm erwartet hatte.

Carlisle, der vor zwei Jahren aus den Mavericks das Potenzial herausgekitzelt hatte, im Kampf um die Meisterschaft einen auf dem Papier besseren Gegner wie die Miami Heat zu bezwingen, sei „ein großartiger Coach, um mein Spiel auszubauen", lautete die Empfehlung von Billups. Die erste Intervention des Mavericks-Trainers: Er zeigte Mayo, welche technischen Feinheiten an seinem Sprungwurf verbesserungswürdig sind. Am Anfang war der Profi leicht irritiert. Denn tatsächlich war er mit diesem Wurf sehr zufrieden. Aber inzwischen gibt er zu, dass er „effizienter und konstanter" trifft. Die Arbeit hat sich gelohnt.

Das Können von Carlisle und die Leistungsprognosen von Teammanager Donn Nelson haben den Mavericks das flaue Gefühl erspart, eine trostlose Saison abspulen zu müssen, an deren Ende man versucht, sich bei der Draft aus dem Wust der Collegespieler ein kommendes Toptalent herauszusuchen. Denn neben Mayo hat sich auch Neuzugang Chris Kaman, der sich einst einen deutschen Pass besorgt hatte, um bei größeren Turnieren für die deutsche Nationalmannschaft aufzulaufen, als wichtiges Leistungsplus herauskristallisiert. Der Center punktet meistens mit Sprungwürfen aus der Halbdistanz und passt nahtlos in das Passpiel der Mavericks-Offensive, für die das Team vor wenigen Tagen noch den inzwischen 38 Jahre alten Derek Fisher rekrutiert hatte. Der hatte es einst mit den Los Angeles Lakers auf stattliche fünf Meisterschaftserfolge gebracht und ist fit genug, um in Dallas den Angriff in Schwung zu halten und Mayo mit Pässen zu füttern. „Ich will einfach nur der Mannschaft helfen", sagte er neulich. „Wir haben einige junge Spieler. Aber wir haben viel Potenzial."

Der Name James Naismith gehört zum elementaren Geschichtswissen eines jeden Basketballers, der sich mit den Ursprüngen und der Konzeptidee des Spiels beschäftigt hat, weshalb ich seine Rolle im Buch „American Sports" (München 1994) ausführlich beschrieben habe:

„Es war eigentlich jeden Winter dasselbe. Die Schüler in der Turnhalle des Colleges des Vereins Christlicher junger Männer von Springfield waren die viele Gymnastik leid, die ihnen der Unterricht in Lei-

besübungen aufzwang, wenn die Football-Saison vorbei war. Aber im Herbst 1891 schien die Stimmung noch schlechter als sonst. Zwei Trainer hatten entnervt den Dienst quittiert. Die Schüler bräuchten, verkündete der Sportlehrer Dr. James Naismith in einer Fachlehrer-Konferenz, ein Spiel für die Hallensaison, ein Spiel, das leicht zu lernen war und bei künstlichem Licht ausgetragen werden konnte.

Die Idee klingt gut, sagte Dr. Luther Gulick, Chef der Sportlehrer, und bat Naismith, innerhalb von 14 Tagen mit etwas aufzuwarten, was die Kriterien erfüllte, und gab seinem Kollegen folgende Richtlinien mit auf den Weg: Das Spiel sollte möglichst vielen Schülern die Chance geben, gleichzeitig zu spielen, in der Spielfeldgröße anpassungsfähig sein, den ganzen Mann körperlich fordern, attraktiv genug sein, um Schüler zum Mitspielen zu animieren, keinerlei Härte gestatten, wie sie im Football üblich war. Was Naismith entwarf, war ein Spiel mit einem Fußball, der in aufgeständerte Holzkisten zu werfen war. Aber Pops Stebbins, der Hausmeister der YMCA-Schule fand keine Kisten und brachte dem Pädagogen stattdessen Pfirsichkörbe. Das Geländer des Zuschauerraums war 10 Feet (3,05 Meter) hoch, weshalb die Körbe in dieser Höhe montiert wurden. Und da die Klasse aus 18 Jungen bestand, wurde sie in zwei Mannschaften von je neun halbiert.

„Die ersten Kommentare waren nicht gerade ermutigend", erinnerte sich Dr. James Naismith, der aus Kanada nach Massachusetts gekommen war. „Ich bat die Jungen, es wenigstens zu probieren, um mir einen Gefallen zu tun. Sie fingen an. Und nachdem der Ball im Spiel war, bedurfte es keiner weiteren Nötigung." Naismith hatte Basketball erfunden.

Die allerersten Regeln, die im Januar 1892 in der Schulzeitung veröffentlicht wurden, beschrieben das Spiel nur sehr notdürftig und mussten im Laufe der Zeit verfeinert werden. Aber schon im März ging Naismith auf eine Tournee in den amerikanischen Nordosten und spielte mit dem Springfield YMCA gegen mehrere Mannschaften. Sein Spiel hatte sich bereits herumgesprochen."

Oktober 2013: „Glaubst du wirklich, dass ich erledigt bin?"

Keiner hat in den letzten Wochen darüber geredet, wie es demnächst weitergeht. Als hätten die Beteiligten keine vernünftige Vorstellung davon, auf welche Weise man eigentlich die Laufbahn eines der besten Basketballer aller Zeiten beendet. Wann und wie sie begann, ist bekannt: An einem Abend im Februar 1999 in Seattle mit einem der schlechtesten NBA-Spiele, das Dirk Nowitzki jemals abgeliefert hat, als ihn all die Ansprüche und Erwartungen einholten, die man in Dallas in den jungen Basketballer aus Deutschland investiert hatte.

Mit den Denkschemata von anderen lebt er, der wertvollste NBA-Spieler des Jahres 2007 und Meister von 2011, noch immer. Doch inzwischen kokettiert er damit. So wie in einem Video, das die Mavericks vor ein paar Wochen herausbrachten, um den Fans des Klubs so etwas wie ein Leitmotiv für die kommende Saison zu bieten. „Glaubst du wirklich, dass ich erledigt bin?", fragt er darin mit einem ungewohnt grimmigen Gesicht direkt in die Kamera.

Ist er das?

Die Frage ist bewusst überspitzt formuliert. Selbst wenn man berücksichtigt, dass er im vergangenen Winter auf den zweitschlechtesten Punkteschnitt seiner NBA-Karriere kam (17,3) und die Mannschaft die Play-offs verpasste. Aber sie zielt in die richtige Richtung. Für Nowitzki beginnt am Mittwoch im American Airlines Center mit einem Heimspiel gegen die Atlanta Hawks das letzte Jahr des laufenden Vertrages. Der bringt ihm 22 Millionen Dollar brutto ein und macht ihn zu einem der teuersten Spieler der Liga. Mit inzwischen 35 Jahren und damit in einem Alter, in dem die Leistungskurve selbst der Besten unwiederbringlich nach unten zeigt.

„Körperlich fühle ich mich gut", sagte Nowitzki vor ein paar Tagen. Aber er deutete an, dass er es bei der Arbeit am letzten Schliff mit Holger Geschwindner etwas gemächlicher angehen lassen werde als in all den Jahren davor. „Vielleicht gibt er mir den einen oder anderen Abend frei. Ich bin vermutlich zu alt, um jede Nacht in die Trainingshalle zu gehen."

Und sicher auch zu sehr am Alltag seiner Familie interessiert, die mit der Geburt der Tochter Malaika im Juli einen neuen Mittelpunkt bekam.

Das alles fördert Mutmaßungen, wonach der Kapitän der Mavericks der Mannschaft kaum noch aus dem Leistungstal heraushelfen könne. Doch Klubbesitzer Mark Cuban will davon nichts wissen.

In der letzten Woche warb er im Lokalradio noch einmal für seinen Superstar und Weggefährten, der mehr eingelöst hatte, als das, was man sich von ihm versprochen hatte: „Du musst ihn einfach spielen sehen. Das hat nichts mit Athletik zu tun. Er springt nicht über Leute hinweg. Er flitzt nicht an Leuten vorbei. Bei ihm ist alles Technik. Und das war schon immer so."

Abgesehen davon, verfüge Nowitzki über eine enorme Selbstdisziplin. „Ihm geht es nur um den Sport. Es gibt nicht so viele Profis, die das so extrem betreiben wie er."

Nur eines ist anders. Früher gab der Würzburger nach außen so gut wie nie zu erkennen, wie präzise und vor allem auch wie skeptisch er die Fähigkeiten des Teams einschätzte. Am „Media Day" Ende September, als Journalisten zum ersten Mal die gesamte Mannschaft mit ihren Verstärkungen, den beiden Guards Jose Calderon und Monta Ellis, abfragen konnten, war anders als früher von einem Kampf um Meisterehren nicht mehr die Rede. Nowitzki hängte die Latte tiefer. Er erwartet nicht mehr als „ein anständiges Jahr" und räumte ein, dass „mit mir, Monta und Calderon drei durchschnittliche, wenn nicht sogar unterdurchschnittliche Verteidiger" auf dem Platz stehen.

Wie schlecht man am eigenen Korb aussehen kann, zeigte er in einem Vorbereitungsspiel gegen die Houston Rockets, als er seinem zum Dunk abhebenden Gegner Omri Casspi den Ball aus der Hand zu schlagen versuchte, aber dessen Kopf erwischte und dafür sorgte, dass der Israeli zu Boden ging. Die Schiedsrichter schickten Nowitzki für das unsportliche Foul in die Kabine und sorgten für Spekulationen. Würde die Liga, die nach solchen Verfehlungen Geldstrafen oder manchmal auch Spielsperren verhängt, dem Aushängeschild der NBA womöglich die Saisonpremiere vermasseln?

Eine solche Maßnahme war wohl ernsthaft nicht zu erwarten. Nicht angesichts der Spielansetzung vom Dienstag gegen die Atlanta Hawks und den jungen Braunschweiger Dennis Schröder, die wie ein fernes Echo auf den ersten Auftritt anno 1999 wirkt. Damals hatte die NBA bereits dokumentiert, wie wichtig ihr der PR-Effekt einer Begegnung zwischen zwei Deutschen ist. Auch wenn der Leverkusener Detlef Schrempf den deutschtümelnden Rummel eher überflüssig fand und sichtlich froh war, „dass jemand herübergekommen ist und die Fackel" des deutschen Basketballs übernimmt. „Ich glaube, ich habe sie lange genug getragen."

Eine derartige Last hat Nowitzki nie empfunden, der sogar immer noch ein bisschen davon träumt, es mit der Nationalmannschaft bis zu den Olympischen Spielen 2016 nach Rio de Janeiro zu schaffen („es wäre ganz klar eine tolle Sache"). Es wäre vermutlich eine Reise mit

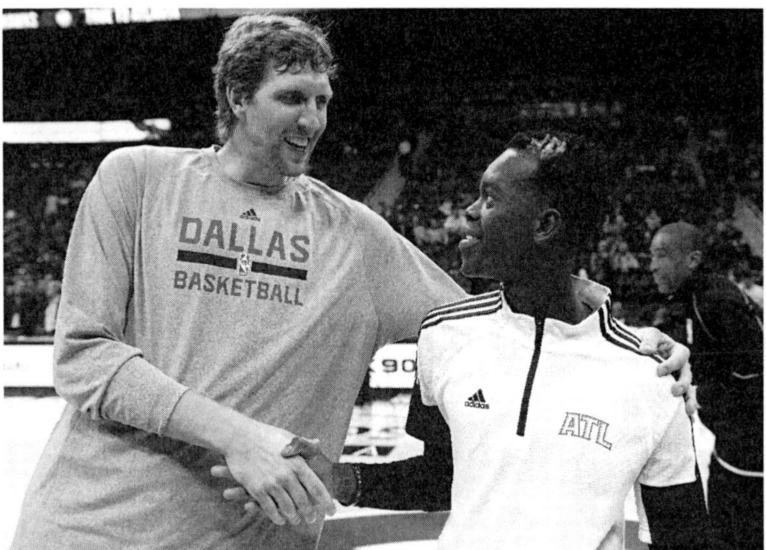

Die körperlichen Unterschiede sind unverkennbar: Nowitzki und Schröder vor einem Match zwischen den Dallas Mavericks und den Atlanta Hawks im Februar 2015. (imago/UPI Photo)

Schröder, den er in der vergangenen Woche bei einem Vorbereitungsspiel gegen Atlanta zum ersten Mal in voller Entfaltung erleben konnte – einen ganz anderen Typ als er selbst im selben Alter.

Die gerne benutzte englische Vokabel *swagger*, die irgendwo auf der Skala zwischen Angeberei und Arroganz liegt, sei „ein dummes Wort“, sagte er. „Aber das ist da. Er besitzt Selbstvertrauen. Er ist schnell, er hat lange Arme.“ Und dies seien allesamt Zutaten, um „in dieser Liga eine gute Karriere“ hinzulegen.

Auch Schröder kokettiert anscheinend gerne mit dem Alter. Für eine Halloween-Party klebte er sich am Wochenende einen langen weißen Bart ins Gesicht und weiße Haare aufs Haupt. Dann posierte er für Fotos, die er an die mehr als fünftausend Fans schickte, die ihm bereits auf dem Internetportal Instagram folgen. Und er präsentiert sich als extrem fleißiger Rookie. Wie in dem kurzen Video von einer Trainingssession aus der Halle der Hawks („Fünf Uhr dreißig. Ist verdammt früh.“). Schröder hat Nowitzkis langjähriges Motto adaptiert und propagiert es gebetsmühlenhaft in den sozialen Netzwerken, so oft es geht. „Hard Work Pays Off“: Harte Arbeit zahlt sich aus.

Dirk Nowitzki ist in all den Jahren nur selten mal so richtig der Kragen geplatzt. Weshalb er auch so gut wie nie von den Schiedsrichtern vom Platz gestellt wurde. Von ein paar, im Grunde harmlosen Ausnahmen abgesehen. Widerworte gegen die Referees in einem Match gegen die Los Angeles Clippers führten im Mai 2010 gerade mal zu seinem dritten Platzverweis. Sie waren auch der Auslöser für eine Szene im Januar 2011 in Memphis, als er sich gegen die Grizzlies lautstark darüber beschwerte, dass man ein Foul gegen ihn gepfiffen hatte, aber seine Gegner auf der anderen Seite ihm gegenüber trotz hartem Spiel gewähren ließ. Er kassierte gleich zwei Technische Fouls und damit den automatischen Ausschluss. Das Spiel ging verloren.

Mitspieler, die ihn im Laufe der Zeit kennen- und schätzen lernten, fanden allerdings eine Erklärung dafür, dass die Nummer 41 ein ziemlich ausgeglichener Basketballspieler ist. „Er hat Null Ego. Und das finde ich etwas ganz Besonderes", sagte David Lee, der auf seiner Rundreise durch mehrere Teams in der NBA 2016 bei den Mavericks Station machte.

Oktober 2014: Auf dem Weg zur Legende

Irgendwann gegen Ende der vergangenen Saison ist Dirk Nowitzki auf einem ganz besonderen Platz im Firmament der allerbesten Basketballer der Welt gelandet. Da schob er sich auf einer der prestigeträchtigsten Listen der NBA um einen weiteren Rang nach oben und genoss den Augenblick – auf seine Art. „Top Ten – das ist einfach surreal", sagte er, nachdem er den zehnten Platz in der ewigen Tabelle der Korbschützen erreicht hatte. In Zahlen lautet der Zwischenstand: 26.786 Punkte. Dabei wird es nicht bleiben. Denn obwohl er schon 36 Jahre alt ist, hat er noch viel vor.

An diesem Dienstag startet die neue Saison. Nowitzki und seine Dallas Mavericks treten bei Meister San Antonio Spurs an. Dann wird der Deutsche damit beginnen, die Marke Spiel um Spiel weiter nach oben zu treiben. Und auch wenn er nicht alle neun Basketballer einholen wird, die noch vor ihm stehen – nicht Kareem Abdul Jabbar und nicht Michael Jordan und vermutlich auch nicht Kobe Bryant –, dürfte er sicher noch ein paar übertrumpfen.

Auf welchem Rang er tatsächlich angekommen sein wird, wenn er eines Tages Schluss macht mit dem Sport, ist allerdings eher eine Frage für die statistikverliebten Anhänger. Für Leute, die alles und jeden Aspekt der Magie einer so schnellen Sportart herunterbrechen wollen auf ein paar aussagekräftige Daten. Es ist nichts, was Nowitzki beschäftigt, den Vater einer noch sehr jungen Tochter. Er will allenfalls erst in ferner Zukunft über das Erreichte nachdenken. Wenn seine Enkel neugierig werden und er ihnen Geschichten aus seinem Leben erzählt.

Ohnehin verstellt die Fixierung auf Listen und Zahlen den Blick auf das eigentliche Phänomen. Denn Nowitzki dürfte in seinem Alter sowieso über seinen sportlichen Zenit hinaus sein. Aber seine Popularität steigt beständig. Vor allem in den Vereinigten Staaten, wo er als Europäer lange eher belächelt und gehänselt wurde. Eine Vorschau auf die kommende Spielzeit auf der Website des Fernsehsenders CBS gab das in einem einzigen Satz sehr gut wieder: „Dirk ist der einzige Star mit Kultstatus, der noch immer auf einem kultigen Niveau spielt." Mit anderen Worten: Der Mann ist auf dem Weg zur Legende.

Einen Eindruck davon konnte man im vergangenen Monat in Köln erleben, bei der Premiere des Dokumentarfilms *Nowitzki – der perfekte Wurf.* Da waren aus den Vereinigten Staaten nicht nur Mavericks-Trainer Rick Carlisle angereist, sondern eine ganze Reihe ehemaliger und gegenwärtiger Mitspieler. Das Aufgebot zeigte, welchen Stellenwert Nowitzki hat. Und welche Sympathien er genießt.

Was Nowitzki übrigens nicht für selbstverständlich hält. Dass so viele auf eigene Kosten nach Deutschland gekommen waren, um ihm die Ehre zu erweisen, empfand er als etwas ganz Besonderes. „Das hat mir viel bedeutet", sagte er.

Das passt zu seiner zurückhaltenden und selbstkritischen Art und zu jenem Blick auf den Sport, den Nowitzki seit seinem Aufbruch im Juni 1998 nach Dallas zu den Mavericks an den Tag legt. Schon damals beschäftigten ihn, den Jungen mit dem eigenwillige Mittelscheitel und dem Ring im linken Ohr, allzu pessimistische Gedanken über die Grenzen seiner spielerischen Mittel. Anstatt davon zu träumen, was aus jemandem mit seinem Potenzial werden könne, war ihm eher danach, das Projekt NBA aufzugeben. Don Nelson, damaliger Manager und Cheftrainer, der auf das junge Talent aus Deutschland gesetzt hatte, musste ihn häufiger wieder aufrichten. „Er ist zu mir gekommen und hat gesagt: ‚Ich glaube, ich will wieder nach Hause'" erzählt Nelson im Film.

Es kam dann doch ganz anders. Und sein Zuhause wurde dieses fremde Dallas. Wurde ein Klub, in dem seit seiner Ankunft, außer ihm, so gut wie alle Leute mindestens einmal ausgewechselt wurden – egal ob Eigentümer, Teammanager, Trainer oder Spieler. Nowitzki kam gar nicht auf die Idee, sich zu verabschieden. Nicht mal vor ein paar Monaten, als es um ganz viel Geld ging.

„Ich bin schon so lange in Dallas. Es würde sich nicht gut anfühlen, woanders hinzugehen, ein anderes Trikot zu tragen und woanders zu leben", sagte er, ehe er einen neuen Dreijahresvertrag unterschrieb, vermutlich den letzten seiner langen Laufbahn. An der Vereinbarung ist vor allem eines bemerkenswert: die Entlohnung. Die wirkt fast so, als habe man ihn bereits aufs Altenteil abgeschoben. Denn Nowitzki erhält für die gesamten drei Jahre „nur" 25 Millionen Dollar – eine für NBA-Verhältnisse geradezu bescheidene Summe. Allein in der vergangenen Saison hatte er 22,7 Millionen Dollar verdient.

Tatsächlich hätte er eine derartige Herabstufung nicht akzeptieren müssen. Er besaß lukrative Offerten von Klubs wie den Houston Rockets und den Los Angeles Lakers, die ihm – bei einer Laufzeit von vier Jahren – 97 Millionen Dollar zahlen wollten. Doch er gab Teambesitzer Mark Cuban lieber einen „72-Millionen-Dollar-Discount", wie das Wirtschaftsmagazin Forbes die Geste nannte und stellte damit zumindest einen absoluten NBA-Rekord auf, den so schnell niemand brechen wird.

„Nur wenige Jungs können historisch gesehen für sich in Anspruch nehmen, derart unterbezahlt worden zu sein wie Nowitzki", stellte die Zeitung trocken fest und präzisierte den Knackpunkt: die Einkaufspolitik des Klubs. „Man fragt sich, ob eine derartige Großzügigkeit es wert war, einen Vielleicht-mal-irgendwann-All-Star wie Chandler Parsons zu holen, der die Meisterschaftschancen der Mavericks nur wenig verbessert."

Dirk Nowitzki war da schon immer sehr viel gelassener. Offensichtlich ausgestattet mit genügend Urvertrauen, gutem Willen und Loyalität, was im Sport in den Vereinigten Staaten selten ist. Da ist sich jeder selbst der Nächste. Und sei es auf Kosten von anderen. „Eine gute Lösung für alle zu finden" – dieses Motto nahm das Management der Mavericks gerne zur Kenntnis. „Dirk geht nirgendwo hin", wusste der Basketball-Verantwortliche Donn Nelson – Don Nelsons Sohn, der ihn bei der ersten Sichtung 1998 als Ausnahmetalent eingestuft und seinen Vater von dieser Prognose überzeugt hatte – schon lange vor den Verhandlungen: „Er hat diesen Club aufgebaut."

Nowitzki hat in all den Jahren, in denen er als Dreh- und Angelpunkt des Teams in der Finalserie 2006 knapp scheiterte, 2007 als wertvollster Spieler der Saison ausgezeichnet wurde und 2011 endlich den Titel gewann, nie schlecht verdient. Irgendetwas jenseits von 200 Millionen Dollar brutto werden es wohl sein, wenn in ein paar Jahren der Schlussstrich unter seine Karriere gezogen wird. Das sind etwas weniger als 10.000 Dollar pro erzielten Punkt. Netto dürfte davon trotz erheblicher Steuerzahlungen noch ein erklecklicher Rest übrig geblieben sein. Nicht nur seine Villa an der Strait Lane mit eigenem Tennisplatz. Sondern sicher auch das Gefühl, das nur wenige Spieler in dem Alter haben.

Nach dem Aus im Mai in der ersten Play-off-Runde gegen die San Antonio Spurs sprach Nowitzki über eben dieses positive Gefühl. „Im letzten Jahr habe ich mir ein bisschen Sorgen wegen meiner Knieverletzung gemacht und dass ich danach lange nicht wieder in Schwung gekommen bin. Aber in diesem Jahr habe mich besser gefühlt, was meinen Körper und meine Gesundheit angeht. Ich habe das Gefühl, ich kann noch ein paar Jahre auf einem hohen Niveau spielen."

Trainer Rick Carlisle trägt das seine dazu bei. „Wir müssen ihn auf die richtige Weise in Form bringen", sagt er: „Mit der richtigen Menge an Arbeit. Und mit genügend Zeit zum Ausruhen."

Diese Sorgfalt im Umgang mit dem Kapitän könnte sich auszahlen. Denn seine Gegenspieler bemühen sich seit Jahren vergebens, Nowitzki wirkungsvoll zu decken und seine Korbausbeute einzuschränken. Und er selbst weiß, dass „du, wenn du älter wirst, mehr Zeit investieren musst, um dich fit zu halten". An sich und seinem Spiel zu arbeiten ist ihm noch nie schwergefallen. Kaum jemand in der Liga dürfte so viele Stunden in Training stecken wie er. Feinmotorisch immer wieder eingestellt von seinem persönlichen Technik-Guru Holger Geschwindner, der sich die eigenwillige Wurftechnik ausgedacht hatte.

Aus der entstand der sogenannten *Fadeway*-Sprungwurf, bei dem man mit einem Bein abhebt, während das andere scheinbar unkontrolliert in der Luft hängt.[26] Dieser Wurf hat längst Kultstatus und wird von anderen Topspielern kopiert. Kevin Durant, einer der besten

NBA-Profis, gab es neulich sogar zu: „Dirk hat eine ganze Reihe von Dingen drauf, die ich zu klauen versuche." Ein besseres Kompliment kann man Nowitzki wohl nicht machen.

Einen vergleichsweise zurückhaltenden Menschen im großen Stil zu feiern, ist nicht ganz einfach. Weshalb ein Projekt ein paar Meter außerhalb von Downtown Dallas, in einem Viertel namens Deep Ellum, als eine Art Ersatz entstand, um Dirk Nowitzki zu ehren. Ein Immobilienbesitzer fand es passend, aufstrebenden Graffiti-Künstlern so viel Wandfläche wie möglich zu überlassen und darauf zu vertrauen, dass sie etwas gestalten, was Besucher fasziniert.

Und so nutzte Josh Mittag in der Taylor Street inmitten von Lagerschuppen an der Fassade eines Flachbaus mit der Hausnummer 2934 die Chance, die Nummer 41 im großen Stil zu verewigen. Er wählte eine Pose, in der Nowitzki selbstbewusst und geradeaus Richtung Betrachter schaut und seine Arme in beide Richtungen ausstreckt, mit einem Basketball in der riesigen rechten Hand. „Dallas 41" steht auf seinem weißen Trikot.

Mittag, der einst hauptsächlich als Tätowier-Künstler gearbeitet hatte, gestaltete 2014 sein erstes großformatiges Graffito überhaupt. Die Maße: 6 Meter hoch und 27 Meter breit. „Deshalb ist das für mich auch eine solch große Sache, dass ich hier etwas hinsprühen konnte, was auch hier bleiben wird." Aus dem ersten Wandbild ergab sich für ihn ein zweiter Auftrag, als es darum ging, die Fassade der Trainingshalle der Mavericks zu verschönern. Auch hier verewigte er 2016 ausschließlich Dirk Nowitzki. Diesmal schwebt er, eingefangen in einer typischen Körperdrehung, bei er der den Ball mit beiden Händen neben seinem Kopf hält, vor der Silhouette der Wolkenkratzer von Dallas und eingewirkt in einen Slogan mit einer positiven Ausstrahlung: „Dallas Strong".

Das neue Gebäude, das den Mavericks gestattete, aus dem Tiefgeschoss des American Airlines Center auszuziehen, wo man seit dessen Inbetriebnahme zusätzlich zu den Heimspielen auch die Übungsstunden abspulte, war für Club-Besitzer Mark Cuban ein Bekenntnis, das Team nicht in eine andere Stadt zu verpflanzen. „Mich haben einige Städte angesprochen", verriet er ganz nebenbei bei der Eröffnung der Halle. „Ich hätte das zu nutzen können, um mehr Geld, ein freie Gelände oder andere Vergünstigungen auszuhandeln. Aber ich habe mich dagegen entschieden. Ich wollte in Dallas bleiben."

Warum auch nicht? Es ist die einzige Stadt in ganz Amerika, wo sich die Langlebigkeit eines Ausnahme-Basketballers wie Dirk Nowitzki und seine Erfolge mit der Mannschaft zu einem Stück Lokalpatriotismus verschmelzen konnten, den man sich nicht einfach kaufen kann. Den muss man sich erarbeiten. Die Nummer 41 hat ihren Teil dazu beigetragen.

April 2015: Die große Mumie

Es hat nicht den mediterranen Glamour von Cannes. Und nicht den wuseligen Auflauf kreativer Köpfe des Sundance Film Festivals in Park City. Doch dafür herrscht auf dem roten Teppich beim Dallas International Film Festival auch nicht ein so großes Gedränge. Es sei denn, die Stars sind Leute, die man in „Big D" schon sehr gut kennt. So wie am Dienstag, als im Angelika Film Center im Norden der Stadt der deutsche Dokumentarfilm *„Nowitzki – Der perfekte Wurf"* seine Amerika-Premiere feierte.

Es kamen fast alle, die in der Karriere des Basketballprofis aus Würzburg eine Rolle gespielt haben. Allen voran Mark Cuban, der Besitzer der Dallas Mavericks, und Trainer Rick Carlisle. Ebenfalls dabei: zahllose aktuelle und ehemalige Spieler. Gekommen war auch Don Nelson, der geniale und risikofreudige Basketball-Coach, der den Unterfranken damals zu den Mavericks geholt hatte und der sich schon eine Weile auf Hawaii im Ruhestand befindet. Ebenfalls vor Ort: Holger Geschwindner, der um diese Zeit immer anreist, um Nowitzki für die Play-offs fit zu machen und der zur Abwechslung mal nicht im Holzfällerhemd auftrat, sondern in einem eleganten dunklen Anzug.

Das Kino-Event war Anlass, um wieder einmal die Qualitäten und Verdienste eines der berühmtesten Bürger von Dallas zu loben. Während Nowitzki in der für ihn typischen Art den Rummel eher abzuschwächen versuchte. „Ein netter kleiner Streifen" sei der Film, der im Herbst bereits in Deutschland gelaufen war. Der habe ihn beim ersten Anschauen allerdings „ein wenig beschämt" – angesichts all der vielen privaten Details.

Von der Planung her passte die Veranstaltung bestens in den Kalender – kurz vor dem letzten Spiel der regulären Saison, einem 114:98-Heimsieg über die Portland Trail Blazers, und wenige Tage vor dem Auftakt der Play-offs. Für den Start in die entscheidende Phase der Meisterschaft müssen die Mavericks an diesem Samstag nach Houston, wo der Mannschaft mit den Rockets eine schwierige Aufgabe bevorsteht. Die Best-of-Seven-Serie wird eine der letzten Gelegenheiten sein, den 36 Jahre alten Nowitzki in Spielen zu erleben, bei denen es um etwas geht.

Theoretisch könnte er auch auf der anderen Seite stehen. Doch der Wurfspezialist verschmähte im letzten Sommer das hochdotierte Angebot der Rockets, das ihm bei einer Laufzeit von drei Jahren knapp 100 Millionen Dollar eingebracht hätte. Der beste Basketballer Europas wollte nicht gegen Ende seiner Karriere und so kurz, nachdem er eine Familie gegründet hatte, die vertraute Umgebung aufgeben. Er gab sich stattdessen in Dallas mit einem Viertel des Betrags zufrieden. Das übrige Geld investierte der Klub sukzessive in Verstärkungen, was zeigte, wie groß die Ambitionen auf den Titel sind.

Doch weder die Rückkehr von Center Tyson Chandler noch die Verpflichtungen zweier sehr guter Flügelspieler mit dem jungen Chandler Parsons und dem schon etwas älteren Amar'e Stoudemire sowie der Tausch, der den erfahrenen Aufbauspieler Rajon Rondo nach Dallas brachte, schlugen sich in den Resultaten nieder. Trainer Rick Carlisle kann bestenfalls mit einem Teil der Bilanz aus den 82 Spielen der Punkte-Phase zufrieden sein: mit der Offensivleistung, die von einem temporeichen, druckvollen Spiel lebt, mit dem das Team 105,2 Punkte pro Begegnung produzierte. Damit steht Dallas auf dem dritten Platz der Angriffsstatistik aller 30 NBA-Teams.

Es gibt natürlich einen Grund, weshalb die Mannschaft in der Western Conference gerade einmal den siebten von acht Play-off-Rängen schaffte: Die Achillesferse ist das Defensivverhalten. Und das betrifft auch Nowitzki, dem man vor kurzem in der Trainingshalle den Spitznamen „große Mumie" verpasste, weil er steifer und unbeweglicher wirkt als früher, wenn er sich in der Verteidigungsarbeit engagiert. „Mumie", sagte der Kapitän, der einst in einer Abend-Talkshow des amerikanischen Fernsehens selbstironisch eine Liste voller Verhohnepipelungen vorgetragen hatte, in einem Interview. „Der ist gut."

Tatsächlich haben die Mavericks gegen die Rockets durchaus Chancen. Denn die Positionen in der Tabelle der leistungsstarken Western Conference täuschen. Houston holte aus dem Marathon der Hauptrunde als Zweiter nur sechs Siege mehr heraus als Dallas.

„Wir haben in diesem Jahr viermal gegen sie gespielt", sagte Rockets-Trainer Kevin McHale. „Sie sind eine gute Mannschaft. Wir kennen ihre Stärken. Es geht darum, möglichst gut vorbereitet zu sein." Sein Gegenüber Rick Carlisle konzentriert sich derzeit eher auf die Psychologie des Spiels: „Wir müssen ignorieren, was nicht wichtig ist. Wichtig ist, dass wir als Gruppe zusammenhalten und einen starken Willen haben. Das ist der entscheidende Faktor für diese Serie."

Eine umgebaute Mannschaft, in der neben Dirk Nowitzki nur noch Tyson Chandler und J.J. Barea aus dem Kader der Championship-Mannschaft übrig geblieben waren, fand erneut in der Saison 2014/15 einen Weg, sich in den oberen Rängen der leistungsstarken Western Conference zu behaupten. Auf den ersten Blick sah die Bilanz der regulären Saison mit 50:32 Siegen sogar sehr imposant aus. Aber das reichte nur zu einem siebten Platz in der Conference-Tabelle und konfrontierte die Mavericks gleich in der ersten Runde mit einem nominell stärkeren Gegner. Der Wettstreit mit den Houston Rockets war nach nur fünf Begegnungen zu Ende. Dallas schied mit 1:4 aus dem Kampf um den Titel aus. Houston schaffte es immerhin bis ins Halbfinale, den sogenannten Western Conference Finals.

In der regulären Saison war Dirk Nowitzki zum ersten Mal seit Jahren nicht mehr der Korbjäger Nummer 1 im Team, sondern belegte mit einem Schnitt von 17,3 Punkten den zweiten Platz hinter Monta Ellis, der zur Leistungslokomotive der Mannschaft geworden war. Ein Element war jedoch ungebrochen geblieben: Die Zuschauer pilgerten loyal ins American Airlines Center. Mit insgesamt 827.702 Besuchern belegten die Mavericks in dieser Saison den dritten Platz von allen 30 Clubs.

Oktober 2016: Tennis-Nostalgie

Die Stiftung trägt den Namen *Dirk Nowitzki Foundation* und kümmert sich seit ein paar Jahren um so manchen guten Zweck. Das Hauptaugenmerk gilt Kindern und Jugendlichen, denen es schlechter geht. Geprägt von der Einsicht, dass man als junger Mensch im Leben hart arbeiten muss, um weiterzukommen, aber dabei noch lange nicht immer Erfolg hat.

Das Geld dafür sammelt der Basketballprofi auf vielerlei Weise. Zuletzt vor fünf Wochen mit einem Event in Dallas, für den er namhafte Tennisspieler wie John Isner und Andy Roddick sowie Hollywood-Schauspieler wie Ben Stiller gewinnen konnte, wo Zuschauer 100 Dollar Eintritt bezahlen mussten. Eine der Attraktionen: Nowitzki selbst mit Racket in der Hand. Und mit einem Aufschlag, der mit 180 Stundenkilometer gemessen wurde. „Das ist das Niveau von Pros", staunte Roddick, die ehemalige Nummer eins in der Welt.

Nowitzki hatte als Teenager Tennis gespielt, ehe er sich als überlanger Kerl klugerweise für die hochhängenden Körbe der Mannschaftssportart Basketball entschied. Und für einen Beruf, in dem seine Arbeitsphilosophie Grundlage für Erfolg wurde. Seit 1998 hat er dabei mehr als 200 Millionen Dollar brutto verdient und sich in der Erfolgsstatistik der besten Liga der Welt auf den sechsten Platz der ewigen Punktbestenliste vorgeschoben.

Man kann diese Bilanz übrigens noch etwas plastischer machen. In seiner langen Zeit bei den Dallas Mavericks hat der 38-jährigen um die 200 Basketballer kommen und gehen sehen. „Vielleicht sogar noch mehr", sagte er am Dienstag in einer Telefonpressekonferenz mit deutschen Journalisten. „Das ist schon Wahnsinn, was sich in den neunzehn Jahren geändert hat."

Aber das gilt nicht nur für die Namen und Gesichter der Akteure. Die Nowitzki-Ära wurde gleich von zwei markanten Stilwandeln geprägt. Für den ersten war er selbst verantwortlich, als er sich – angeregt von seinem Mentor und Trainer Holger Geschwindner – zu einem

Sprungwurfspezialisten entwickelte, wie man ihn in der Geschichte der Liga noch nie erlebt hatte: Wurftechnik kombiniert mit der schieren Größe von 2,13 Meter. Trainer stellen seitdem nicht mehr jeden riesigen Spieler direkt unter den Korb als Center ab, sondern fördern vor allem solche, die auch aus der Distanz punkten können.

Auch Spieler lernten von Nowitzki. Ein exzellenter Korbschütze wie der 2,06 Meter große Kevin Durant gab irgendwann zu, dass er sie sich von dem Deutschen inspiriert fühlt. „Dirk hat viele Bewegungsmuster drauf, die ich zu klauen versuche."

Der zweite auffällige Konzeptwandel begann vor ein paar Jahren, als eine Mannschaft wie die Golden State Warriors mit hohem Tempo und präzisen Würfen aus der Drei-Punkt-Distanz alt eingefahrene Spielweisen zu überrennen begann. Früher „wurde viel gedribbelt", erinnert sich Nowitzki. Man hat „eins gegen eins gespielt". Heute lassen die starken Teams den Ball schneller zirkulieren und sorgen so für Druck. „Das Spiel ist ein bisschen schneller und athletischer, technischer und einfach besser geworden." Und für die Fans „unglaublich spannend".

Das heißt allerdings nicht, dass sich diese Denke einfach in eine Mannschaft wie die Dallas Mavericks importieren lässt. Das Experiment läuft seit ein paar Wochen, nachdem der Klub gleich zwei Spieler der Warriors verpflichtete, die in Kalifornien nach dem Zugang des teuren Kevin Durant aus finanziellen Gründen abgestoßen worden waren: Center Andrew Bogut und Flügel Harrison Barnes, der mit seinem Vier-Jahres-Vertrag über 94 Millionen Dollar bei seinem neuen Klub fast ebenso viel verdient wie Mannschaftskapitän Nowitzki, der im Sommer noch einmal für zwei Jahre unterschrieb.

Bei Barnes hoffte das Mavericks-Management, dass er seine Mitspieler antreiben und für Punkte sorgen wird. Doch dafür muss er sich noch gewaltig steigern. In den ersten sieben Spielen in der Vorbereitungsphase kam er im Schnitt mal gerade auf sieben Punkte, setzte fast alle Dreier-Versuche daneben und kam auf ebenso viele Ballverluste wie auf Passvorlagen, die zu einem Korberfolg führen. Trainer Rick Carlisle sah sich gezwungen, die Sorgen der Fans zu entschärfen: „Die Trefferquote war noch nie wichtig für mich. Ich achte mehr auf die Entwicklung, den Krafteinsatz, die Überzeugung, mit der jemand in seine Würfe hineingeht." Barnes sei „bereit".

Immerhin hat der sehr erfahrene Carlisle seit Jahren unter Beweis gestellt, dass er es versteht, das Beste aus einer zusammengewürfelt wirkenden Gruppe rund um Nowitzki herauszuholen. Das gelingt ihm vor allem mit Hilfe vieler genau durchdachter Spielzüge, die nicht jeder Neuzugang von Anfang an mit der gebotenen Präzision auszuführen versteht.

Für Nowitzki haben solche Probleme allerdings schon bald keine große Bedeutung mehr. Theoretisch muss er zwar noch zwei Jahre abliefern. Aber schon im kommenden Sommer will er sich hinsetzen und in seinen Körper hineinhorchen: „Und dann schauen wir mal weiter", sagte er am Dienstag.

Allerdings nicht über den Tellerrand in Dallas hinaus. Klubeigentümer Mark Cuban hat ihm bereits angeboten, dass der Würzburger jeder Zeit für ihn arbeiten kann. Etwa als Teil des Trainerstabs. Er könnte dort Teil zwei seiner Karriere beginnen. Und zwar in der Rolle von jemand, der sich um Nachwuchsspieler kümmert und ihnen an Handwerkszeug beibringt, was ihnen fehlt. „Das, was der Holger Geschwindner mit mir gemacht hat", sagt er. „Ich glaube, das könnte mir Spaß machen."

Nowitzkis Körper streikte zu Beginn der Saison 2016/17. Diesmal handelte es sich um die rechte Achillessehne, die dafür sorgte, dass er erst kurz vor Weihnachten und nach den ersten 30 Spielen wieder fit genug war, um das anstrengenden Pensum der NBA in Angriff zu nehmen. Die Mannschaft zeigte in seiner Abwesenheit, dass sie sich mit der Konkurrenz schwer tut, und krebste lange im Tabellenkeller herum. Krisengerede kam jedoch nicht auf, denn in der NBA gibt es wie in den anderen Ligen in den USA keinen Abstieg. Immerhin berappelte sich die Mannschaft im Rest der Saison und schaffte noch den 11. Platz in der Tabelle der Western Conference, was allerdings nicht für die Play-offs mit den besten acht Teams reichte.

März 2017: Kennziffer 30.000

Es hat schon viele Anlässe gegeben, einen Mann wie Dirk Nowitzki und seine ungewöhnliche sportliche Karriere zu würdigen. Doch kaum jemand hätte dereinst prophezeit, dass dazu auch ein beliebiger Korbwurf in einem beliebigen Spiel gegen den Tabellenletzten der Western Conference gehört.

Nicht mal sein guter alter Freund Steve Nash, der am Dienstag ein altes Foto aus dem Internet fischte. Es zeigt die beiden und ihren einstigen Trainer Don Nelson „an diesem Tag '98", als sie bei den Dallas Mavericks unterschrieben. „Ich hätte nie geglaubt, dass du immer noch bei den Mavs bist, MVP und NBA-Champ bist und zum 30k-Klub gehörst, ganz egal, wie viele Nächte wir in der Trainingshalle verbracht haben", fügte er hinzu. Und er gratulierte via Instagram: „Krass, historisch, ein Spieler, der unter Druck Leistung bringt und ein noch besserer Mensch."

Was war der Anlass für diese und soviele andere Elogen zahlloser Prominenter auf den 38-jährigen Ausnahmebasketballer? Ein einziger Fadeaway-Sprungwurf, mit dem er im zweiten Viertel der Begegnung gegen die Los Angeles Lakers seine Karrieregesamtpunktzahl auf 30.000 steigerte. Weil man die Punkte aus den Play-offs nicht mitrechnet, handelt es sich um eine eher willkürliche und symbolische Kategorie. Klar ist allerdings soviel: In der langen Geschichte der NBA haben bislang nur fünf Spieler diese Marke erreicht. Und deshalb hatten an diesem Abend in Dallas Tausende ihre Smartphones zur Hand, als Nowitzki zum Wurf ansetzte. Und sie feierten ihn begeistert mit einer stehenden Ovation, als das Spiel kurz darauf zu einem Timeout unterbrochen wurde.

Während Nowitzki seinem Arbeitgeber, dem Klubbesitzer Mark Cuban, in die Arme fiel, saß ein älterer Herr auf den Rängen und bekam einmal mehr feuchte Augen: Holger Geschwindner, der wenige Tag zuvor rechtzeitig in Dallas eingetroffen war, um mit seinem Schützling an der Wurfmechanik zu feilen, freute sich still in sich hinein.

Nach der Schlusssirene lag Nowitzkis neuer Zwischenwert übrigens bei 30.005. Und er genoss das Gefühl, das wie ein Bad in der Menge gewirkt hatte. „Bei jedem Korb habe ich die Begeisterung im Publikum gespürt. Irgendwie surreal. 30.000. Eine Menge Punkte."

Weil es so schön war, rückte sogleich der nächste Meilenstein ins Visier. Der beste europäische Basketballer aller Zeiten könnte nämlich noch, ehe er seine Sneakers an den Haken hängt, in der ewigen Scorer-Tabelle weiter vorrücken und nach so vielen Sportler-Legenden eine weitere überholen: Wilt Chamberlain, der innerhalb von fünfzehn Jahren in der Liga 31.419 Punkte erzielt hatte.[27]

Dass dies noch in diesem Frühjahr gelingt, ist ausgeschlossen. Aber Nowitzki, der im Sommer einen Zwei-Jahres-Vertrag über 50 Millionen Dollar bei den Mavericks unterschrieb, will noch eine andere runde Zahl erreichen und seine 20. NBA-Saison spielen. Bleibt er gesund und in Form, könnte das Projekt in ungefähr einem Jahr klappen.

Die Fixierung auf Zahlen, Meilensteine und Rekorde – egal wie groß, wie alt oder wie ausgefallen sie auch sein mögen, ist eine amerikanische Spezialität. Sie entspringt einem exzessiven Interesse daran, sportliche Leistungen bis hin zu jedem kleinsten Informationsbröckchen zu quantifizieren. Bei diesem Blick wird übrigens gerne das eine oder andere huldvoll vernachlässigt. So hat Nowitzki im Trikot der Mavericks sehr viel mehr und sehr viel wichtigere Punkte erzielt als die am Dienstagabend. Etwa die in den Play-offs, wo seine Zwischenbilanz aus insgesamt 145 Begegnungen aus 3.663 weiteren Punkten besteht. Zahlenwerte, die in der NBA seltsamerweise gar nicht mitgerechnet werden. Leider, denn seine Durchschnittsquote pro Spiel liegt hier bei 25,3 Punkten und damit deutlich höher als in der regulären Saison, wo sie 21,9 Punkte beträgt. Ein Wert, mit dem Nowitzki übrigens nur auf Platz 33 in der ewigen Bestenliste steht. Eine Region in der All-Time-Tabelle, in der er sich auch mit der Zahl seiner Rebounds bewegt.

Immerhin zeigte die Nummer 41 am Dienstag gegen die Lakers, dass auch ein relativ alter Basketballer, der beständig an sich und seiner Technik arbeitet, sich fit hält und über einen Wurf verfügt, gegen den selbst die defensivstärksten Gegner nichts ausrichten können, noch regelrechte Galavorführungen abliefern kann.

Wenn es auch nicht mehr zu einem Feuerwerk reicht, wie das am 2. Dezember 2004 gegen die Houston Rockets, als er in einem Spiel, das erst in der Verlängerung entschieden wurde, 53 Punkte produzierte – der beste Zahlenwert seiner Karriere. Das Ganze spitzte sich damals auf ein faszinierendes sportliches Duell zu, weil Houstons ambitionierter Starspieler Tracy McGrady die statistische Dimension sehr ernst nahm, aber nur auf 48 Zähler kam.

Nowitzki hatte sich von so etwas noch nie besonders beeindrucken lassen. Aber er verstand, dass es zum Spiel der langen Kerls in der NBA dazugehört: „Das war ein großartiger Showdown", sagte er hinterher. „Wir haben uns ein paar Mal gegenseitig zugezwinkert."

Auch am Dienstag sah er weniger sich selbst und seine Leistung als das, was andere zu seiner Bilanz beigetragen hatten: „Bei jedem Meilenstein kommst du ein bisschen ins Nachdenken. Und du denkst an Menschen, die dir geholfen haben und mit dir diesen Weg gegangen sind, die Trainer, Mark Cuban sowie all die Mannschaftskollegen und Fans, dir mit mir durch dick und dünn gegangen sind."

Er hoffe, dass er dieser Bilanz noch paar Körbe hinzufügen kann, sagte er. „Und dann wird es Zeit, in den Sonnenuntergang zu reiten."

Einige Meilensteine in der sportlichen Nowitzki-Biographie:
Bei den absolvierten Spielen rangiert er unter den Top 4 der NBA-Geschichte. Als einer von sechs Spielern hat er mehr als 50.000 Spielminuten absolviert und liegt hier hinter Kareem Abdul-Jabbar und Karl Malone auf dem dritten Platz.

Kein NBA-Profi war länger bei demselben Team unter Vertrag als er: 21 Spielzeiten. Der Rekordhalter, den er damit übertraf: Kobe Bryant von den Los Angeles Lakers.

Als Dreierschütze schaffte Nowitzki es in der Saison 2018/19 auf Rang elf der ewigen Bestenliste. In der Kategorie der meisten verwandelten Freiwürfe erreichte er Platz fünf.[28]

Oktober 2017: Auf der Suche nach einem Logo

Es ist eine Ehre, von der andere vielleicht träumen würden. Aber nach knapp 50 Jahren hat Jerry West keine Lust mehr auf den Part.

Es handelt sich um eine eher unauffällige Rolle, von der lange nur wenige etwas wussten. Aber um eine ziemlich signifikante. Der 79-Jährige ist der Mann auf dem NBA-Emblem: eine weiße Figur in Form einer Silhouette auf blaurotem Grund, die mit links einen Basketball dribbelt. West wäre froh, „wenn niemals bekannt geworden wäre, dass ich das Logo bin. Es schmeichelt einem, aber wenn ich die NBA wäre, wäre ich eher beschämt." Sein Hauptargument: Das Spiel von einst hat nichts mehr mit dem von heute zu tun.

Vorzeigefiguren wie den Aufbauspieler, der mit den Los Angeles Lakers nicht nur als Aktiver Meister wurde, sondern auch als Manager und zuletzt als Berater im Umfeld der Golden State Warriors, hat es seitdem immer wieder gegeben. Doch einer hat es West ganz besonders angetan: „der beste europäische Spieler, den wir jemals in der NBA hatten". Der habe dem Basketball der letzten Jahrzehnte eine „nicht zu entfernende Note aufgedrückt". Weshalb auch ein Amateurgrafiker vor einiger Zeit dessen klassisch gewordenen Fadeaway-Sprungwurf in einem Entwurf für ein völlig neues Logo genutzt hat.

So weit wird die Liga sicher nicht gehen. Denn dass Dirk Nowitzki für die NBA denselben Stellenwert haben könnte wie einst Michael Jordan oder Magic Johnson oder wie LeBron James heute, kann man sich nur schwer ausmalen.

Gar nicht abwegig hingegen ist, dass sie ihm in seiner zweiten Heimat eine Statue in Lebensgröße errichten. Denn schon bald wird er seine lange und glorreiche aktive Karriere beenden, in der er zum Inbegriff des sportlichen Repräsentanten der sportbegierigen Stadt Dallas geworden ist. Dort, wo er 2011 mutig bei der Siegerehrung mit einem Hauch von schief *„We Are the Champions"* anstimmte, wollen sie ihn einfach nicht loslassen.

Vielleicht auch deshalb nicht, weil er ähnlich wie Jerry West, der sich selbst nie in den Mittelpunkt gerückt hatte, ein Typ von Sympathieträger ist, den man im amerikanischen Sport nur selten erlebt. Einer, der ausschließlich mit seiner Leistung glänzt und nicht mit Allüren: Ob 2006 in der verlorenen Finalserie, 2007 als *„Most Valuable Player"* der regulären Saison oder 2011 mit dem Meistertitel, als er sich kurz vor dem Abpfiff im entscheidenden Spiel in die Umkleidekabine schlich, um ganz allein und ohne Zeugen ein paar Tränen zu vergießen. Wenn man nicht obsessiv auf Erfolg gepolt ist, kann einen der größte Moment seines Lebens überwältigen.

Wer *„The Dirk"*, wie ihn LeBron James genannt hat, weil an ihm kein anderer Spitzname kleben zu bleiben scheint, dieser Tage würdigen will, bedient sich gerne in den Statistiken der NBA. Dort steht sein Name nämlich unter anderem auch dank einer Karriere mit relativ wenigen Verletzungen in der von allen Listen am stärksten beachteten ewigen Scorer-Tabelle sehr weit oben – nur übertroffen von solchen Größen wie Kareem Abdul-Jabbar, Karl Malone, Kobe Bryant, Michael Jordan und Wilt Chamberlain.

Obwohl der 39-jährige Mavericks-Kapitän längst nicht mehr der Dreh- und Angelpunkt im Spiel der Mannschaft ist, kommt er weiterhin auf eine erbauliche Ausbeute und steht noch immer mehr als die Hälfte einer durchschnittlichen Partie als Anspielstation auf dem Platz. In der vergangenen Saison kam er auf 14,2 Punkte. Seine Trefferquote lag bei hochwertigen 43,7 Prozent.

Für dessen womöglich letzte Saison musste sich Trainer Rick Carlisle angesichts von Gegnern, die enorm aufs Tempo drücken und von jeder denkbaren Position auf dem Spielfeld Punkte machen, trotzdem etwas Neues einfallen lassen. „Wir werden schneller spielen", sagte er. Weshalb er Nowitzki direkt unter den Korb stellen will: Der Würzburger wird zum Center umfunktioniert, also in jene Rolle hineinmanövriert, die seiner Größe von 2,13 Metern durchaus entspricht. Eine Aufgabenkonstellation, der er zum Glück als junger Basketballer wegen seiner Qualitäten als Distanzschütze entkommen war. Denn andernfalls wäre aus ihm nie der Typ geworden, dessen Wurftechnik inzwischen von anderen Stars wie etwas Kevin Durant (Golden State Warriors) nachgeahmt wird.

Sich in das neue Konzept einzufügen, macht Nowitzki nichts aus. „Ich will der Mannschaft helfen", sagte er vor ein paar Tagen, „und kann so hoffentlich noch immer effizient sein." Mit einer Einschränkung, witzelte er. Ein alter Mann ist schließlich kein ICE. „Ich werde hinter den anderen herlaufen", warnte er. „Soviel steht fest."

Die redaktionelle Abteilung des Fernsehsenders ESPN, die unter dem höchst anspruchsvollen Titel „Sport Science" arbeitet, hat sich vor ein paar Jahren die Mühe gemacht, den eigenwilligen Sprungwurf von Dirk Nowitzki wissenschaftlich zu analysieren. Man begann in einem kurzen Video mit der grafischen Darstellung der wichtigsten Maße. Mit seiner Größe (2,13 Meter), der zusätzlichen Körperlänge, die er erreicht, wenn er die Arme voll ausstreckt (89 Zentimeter) und der Distanz der Fußsohlen zum Boden auf dem höchsten Punkt der Sprungbewegung (31 Zentimeter) schickt er den Ball schon bei einem ganz normalen, kerzengeraden Wurf aus einer Höhe Richtung Korb, an die kaum ein Gegner herankommt. Doch die Nummer 41 der Mavericks hat irgendwann damit begonnen, diese konventionelle Version um zwei Elemente zu ergänzen, die wie eine Versicherungspolice dafür sorgen, dass ihm selbst extrem fixe Jungs nicht in die Parade fahren können. Er zieht das rechte Knie hoch und schafft sich in dem imaginären Zylinder seiner Aufwärts- und Abwärtsbewegung mehr Platz, was für Abstand zum Verteidiger sorgt. Und er erhöht diesen Abstand noch dadurch, dass er nicht direkt nach oben, sondern leicht nach hinten springt (in einem Winkel von 20 Grad), wofür man in Amerika den Begriff fadeaway verwendet. Was sprachlich eine gewisse Übertreibung ist. Denn der Spieler (ver)schwindet ja nicht, sondern entzieht sich nur. Weshalb ein anderer Fachbegriff – step-back – die genauere Bezeichnung ist.

Wirklich wirkungsvoll ist Nowitzkis Variante allerdings nur, weil er sich in endlosen Trainingsstunden den Ablauf so ins Muskelgedächtnis eingeschliffen hat, dass er aus einer Entfernung von zwischen fünf und sieben Metern zum Korb wie im Schlaf einnetzt. Egal von welchem Fleck auf dem Parkett. Der Bewegungsablauf sieht linkisch und unbeholfen aus, aber bestätigt nur, dass die Optik im Basketball überschätzt wird. Etwas, was Holger Geschwindner als Mathematiker und Physiker schon immer wusste, aber in der Arbeit mit Dirk Nowitzki tatsächlich auch unter Beweis stellen konnte.

Oktober 2018: Das letzte Hurra

Auf seinen Reisen zu den Spielen der National Basketball Association hat Dirk Nowitzki fast den ganzen nordamerikanischen Kontinent abgegrast. Und das nicht nur in der regulären Saison, einem Pensum von mehr als 700 Auswärtsspielen, für die er Millionen von Flugkilometern abgesessen hat. Dazu kamen Unmengen von Play-off-Auseinandersetzungen und ein Dutzend Ausflüge zu All-Star-Begegnungen.

Kein Wunder, dass er froh war, wenn er zwischendurch wieder in Dallas war. In jener Stadt, in die er 1998 als junges Talent umgezogen war, um sich auf das Abenteuer NBA einzulassen. Und die er auch nach dem Ende seiner ungewöhnlich langen und bemerkenswert erfolgreichen Karriere nicht verlassen will. „Das ist mein Zuhause", sagte er vor ein paar Monaten und verriet, dass er nach zwanzig Jahren als Gastarbeiter mit Spezialvisum neulich bei der zuständigen Behörde den Antrag auf die sogenannte *„Green Card"* eingereicht hat.

Früher gab es dafür keinen Grund. „Ich wusste nie, ob ich nicht eines Tages einfach meine Sachen packen und zurückgehen würde." Das kommt offensichtlich nicht mehr in Frage. Der 40-jährige Ausnahmebasketballer ist verheiratet, hat eine Tochter und zwei Söhne und ist gut beraten, sich die unbefristete Aufenthalts- und Arbeitsgenehmigung für die Vereinigten Staaten zu besorgen. Erst recht in Trumps Amerika, in dem sich eine Ausländerfeindlichkeit breit macht, vor der niemand ernsthaft gefeit ist.

Kleinere amerikanische Städte gehörten allerdings nicht zu seinem Reiseprogramm. Nicht mal ein Ort wie Springfield, den Anhänger der Sportart als einen der markantesten Punkte auf der Basketball-Landkarte betrachten. Und das nicht nur, weil dort in einer Schulturnhalle einst das Korbball-Spiel erfunden wurde. Sondern vor allem, weil hier in den fünfziger Jahren den Protagonisten der Sportart eine Ruhmeshalle errichtet wurde.

Anfang September konnte sich die Nummer 41 der Mavericks schon mal ein Bild davon machen, wie das ist, hochoffiziell in die Hall of Fame aufgenommen zu werden. Er flog in die kleine Stadt in Massachusetts, um dort seinen alten Kumpels Steve Nash und Jason Kidd bei deren feierlichen Aufnahme das Geleit zu geben. Die Ankündigung schickte er über Twitter in die Welt: „Es ist eine Ehre, dass ich sagen kann, zusammen mit zwei Hall-of-Famern gespielt zu haben. Leider war das für keinen der beiden die beste Zeit."

Dass auch er eines Tages auf der Bühne stehen und sich feiern lassen wird, daran besteht nicht der geringste Zweifel. Er hat schließlich mehr getan, als sich fit zu halten und sich zielsicher nach ganz weit oben auf der ewigen Bestenliste der NBA-Korbschützen vorzuarbeiten. Seine Verdienste reichen weiter, weiß Dwyane Wade, der fast so alt ist wie Nowitzki und sich manche Schlacht mit ihm geliefert hat. „Es gibt eine Liste von Profis, die das Spiel verändert haben. Ich weiß nicht, ob auch Dirk darauf steht. Aber er sollte."

Denn Nowitzki wurde so etwas wie der Modelltyp für einen Job, der in der arbeitsteiligen Vorstellung der Trainer nicht vorgesehen war. Nur wenige erkannten sein Potenzial. Darunter sein erster NBA-Trainer Don Nelson, ein kreativer Basketball-Alchemist und Erfinder zahlreicher taktischer Konzepte: „Er war ein unglaubliches Musterexemplar. So etwas hatte ich noch nie vorher gesehen. Er konnte dribbeln, rebounden, werfen, passen. Er konnte alles."

Nowitzki gilt deshalb ohne Frage als Europas bestes Basketball-Produkt. Ein Mann, der sogar ein Markenzeichen entwickelte: einen ungewöhnlichen Distanzwurf, bei dem man auf einem Bein abspringt, während das andere irgendwie in der Luft hängt. Der Körper fällt zurück und wirkt so, als ob der Spieler auf dem Hosenboden landen würde. Die Verblüffung, dass das Manöver gelingt, ist fast jedes Mal groß.

Das Technik-Wissen entsprang dem Mathematiker-Kopf von Holger Geschwindner, der diese Leistung aber stets herunterspielte. „Wir machen nichts Besonderes. Er wollte das tun. Und dann haben wir einen Plan gemacht. Dann haben wir jeden Tag – soweit das möglich war – unsere Hausaufgaben gemacht."

Nowitzki erreichte mit den Mavericks die Finalserie von 2006, aber verlor dort gegen Wade und die Miami Heat. Er wurde 2007 zum „Most Valuable Player“ ausgerufen und hatte eine hervorragende Saison. Aber die Mannschaft schied in der ersten Play-off-Runde gegen seinen alten Trainer Nelson und die Golden State Warriors sang- und klanglos aus. Dennoch holte er trotz aller Mühsal 2011 den Titel und wurde so in Texas zu einer Identifikationsfigur, die viele andere Sportler überragt.

An seiner Seite befand sich damals der soeben geehrte Jason Kidd, der schon in die Jahre gekommen war, als ihn die Mavericks holten. „Ein großartiger Mannschaftskamerad“, sagte er neulich über Nowitzki. „Aber ein Malocher. Er musste einfach ständig arbeiten, und das war es, was ihn so großartig machte.“

Die Quersumme? Ein Superstar ohne Allüren, selbstironisch, realistisch und bereit, am Ende seiner Karriere auf Millionen zu verzichten und bei den Mavericks zu bleiben, anstatt auf die alten Tage woanders weitere Reichtümer zu scheffeln. Ein „sanfter Riese“, wie Kidd meinte, „ein großartiger Mensch. Mit Dirk hatte man einfach keinen schlechten Tag.“

Derartige Elogen von der Bühne der Ruhmeshalle in Springfield aus werden Nowitzki frühestens in vier Jahren zuteilwerden. Denn als Mindestvoraussetzung für diese Ehrung muss man bereits mindestens drei Jahre in Rente sein.

Die Uhr läuft. Wenn auch zurzeit ein wenig stockend. Nowitzki hat sich noch immer nicht richtig von einer Operation am linken Knöchel erholt, der er sich im April unterzogen hatte. So wird er beim Saisonauftakt in dieser Woche auf jeden Fall fehlen. Laut Trainer Rick Carlisle muss man damit rechnen, dass noch „mehrere Wochen“ vergehen, bis er wieder einsatzfähig ist. Derzeit plagen den 40-Jährigen, der im Laufe seiner Karriere vergleichsweise selten aufgrund gesundheitlicher Probleme ausgefallen war, Achillessehnenprobleme am linken Fuß. Seit dem Start des Trainingscamps am 22. September hat er noch kein einziges Mal am Mannschaftstraining teilgenommen. Bei allen

Testspielen – wie auf der Reise nach China, auf der ihm der ehemalige Mavericks-Spieler Wang Zhizhi vor einer Begegnung eine schwarze E-Gitarre vom Typ Fender Telecaster schenkte – war er nur Zuschauer.

„Er macht seine Reha. Ein Update wird es in etwa zehn Tagen geben", sagte Carlisle über Nowitzki, der auf einem Laufband unter Wasser durchaus problemlos laufen kann. Auf dem Hallenboden jedoch sei die Belastung noch immer zu groß. Ein weiterer Eingriff sei übrigens überhaupt kein Thema. „Die OP war erfolgreich", sagte Carlisle.

Wie der in die Jahre gekommene Nowitzki auf dem Platz einer Mannschaft helfen kann, die sich in einem kompletten Neuaufbau befindet und mit dem 19-jährigen Slowenen Luka Dončić als Liga-Neuling eine neue Schaltstelle für ein rasantes Angriffsspiel einbauen will, wird sich erst noch weisen. Klar ist nur, dass jemand wie er nicht mehr von Anfang auf dem Platz stehen, sondern als Teil der zweiten Garde eingesetzt wird. Eine Umstellung: „Wenn du von der Bank kommst, hast du meistens nicht die Zeit, dich erst ins Spiel hineinzufinden. Du musst aus dem Stand voll da sein, was überhaupt nicht mein Ding war. Aber ich werde mir vorher einen extra Kaffee genehmigen." Einmal hellwach dürfte er für seine Distanzwürfe die richtige Betriebstemperatur haben.

Dass er den Ball noch immer hervorragend verarbeiten kann, ist unbestritten. So kam er in der vergangenen Saison bei einer Einsatzzeit von durchschnittlich etwas mehr als 24 Minuten noch immer auf einen Punkteschnitt von 12,0. Auch bei der Trefferquote hatte er kaum nachgelassen. Die lag bei 45,6 Prozent. Schon die allein wäre gutes Geld wert. Und zwar mehr als die 5 Millionen Dollar, die er inzwischen verdient. Denn der Durchschnitts-Profi in der NBA erhält 6,5 Millionen Dollar. Und der schafft es garantiert nicht bis nach Springfield.

Jahrelang hatte Dirk Nowitzki jeden Gedanken an das, was er nach dem Ende seiner Spielerkarriere tun würde, von sich weggeschoben. Während des All-Star-Wochenendes im Februar 2019 in Charlotte, trat er jedoch zum ersten Mal in einer Rolle an, die die logische Weiterentwicklung im Leben vieler Ex-Profis ist. Da wirkte er als Trainer der sogenannten Welt-Auswahl der NBA-Rookies, die gegen die USA-Auswahl antrat. Die Premiere, bei der es um nichts geht, als um eine unterhaltsame Basketball-Show, könnte den 41-Jährigen angeregt haben, sich bei den Mavericks eine neue Aufgabe zu suchen. Club-Besitzer Mark Cuban hat mehrfach erklärt, dass er sich gar nichts Besseres vorstellen könne, als das Aushängeschild des Teams weiter an sich zu binden. Schon manche prominente Spieler wurden zum Beispiel Spezial-Trainer für einen bestimmten Bereich. So arbeiteten sowohl Kareem Abdul-Jabbar als auch Hakeem Olajuwon gelegentlich in der Betreuung von jungen Centern. Eine Aufgabenstellung, die sich in Dallas förmlich aufdrängt. Denn die Mavericks holten sich im Januar eines der ganz großen europäischen Talente von den New York Knicks: den Letten Kristaps Porzingis, erst 23 Jahre alt und mit 2,21 Meter der längste Spieler in der NBA. Er hatte sich ein Jahr zuvor einen Kreuzbandriss zugezogen und war bei seinem Wechsel nach Texas noch nicht wieder einsatzfähig gewesen.

Vor seiner Verletzung stand er nach 48 Begegnungen mit einem Saisonschnitt von 22,7 Punkten, 6,6 Rebounds und einer überdurchschnittlichen Treffergenauigkeit zu Buche. Seine Drei-Punkt-Würfe landen in fast 40 Prozent der Fälle im Korb.

In die Abläufe rund um die Tauschaktion schien Nowitzki zumindest skizzenhaft eingeweiht gewesen zu sein. Er sagte „wir", als er die Feststellung traf, dass man sich nicht für einen solchen Spieler entschieden habe, wenn der mit Blick auf seinen nächsten Vertragsabschluss im Sommer 2019 damit liebäugeln würde, zu einem anderen Club zu gehen.

Mit der Verpflichtung wären die Mavericks endlich an jenem Punkt angelangt, vor dem sie sich seit dem Titelgewinn 2011 immer gedrückt hatten, weil Nowitzki trotz seines Alters im Kader als gesetzt galt, aber schon vom Spielertyp her nicht für einen radikalen Neuanfang in Frage kam. Neben Porzingis hat man den besonders begabten Slowenen Luka Dončić im Team, der, obwohl gerade mal 19 Jahre alt, schon jetzt wie ein kommender Star wirkt.

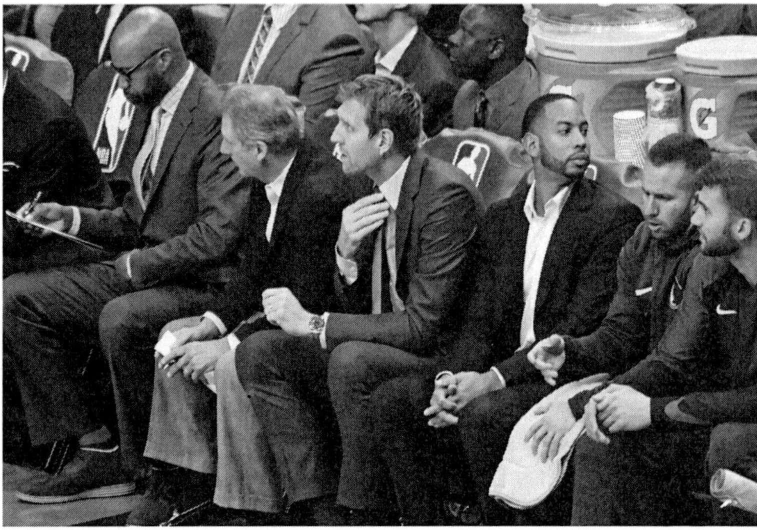

Ungewollt häufig in Zivil auf der Bank: Dirk Nowitzki im Oktober 2018. (imago/Icon SMI)

Weggefährten

Der Einfluss einer Reihe von Figuren auf die Erfolgsgeschichte von Dirk Nowitzki ist beträchtlich gewesen. Das begann mit seinem wichtigsten Förderer Holger Geschwindner und Don Nelson, der ihn nach Dallas geholt hatte. Aber es gab da eine Reihe von weiteren Bezugspersonen.

Steve Nash: Soziales Bewusstsein (2004)

Die Einstimmung beginnt eine Stunde vor einem normalen Spiel. Mit einem Sprungwurf nach dem anderen. Während seine Mannschaftskollegen in der Umkleidekabine sitzen und darauf warten, dass die Zeit vergeht, spult Steve Nash noch einmal stur sein Pensum ab. Nach den Sprungwürfen sind die Korbleger an der Reihe. Mal springt er mit dem rechten Bein ab, mal mit dem linken. Zum guten Schluss steht er an der Freiwurflinie und versenkt den Ball wie im Traum.

Der Kontrast, zu dem was anschließend die 20.000 Zuschauer in der Halle und die Millionen an ihren Fernsehapparaten erleben, wenn Nash mit fliegenden, schweißnassen Haaren über den Platz rast, könnte nicht größer sein. Derselbe Mann, der im Training routiniert ein Programm von 150 Würfen abwickelt, zeigt immer dann, wenn Showtime angesagt ist, dass er einer der kreativsten Ballverteiler und Korbjäger in der knapp sechzigjährigen Geschichte NBA-Geschichte ist.

Das gegnerische Team muss mit allem rechnen: Dass er einen 15 Meter langen Pass spielt oder beim Dribbling wie eine unberechenbare Flipperkugel das Gedränge unter dem Korb durchpflügt. Und dass er, selbst wenn er schon schräg in der Luft hängt und gleich danach hart zu Boden geht, den Ball scheinbar wahllos nach oben wirft und dabei trotzdem meistens irgendwie das Netz trifft. „Wie kann die andere Mannschaft auch nur erahnen, was Steve macht?“ sagt sein Trainer Mike D’Antoni über den Zirkusartisten der Phoenix Suns, der in dieser Saison bereits zum zweiten Mal mit der Auszeichnung „wertvollster Spieler" der regulären NBA-Saison bedacht wurde. „Das weiß ich ja selbst noch nicht mal."

Trotz der prickelnden Ungewissheit leistet der 1,90 Meter große Kanadier Beachtliches. So haben die Phoenix Suns, obwohl verletzungsgeschwächt, zum zweiten Mal hintereinander das Halbfinale erreicht, wo sie am Sonntag in eigener Halle im Rahmen der *Best-of-seven*-Serie ihre dritte Begegnung gegen die Dallas Mavericks austragen (die Serie steht nach dem 105:98-Sieg der Texaner am Freitag 1:1). Experten wie der ehemalige Erfolgscenter Bill Walton schwärmen, Nash sei der derzeit „attraktivste Spieler" in der Liga. Sein Vermächtnis: Er zeige jedem, „dass diese Sportart nicht auf Körpergröße und Kraft beruht."

Von dem besonderen Geschick des Spielmachers können sich Internetsurfer einen guten Eindruck verschaffen. Dort deutet er in einem kurzen, ungeschnittenen Video an, wie gut er womöglich auch als Fußballspieler gewesen wäre: Er balanciert den Basketball im Stil eines südamerikanischen Kickers eine Weile in der Luft und spitzelt ihn schließlich volley in den mehr als drei Meter hohen Korb. „Das macht einfach die Übung", sagt er und wandert aus dem Bild.

Das ist der lakonische Nash, der nie das Gefühl hatte, dass ihm etwas geschenkt wird. Ob als Weißer in einer von Schwarzen dominierten Sportart, als Ausländer in einem uramerikanischen Geschäftszweig oder als nachdenklicher Mensch, der Che Guevara und das Kommunistische Manifest gelesen hat und 2003 beim All-Star-Treffen mit einem T-Shirt antrat, das den Irak-Krieg attackierte (*No War: Shoot for Peace*), sah er sich immer wieder in der gleichen Position: „Ich bin mein ganzes Leben ein Außenseiter gewesen", sagt er. „Und ich fühle ich noch immer so. Jeden Tag, wenn ich zur Arbeit gehe, habe ich den Eindruck, dass ich mich beweisen muss."

Diese Herausforderung war im vergangenen Jahr, dem ersten ohne seinen Freund Dirk Nowitzki an der Seite, am größten. Denn Mavericks-Besitzer Mark Cuban hatte ihm trotz seiner jahrelangen Loyalität nur einen Vier-Jahres-Vertrag mit einem Gesamtgehalt von 36 Millionen Dollar geboten. Den Phoenix Suns war er hingegen 63 Millionen Dollar im Rahmen eines Fünf-Jahres-Vertrages wert. Nash wechselte den Klub und revanchierte sich in den Playoffs für die Ächtung.

Die Freundschaft der beiden Profis, die beide noch keinen Meistertitel errungen haben, hat jedoch nicht gelitten. Was sicher nicht zuletzt an dem Kanadier liegt, der von seinen Kollegen als bescheiden eingestuft wird. Aber das ist nur eine Seite. Dahinter verbirgt sich ein ehrgeiziger Mensch, der nicht damit zufrieden ist, die kanadische Provinz, in der aufwuchs, hinter sich gelassen zu haben. „Steve ist furchtlos", meint der ehemalige Phoenix-Spieler Quentin Richardson.

Sein Spielverständnis, so hat Nash es mal beschrieben, entspringt seinem Hirn. Als Teenager versuchte er nicht nur, den Stil von Spielern wie Magic Johnson und Michael Jordan zu imitieren. Er ließ sich auch von der Spielweise seines Landsmanns Wayne Gretzky inspirieren, einem Eishockeyspieler mit sehr viel Imaginationsvermögen und Gespür für die richtige Vorlage zur richtigen Zeit.

Nash hat ein Auge für seine Nebenleute wie kaum ein anderer. Und er schickt ihnen die Pässe auf jede erdenkliche Weise: hinter seinem Rücken, mit überraschenden Bodenpässen. So wurde er erster in der Vorlagen-Statistik der NBA. Und weil er ständig an der lupenreinen Wurftechnik feilt, belegt er auch Platz eins in der Statistik für die Trefferquote bei Freiwürfen.

Aber er hat auch ein Sinn für Dinge jenseits des NBA-Alltags. In seinem Heimatland weiß man vor allem seine Artikulationsfähigkeit zu schätzen. „Er ist intelligent, hat Mitgefühl und besitzt das Verständnis von der Rolle, die Sport in der eigenen persönlichen Entwicklung spielen kann", sagt Dr. Andrew Pipe, Mannschaftsarzt des kanadischen Nationalteams. „Sein soziales Bewusstsein ist so ausgeprägt wie sein Drei-Punkt-Wurf."

Nach seiner Rückkehr zu den Phoenix Suns, die ihn 1996 gedraftet hatten, erlebte Steve Nash seine beste Zeit in der National Basketball Associ-

ation. Er war mit seinem unorthodoxen und reflexartigen Spiel die ideale Besetzung für die temporeiche Angriffstaktik, wie sie Trainer Mike D'Antoni bevorzugte. Auch wenn es nicht zum ganz großen Erfolg reichte, wuchs Nash zu einem Sympathieträger ersten Ranges heran. Er wurde zwei Jahre nacheinander als wertvollster Spieler der Saison ausgezeichnet. Im Frühjahr 2005 konnten die Suns in der zweiten Runde der Playoffs in sechs Spielen die Serie gegen die Mavericks für sich entscheiden, ehe die Mannschaft gegen die späteren Meister San Antonio Spurs unterging. Im Jahr darauf war wieder im Halbfinale Schluss. Diesmal scheiterte Phoenix an den Dallas Mavericks, mit deren Leistungsentwicklung man nicht Schritt gehalten hatte.

Für den quirligen Kanadier, der im südafrikanischen Johannesburg auf die Welt gekommen ist, ging es danach allmählich bergab. Wie wenig verschleißfest sein Körper war, zeigte sich auf seiner nächsten Station bei den Los Angeles Lakers, zu denen er 2012 wechselte. Er litt hauptsächlich unter Rückenproblemen und machte deshalb 2015 im gediegenen Alter von 41 endgültig Schluss. Seine Bilanz: 19 Jahre in der NBA mit acht Abstechern in die All-Star-Auswahl und einer statistischen Bestmarke, die zeigte, wie präzise er mit dem Ball umgehen konnte: Seine Trefferquote von 90,4 Prozent bei Freiwürfen ermittelt aus allen Spielen seiner Karriere war die Bestmarke, bis sich der Ballzauberer Stephen Curry (Golden State Warriors) einen Namen machen konnte und ihn überholte.

Mark Cuban (1): „Sag Ihnen, ich bin Milliardär“ (2006)

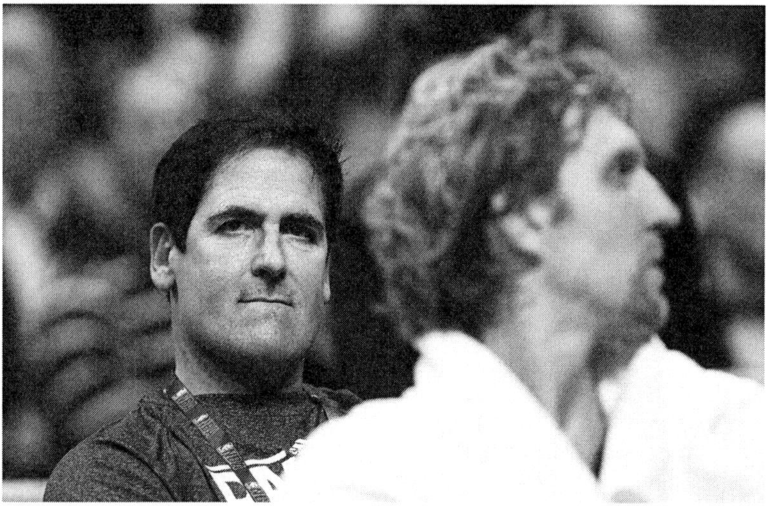

Meistens nicht nur im Hintergrund: Mark Cuban und sein Lieblingsspieler. (imago/camera 4)

Selbst für reiche Männer kann eine Stadt wie New York ein hartes Pflaster sein. Das musste Mark Cuban neulich bei einem Ausflug in das Nachtleben von Manhattan feststellen. Da stand er vor *Bungalow 8* und wedelte mit tausend Dollar, doch die Türsteher der kleinen exklusiven Bar, in der sich die In-People treffen, ließen sich nicht beeindrucken. Also sorgte er in einem anderen Lokal in der Nähe für Stimmung. „Sag ihnen, ich bin Milliardär. Dann kommen sie schon rüber“, rief er einem seiner Begleiter zu, der sich darum bemühte, ein paar weibliche Gäste an den gemeinsamen Tisch zu locken.

Wie wohlhabend der Besitzer der Dallas Mavericks tatsächlich ist, weiß wahrscheinlich nicht mal sein Steuerberater ganz genau. Nach Meinung des Wirtschaftsmagazins *Forbes* rangiert der Arbeitgeber von Dirk Nowitzki auf jeden Fall unter den 200 reichsten Amerikanern. Sein Vermögen? Um die 1,8 Milliarden Dollar.

Aus seinen Besitztümern macht der 46-jährige Self-Made-Unternehmer kein Geheimnis. Neben einer 2.500 Quadratmeter großen Villa in Dallas nennt er Wohnungen in New York, Los Angeles und Miami sein eigen. Dazu kommt ein 40 Million Dollar teures Düsenflugzeug der Marke *Gulfstream,* mit dem er von einem Ort zum anderen jettet. „Nichts ist besser als ein Flugzeug zur Verfügung zu haben", sagte er unlängst in einem Interview dem amerikanischen *Playboy.* „Aber ich nehme an, die größte Extravaganz ist, wenn man nie nach dem Preis fragen muss. Man braucht nur seine Kreditkarte dabei zu haben. Das reicht."

Vor sechs Jahren war Mark Cuban nichts anderes als einer von denen, die mit viel Erfolg auf der ersten Welle des Internet-Booms gesurft waren und ihren Laden rechtzeitig vor dem Crash an einen größeren Interessenten verkauft hatten. Cubans Firma hieß *broadcast.com,* der Käufer *Yahoo* und der bezahlte mit einem Aktienpaket in Milliardenhöhe.

Von so viel Geld kann man sich zwar viele Spielzeuge kaufen, aber zum Eintritt in die schillernde Hemisphäre der amerikanischen Promiwelt reicht es nicht. So erwarb der Sohn eines Autopolsterers aus Pittsburgh, der zwischendurch mal in Los Angeles ohne Erfolg eine Schauspielerkarriere probiert hatte („Das habe ich getan, um Frauen zu treffen"), im Jahr 2000 die Dallas Mavericks – eine Mannschaft, die sich in den Jahren davor den Ruf eines permanenten sportlichen Fiaskos erworben hatte.

Der Preis von 280 Millionen Dollar war kein Hemmschuh. Seine erste offizielle Handlung war, noch mehr Geld auszugeben: Er sorgte dafür, dass die Spieler auswärts in teureren Hotels wohnen. Er bestellte besseres Essen für das Mannschaftsflugzeug und schuf Arbeitsplätze für sage und schreibe neun Assistenztrainer, die allesamt versuchen, das Produkt „Basketball" aus dem Hause Cuban zum Erfolg zu führen.

Solches Engagement ist teuer. Genauso wie seine wiederholten Ausbrüche, bei denen er am liebsten die Schiedsrichter der NBA kritisiert. Erst in der vergangenen Woche vergatterte ihn die Liga mal wieder zu einer Geldstrafe. Die liegen in seinem Fall immer in der Gegend von rund 200.000 Dollar. Diesmal war er beim ersten Play-off-Spiel der Mavericks gegen die San Antonio Spurs auf den Platz gelaufen, um sich über eine Entscheidung zu beschweren. Da Cuban den Betrag jeder Buße verdoppelt und die andere Hälfte jeweils an eine wohltätige Organisation überweist, haben ihn seine Ausfälle inzwischen mehr als drei Millionen Dollar gekostet.

Machen die Mavericks Gewinn? „Nicht im geringsten", sagt Mark Cuban, dessen Klub im Jahr 115 Millionen Dollar einnimmt und davon in Form von Spielergehältern 96 Millionen Dollar ausschüttet. „Ich habe das nicht richtig angefasst", gibt er offen zu. „Ich habe zu sehr auf meine Basketball-Leute gehört."

Sobald der Freizeitbasketballer allerdings ganz alleine entscheidet, kommt – sportlich gesehen – auch nichts wirklich Besseres dabei heraus. So ließ Cuban vor zwei Jahren seinen quirligen Spielmacher Steve Nash nach Arizona ziehen, um – zum ersten Mal seit der Übernahme – Geld zu sparen. Die Quittung bekam das Team sieben Monate später, als es in der zweiten Play-off-Runde gegen Nash und dessen neuen Klub, die Phoenix Suns, chancenlos verlor. Kaum war die Saison vorbei, da trennte sich Cuban von einem weiteren Leistungsträger. Michael Finley ist inzwischen bei den San Antonio Spurs unter Vertrag, jener Mannschaft, gegen die die Mavericks gewinnen müssen, wenn sie ihr wichtigstes Ziel erreichen wollen: den Meisterschaftserfolg.

Dabei wirkt der Mann mit dem leichten Schielblick, der am liebsten in schlabbrigen T-Shirts und Jeans das Haus verlässt, gar nicht so eigensinnig. Im direkten Gespräch steht einem ein höchst zuträglicher und zugänglicher Mensch gegenüber, der zuhört und Fragen nicht nur mit Worthülsen beantwortet, sondern mit Bemerkungen, in denen oft die eine oder andere Provokation mitschwingt.

Sein Hirn arbeitet unermüdlich. Weshalb ihn sein Engagement im Profibasketball auch keineswegs auslastet. Nachdem er als Gastgeber einer Reality-TV-Sendung an der Einschaltquotenhürde scheiterte, widmete er sich verstärkt Filmprojekten. Ein Achtungserfolg gelang ihm im letzten Winter, als der von ihm und ein paar Freunden produzierte Streifen *Good Night, and Good Luck* für mehrere Oscars nominiert wurde. Weitere Filme sind in Arbeit. Und Cuban ist in jedem Abschnitt der Verwertungskette involviert. Er ist Teilhaber einer Filmproduktionsgesellschaft, einer Vertriebsfirma, einer Filmkunstkinokette und eines Fernsehsenders. Abgesehen davon „machen alle Firmen Gewinn", sagt der umtriebige Entertainmentspezialist, der als Teenager mit dem Verkauf der simpelsten Objekte Geld machte – seien es Plastikmüllbeutel oder Briefmarken.

So jemand ist denn auch mit der Vermarktungsleistung der NBA nicht zufrieden. „Wir haben ein großartiges Produkt", sagt er. „Unsere Spieler sind charismatische Figuren. Aber wir promoten das Spiel nur bei jenem Publikum, das uns ohnehin mag." Cuban, der jeden Tag mit Hunderten von Menschen per E-Mail kommuniziert und seinen eigenen Blog unterhält (http://www.blogmaverick.com), möchte, dass man in der Liga so denkt wie er: „breit und schnell". Aber die anderen 29 Teambesitzer scheinen von solchem persönlichen Einsatz nicht viel zu halten. Und sie scheinen den omnipräsenten Kollegen lieber ausbremsen zu wollen, als seine Ideen auszuprobieren.

Nach sechs Jahren in profilierter Position gibt sich Cuban selbst noch keine Bestnote für die geleistete Arbeit. Es fehlt nicht nur der Meistertitel, der alle Fragen nach dem sportlichen Können seiner Trainer und seines Vorzeigespieler Dirk Nowitzki beantworten würde. Es mangelt an einer überragenden Präsenz der Marke „Mavericks" außerhalb von Texas. Cuban weiß nicht, ob das je gelingen wird und gibt sich bescheiden: „Hoffentlich kann ich die Mavs an den Punkt bringen, wo sie als Marke auf der nationalen Bühne eine Rolle spielen".

Falls es nicht klappt, braucht er sich trotzdem keine Sorgen zu machen. Nach Schätzungen des amerikanischen Wirtschaftsmagazins Forbes steht Cuban mit seinem Saldo nicht schlecht da. Der Marktwert des Klubs beträgt inzwischen 403 Millionen Dollar.

Das Wirtschaftsmagazin Forbes, das jedes den amerikanischen Sport auf seine wichtigsten wirtschaftlichen Eckdaten hin taxiert, kam einige Jahre später – im Februar 2019 – sogar auf einen Marktwert für die Dallas Mavericks von 2,2 Milliarden Dollar. Cubans jahrelange Verluste würden in jedem Fall beim Verkauf des Clubs auf einen Schlag mehr als wettgemacht. Die Mavericks liegen damit gerade mal gerade auf Platz acht dieser speziellen Tabelle.

Sportliche Erfolge sind für solche Schätzungen eher zweitrangig. Die New York Knicks gehören seit Jahren zum Schlechtesten, was die Liga zu bieten hat. Trotzdem liegen sie mit 4 Milliarden Dollar auf Platz eins. Der Grund: Das Team spielt im Madison Square Garden, einer Arena, die genauso wie das NHL-Team der New York Rangers einem Konsortium gehört, dass die Kapazität der Halle weitreichend auszunutzen in der Lage ist. Die Knicks erzielen darüber hinaus aus einem regionalen Fernsehvertrag eine der höchsten Einnahmen in dieser Kategorie in der NBA: knapp 40 Millionen Dollar im Jahr. Spitzenreiter allerdings sind hier eindeutig die Los Angeles Lakers. Sie konnten vor wenigen Jahren einen 20-Jahres-Vertrag über drei Milliarden Dollar abschließen, in dessen Rahmen die jährlichen Lizenzeinnahmen langsam, aber kontinuierlich steigen.

Mark Cuban (2): Der Ball-Artist (2006)

Es gab einmal eine Zeit, da wurde an jedem Abend in der National Basketball Association ein unauffälliges Ritual praktiziert. Jede Mannschaft schickte vor dem Anpfiff jeweils einen Spieler zu einem Gestell, aus dem er sich mehrere Bälle fischte, sie kurz zusammenpresste, auf dem Boden aufprallen ließ und über deren rauher Oberfläche er sanft mit seinen Fingern glitt. Sobald sich die Vertreter der beiden Teams auf einen Ball geeinigt hatten, nahm ihn ein Schiedsrichter in seine Obhut, kennzeichnete ihn mit einem Stift und erklärte ihn zum offiziellen Spielgerät.

Seit ein paar Wochen braucht sich keiner der Profis mehr über die Auswahl des besten Balles Gedanken machen. Die NBA hat ihren Profis nach 35 Jahren zum ersten Mal ein neues Modell verordnet. Es besteht nicht mehr aus Leder, sondern aus einer industriell gefertigten Mikrofaser. Diese Bälle ähneln sich wie ein Ei dem anderen, hat Stephon Marbury festgestellt. „Sie fühlen sich alle schlecht an."

Der Spielmacher der New York Knicks steht mit seiner Einschätzung nicht alleine da. „Der neue Ball ist einfach entsetzlich" schimpfte Miamis Center Shaquille O'Neal, als er sich zu Beginn des Trainingslagers mit der neuen Realität konfrontiert sah. „Er fühlt sich an wie einer jener Billigbälle aus dem Spielwarenladen. Wenn er feucht wird, kannst du ihn nicht richtig kontrollieren." Dirk Nowitzki sah es nicht anders.

Sein sarkastischer Kommentar lautete: „Egal ob man zwei Monate damit gespielt hat oder ob er neu ist, er fühlt sich immer gleich schlecht an. Also haben sie wenigstens so viel erreicht."

Als der Ärger in den Zeitungen hochkochte, ging NBA-Chef David Stern in die Offensive. Der Mann, der normalerweise jeden Streit auf diplomatische Weise angeht, wies den Protest zurück. Er habe den Ball selbst ausprobiert. „Er mag in manchen Situationen ein wenig anders reagieren." Aber der Vorteil liege auf der Hand: Das Synthetikmaterial sorge dafür, dass jeder Ball exakt gleich sei. Und das sei ausschlaggebend.

Mark Cuban, der sich seit dem Kauf des Dallas Mavericks immer wieder als Kritiker des Liga-Establishments aufschwingt, reagierte darauf hin mit einer interessanten Initiative. Er bat Physiker von der Universität Texas in Arlington, den alten und neuen NBA-Ball wissenschaftlich zu vergleichen. „Ohne vorgefasste Ansichten. Ohne Vorurteile. Einfach nur Wissenschaft", wie er in seinem Internet-Tagebuch *Blog Maverick* berichtete.

Die Akademiker fanden ziemlich rasch heraus, worin die Probleme liegen: Der neue Ball springt nicht so hoch vom Boden zurück wie der alte und prallt vom Brett anders ab. Obendrein ist die Oberfläche um 30 Prozent schlüpfriger, wenn Feuchtigkeit ins Spiel kommt, weil die Mikrofaser Nässe schlechter absorbiert als Leder.

Doch was sagte Mark Cuban, als er den Bericht erhielt? Die Liga habe keinen Handlungsbedarf. „Er ist nicht perfekt", schrieb er, „aber es würde mehr Probleme verursachen, ihn wieder abzuschaffen, als ihn zu behalten." Wie bitte? *Come again!*

Der 48-jährige Milliardär wirkte schon häufiger wie der typische Rebell, in dessen Gehirn viele Nervenleitungen ständig Signale herumfunken, die der Rest der Welt nur schwer versteht. Aber dieser Kotau vor der Ligaführung signalisierte, dass sich Cuban auf dem Weg zu einem anderen Selbstverständnis und einer neuen Rolle befindet: zum Megaphon des Sternschen Universums. Seitdem seine Mannschaft vor wenigen Monaten zum ersten Mal das NBA-Finale erreichte und die große Chance besaß, den Titel zu gewinnen, umweht ihn die Aura eines Mannes, der offensichtlich durchaus weiß, was er tut. Auch wenn seine Methoden ungewöhnlicher sind als die des Establishments und seine nervöse Unruhe so wirkt, als atme er Sauerstoff und Stickstoff in Form von kleinen Basketballblasen ein und aus.

So hatte er nach der Weltmeisterschaft in Japan, von der so gut wie niemand in den USA Notiz nahm, die Beteiligung von Profis aus der besten Liga der Welt kritisiert: „Vom Kaufmännischen her gesehen ist die NBA dumm, unsere Spieler überhaupt antreten zu lassen. Wir tragen das ganze Risiko, und wir haben wenig, falls überhaupt irgendetwas gewonnen." Er wunderte sich lauthals über eine Bestimmung im Tarifvertrag, der die Athleten vor allzu großer körperlicher Belastung bewahrt: „Warum brauchen hochbezahlte NBA-Profis nur drei Stunden am Tag zu trainieren?" Und er erteilte einer Expansion nach Europa eine Absage.

Auf der anderen Seite fand er nichts dabei, seinem Trainer Avery Johnson und allen Spielern mit besonderen Vertragswünschen die Taschen mit Unmengen von Geld vollzustopfen. Dazu wurden erfahrene Profis von anderen Teams verpflichtet, die wie Austin Croshere und Anthony Johnson (beide von den Indiana Pacers) und Devean George (von den Los Angeles Lakers) jene Lücken schließen sollen, die sich in der letzten Saison immer wieder auftaten.

Die kosmetische Operation schien keinen der professionellen Liga-Beobachter zu beeindrucken. Die Chefmanager der 30 NBA-Clubs tippten bei einer Umfrage mehrheitlich auf die San Antonio Spurs als Titelfavoriten. San Antonio hatte 2005 die Meisterschaft errungen und war gegen die Mavericks in den letzten Playoffs mit viel Pech in der Verlängerung des siebten Spiels ausgeschieden. Den Mavericks wird immerhin von 29 Prozent der Clubverantwortlichen der Titelgewinn zugetraut. Nur wenige tippen wie Michael Jordan, der inzwischen Anteile an den Charlotte Bobcats hält, auf den Titelverteidiger Miami Heat. Er gab immerhin soviel zu: Dallas sei „wahrscheinlich hungriger als jedes andere Team".

In jedem Fall hat es einen Mann mehr im Supportkader als die anderen Teams. Denn Holger Geschwindner, der Anfang Oktober zugegeben hatte, Steuern auf Honorare von seinem Schützling Nowitzki in Millionenhöhe hinterzogen zu haben, darf trotz der Strafe – ein Jahr Gefängnis auf Bewährung – in die USA reisen und traf vor ein paar Tagen in Dallas ein. „Wir haben wirklich nicht gewusst, wie sich das alles auswirken wird", sagte der Mann mit der Nummer 41, der seinem Mentor mit einem Batzen Bares ausgeholfen hatte. „Deshalb bin ich froh, dass er hier ist."

Mark Cuban ist in seinem Leben immer mal wieder in die eine oder andere juristische Klemme geraten. Zum Beispiel, als es um den Verdacht ging, er habe als Investor vertrauliche Informationen weitergegeben, um am Aktienmarkt mit diesem Wissen Geld zu verdienen, was in den Vereinigten Staaten gesetzlich verboten ist. Er wurde freigesprochen.

Es wurde im Anfang 2018 erneut eng, als er sich von dem Verdacht zu distanzieren versuchte, er habe über den jahrelangen sexuellen Missbrauch in der Management-Abteilung des von ihm persönlich gelenkten Clubs nichts gewusst und auch deshalb nichts dagegen unternehmen können.

So einfach kam Holger Geschwindner 2006 nicht davon. Er landete auf der Anklagebank im Schwurgerichtssaal des Amtsgerichts im oberfränkischen Hof und musste erklären, um welche geschäftliche Beziehung es sich zwischen ihm und Dirk Nowitzki handelte. Die beiden hatten 1996 einen auf zehn Jahre befristeten Vertrag abgeschlossen, in dem der Mentor, Trainer und Manager versprach, Abmachungen mit Sponsoren und Ausrüstern abzuschließen sowie über Spielerverträge mit Klubs zu verhandeln. Im Gegenzug sollte er 20 Prozent von diesen Einnahmen bekommen.

Geschwindner und seine Verteidiger argumentierten, dieser Vertrag sei nie aktiviert worden. Tatsächlich war offensichtlich Geld geflossen, aber nicht beim zuständigen Finanzamt in seinem tatsächlichen Umfang angezeigt und versteuert worden. Geschwindner verbrachte fünf Wochen in Untersuchungshaft und kam erst gegen eine Kaution von 15 Millionen Euro wieder auf freien Fuß. Das Geld stellte Dirk Nowitzki bereit. „Der Bub hat sie selbst nicht gehabt, sondern hat zu seinem Verein gehen müssen, um sie zu bekommen," meinte Geschwindner.

Fünf Millionen Euro hinterzogene Steuern zahlte Geschwindner schließlich nach, was ihm strafmildernd angerechnet wurde. Die Haftstrafe von einem Jahr wurde für drei Jahre zur Bewährung ausgesetzt.

Chris Kaman: Der beste unbekannte Profi (2008)

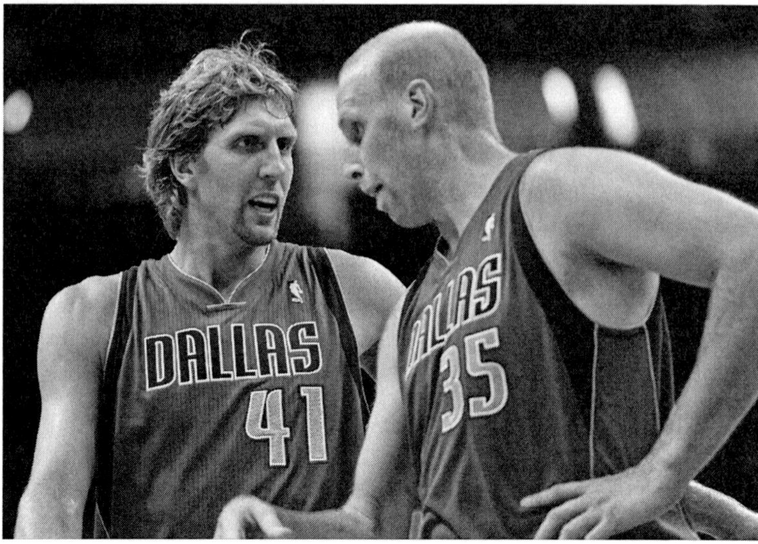

Ein paar Jahre Buddies in Dallas und im DBB-Team: Chris Kaman und Dirk Nowitzki. (imago/Michael Schulz)

Die beste Basketball-Liga der Welt hat ein einfaches Schema, mit der sie ihre Spieler in eine Zweiklassengesellschaft aufteilt. Ein paar auffällige Figuren werden zu Halbgöttern hochstilisiert. Der Rest kommt in die große Schublade der Domestiken.

In so einer Welt fällt ein Mann wie Chris Kaman schon mal leicht durch den Rost, weshalb man den Center der Los Angeles Clippers eigentlich in eine Extra-Kategorie stecken müsste: Er ist der beste NBA-Profi, den keiner kennt.

Es ist allerdings tatsächlich nicht ganz leicht, den 26 Jahre alten Spieler aus Grand Rapids in Michigan kennenzulernen. Zum einen spielt sein Klub, die Clippers, neben den sehr viel bekannteren Lakers in Los Angeles nur die zweite Geige. Zum anderen hat der 2,13 Meter lange Athlet mit einem Jahresgehalt von 10 Millionen Dollar eine

Aversion gegen den vielerorts üblichen Lebensstil im modernen Profisport.

Und gegen den von Südkalifornien im Besonderen. „Ich mag das Wetter, das ist wahrscheinlich das Beste", sagt er. „Aber der Verkehr stinkt mir, und die Leute sind ziemlich arrogant und hochnäsig." So lebt er zurückgezogen in seinem Haus im Vorort Redondo Beach mit Freunden, die sich um den Haushalt kümmern, und den Nachwirkungen einer Krankheit, die vermutlich keine war.

Kaman wurde als hyperaktiver Zweieinhalbjähriger mit Aufmerksamkeitsdefizit (ADHS) diagnostiziert und von klein auf mit dem Medikament Ritalin behandelt. Trotzdem hatte er Lernschwierigkeiten, stieg bei Nachbarn aufs Haus, riss Dachziegel herunter und verlor obendrein als eine der Nebenwirkungen seinen Appetit.

Erst im vergangenen Jahr fand ein Facharzt heraus, dass diese Behandlung seine Konstitution eher verschlimmerte. Eine der Folgen zeigte sich, als er anfing, viel Geld zu verdienen: „Ich habe vier Häuser. Ich habe mehr als zwölf Autos gekauft. Ich habe ein Boot für zwei Millionen Dollar angeschafft. Ganz viele dumme Sachen."

Die neue Therapie – Neurofeedback – soll auf das eigentliche Problem ausgleichend wirken: ein übernervöses Gehirn. Die Erfahrungen sind gut: „Das hat mein Leben verändert, wie ich mich verhalte, wie ich denke. Und es hat meinem Spiel geholfen."

Das wurde in der vergangenen Saison deutlich, als er sich bei den verletzungsgeplagten Clippers zum Punktesammler entwickelte und ganz nebenbei seine Reboundleistung verbesserte.

Auch von den zotteligen langen Haaren hat er sich getrennt. Mit anderen Worten: Jener Chris Kaman, der sich plötzlich im Frühjahr auf die deutsche Herkunft seines Urgroßvaters besann und nun als Doppelstaatsbürger für die deutsche Nationalmannschaft bei der Olympia-Qualifikation in Peking auf dem Platz stehen wird, ist ein veränderter Mann.

Wobei das nicht für alle Facetten seiner Persönlichkeit gilt. Kaman gehört zu jenen amerikanischen Profis, die ihren christlichen Glauben offen vertreten. „Ich versuche so zu leben, wie mir die Bibel das sagt", erklärte er vor ein paar Jahren.

Aber auch das scheint relativ. „Ich betrachte mich nicht wirklich als religiösen Menschen. Ich will einfach nur ein guter Mensch sein, der Gott liebt. Der Hauptgrund: Wohin gehst du, wenn dein Leben vorbei ist? Ich will, dass meine Seele zu einem guten Ort wandert, wo ich ewig leben kann."

Es gibt in Deutschland ein Staatsangehörigkeitsgesetz, das so ziemlich alles genau regelt. Zum Beispiel, wie man als Ausländer im Eilverfahren eingebürgert werden kann. Keine Option für Asylbewerber oder Flüchtlinge, die sich nicht mehr wünschen als einen deutschen Pass. Aber für reiche amerikanische Basketballprofis durchaus. Auch wenn so jemand nur ein Kriterium von mehreren erfüllt: den wirtschaftlichen Status mit 10 Millionen Dollar Gehalt im Jahr. Denn der Antragsteller muss dazu imstande sein, „sich und seine Angehörigen zu ernähren".

Aber einen weiteren wichtigen Passus erfüllte Chris Kaman, dessen Urgroßeltern angeblich aus dem deutschen Kulturkreis in die Vereinigten Staaten ausgewandert waren, nicht mal im Ansatz: Danach soll „gewährleistet" sein, dass sich der Neubürger „in die deutschen Lebensverhältnisse einordnen" wird. Es schien zu reichen, dass sich der Center in die Nationalmannschaft und das Taktikkonzept von Trainer Dirk Bauermann einordnen wollte. Was es in seinem Fall mit den ebenfalls verlangten „bestehenden Bindungen" auf sich hatte, blieb allen Beobachtern des Vorgangs ein Rätsel. Deutschland war im Olympiafieber und brauchte noch einen, der kräftig zupacken kann. Das genügte.

In Amerika spotteten derweil so manche, vor allem aus dem Kreis der Sport-Blogger. „So lange wie Chris Kaman gestattet wird, für die deutsche Nationalmannschaft zu spielen, weißt du, dass das alles Müll ist. Was für ein Witz." (Larry Brown Sports). „Abgesehen von der Verbindung seiner Urgroßeltern und seiner deutschen Herkunft hat Kaman wirklich keine Beziehung zu einem anderen Land als den Vereinigten Staaten." (So-Cal Sports Hub)

Auch sein Vater LeRoy fand's nicht komisch: „Du bist kein Deutscher, du bist ein amerikanischer Staatsbürger."

Bei der Olympischen Spielen ging Kobe Bryant, der einen Teil seiner Jugend in Italien verbracht hat und fließend Italienisch spricht, bei der Eröffnungsfeier im Olympiastadion auf Chris Kaman zu und wanzte ihn spöttisch an: „Sag mir ein Wort auf Deutsch. Ein Wort."

Damit konnte man Kaman jedoch nicht aus der Fassung bringen. Der hatte von vornherein abgewiegelt: „Ich kenne nicht alle Regeln. Es war einfach etwas, was ich tun wollte – einmal an den Olympischen Spielen teilnehmen."

Mehr nicht.

Rick Carlisle: Klavierspieler mit Zwischentönen (2011)

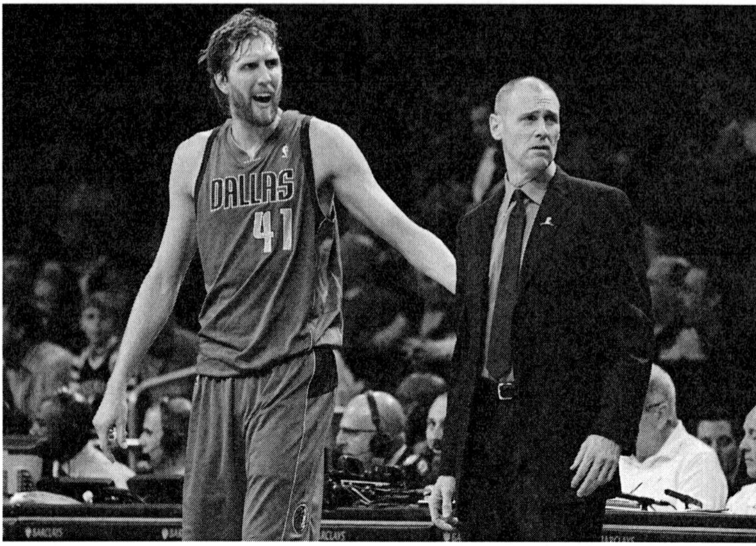

Der Head Coach und sein verlängerter Arm auf dem Parkett: Rick Carlisle. (imago)

Der Weg zu einer erfolgreichen Karriere als Trainer beginnt manchmal recht früh. Und am Anfang steht oft ein unerklärlicher Antrieb. Eine Faszination mit einem Milieu, auf das man neugierig ist, aber von dem man so gut wie gar nichts weiß.

Rick Carlisle erinnert sich noch, wie neugierig er war. Er war 17, ein Schuljunge in Ogdensburg, einem kleinen abgelegenen Ort an der kanadischen Grenze, als er zusammen mit einem Freund nach Syracuse fuhr, um bei einer Vortragsveranstaltung einer Reihe von legendären Figuren aus der Welt des College-Basketballs zu lauschen. Bob Knight, der Coach der University Indiana war da – „er hatte gerade die amerikanische Meisterschaft gewonnen", sagt Carlisle. Und John Wooden, der Patriarch der Zunft, der ein Jahr davor mit der Universität Los Angeles (UCLA) den zehnten Titel geschafft hatte. „Ich habe mir

Notizen gemacht. Ich habe jedem Wort gelauscht“, sagt Carlisle. Er wusste, wohin die Reise gehen würde. Der Trainerberuf – „das passte zu meinem Wesen und meinem Interesse an diesem Spiel“.

Im vergangenen Juni in Miami, etwas mehr als dreißig Jahre später, durfte Carlisle endlich das Gefühl genießen, dass ihn sein innerer Kompass nie betrogen hatte. Er hatte wie ein Alchemist in einem geheimnisvollen chemischen Prozess aus Dirk Nowitzki und dessen Mannschaftskollegen jene Dallas Mavericks gemacht, die selbst vermeintlich stärkere Gegner wie die Los Angeles Lakers und die Miami Heat zu schlagen in der Lage waren. Nicht nur die Fans der Mannschaft waren angetan. Auch unabhängige Beobachter wie Präsident Barack Obama, ein ziemlich begabter Basketballspieler. Der rief an, gratulierte zum Titelgewinn und „erwähnte hauptsächlich, wie gut wir als Mannschaft zusammengespielt hatten“, sagt Carlisle.

Vor ein paar Tagen in der Trainingshalle in Dallas spielte der 52 Jahre alte Coach seinen eigenen Anteil daran mal wieder herunter. Denn anders als seine alten Vorbilder aus dem College, die Athleten mit ihren Diagrammen von zahllosen Spielzügen ein detailliertes Programm vorgeben, hatte er den Mavericks den Freiraum gegeben, sich auf dem Platz selbst zu sortieren.

So hatte er auf die Energieleistung eines J. J. Barea gesetzt, der gegnerische Verteidiger schwindlig dribbelte, auf die Reaktionsschnelligkeit von Tyson Chandler im Kampf unterm Brett, auf die Improvisationskünste von Shawn Marion und den Überblick von Jason Kidd. Er habe sich diese lange Leine leisten können, sagte er, denn mit der Nummer 41 hatte er einen Spieler zur Verfügung, gegen den kein Kraut gewachsen sei: Dirk Nowitzki, „zurzeit der beste Spieler auf dem Planeten“.

Der Kontrast zu seinem Vorgänger könnte nicht größer sein. Avery Johnson, Spitzname „der kleine General“, war, obwohl ausgebildeter Psychologe, ein Pedant und Abkanzler, der seinen Spielern auf Schritt und Tritt vor allem ein Gefühl vermittelte: Sie müssten noch viel lernen. Dieser Umgangston produzierte zwar einen Auftritt in der Finalserie und eine glorreiche Punktspielsaison ein Jahr danach. Aber er trug auch zu jener Ratlosigkeit bei, die für zwei schwer erklärliche Niederlagen verantwortlich war – die in der Finalserie 2006 gegen Miami und die 2007 in der ersten Play-off-Runde gegen die Golden State Warriors.

Der Klavierspieler Carlisle, der als NBA-Profi meistens die Ersatzbank gedrückt hatte, wirkte von Anfang an unaufgeregt – „ernsthaft, konzentriert, angenehm und ruhig", so schrieb die Zeitung *Fort Worth Star-Telegram* in einer ersten Analyse. Die Visitenkarte, die er anno 2008 mitbrachte, enthielt ein paar deutliche Hinweise auf sein Können. Er hatte in seinen beiden vorangegangenen Engagements als Chefcoach der Detroit Pistons und der Indiana Pacers jedes Mal gezeigt, wie man ein Team mit den vorhandenen Mitteln besser und erfolgreicher macht. Und er hatte demonstriert, wie er mit schwierigen Fällen umgeht. In seiner Zeit in Indianapolis hatte er mit niemand anderem als Ron Artest zu tun, einem hochtalentierten Basketballer mit dem Hang zum Ausrasten. Er wurde bekannt, als er sich in einem Spiel mit einem Zuschauer auf der Tribüne anlegte und von der Liga mit einem Jahr Sperre bedacht wurde.

Solche Problemfälle stehen Carlisle in Dallas nicht ins Haus. Schon eher geht es darum, in der neuen, wegen des Tarifstreits verkürzten Saison ganz sachte den Umbau des Teams voranzubringen. Nach dem Abschied von Stützen wie Chandler und Barea kamen als Zugänge in Lamar Odom, Vince Carter und Delonte West drei Profis nach Dallas, die in fast jeder anderen Mannschaft Stammspieler mit einem Platz in der Anfangsformation wären. Bei den Mavericks müssen sie ihre Rolle erst noch finden.

Der Trainer drehte deshalb vor ein paar Tagen die hochgeschraubten Erwartungen lieber zurück. „Wir werden ein sehr gutes Team und ein sehr gefährliches Team sein. Und unser Ziel ist es, wieder zu einem Meisterschafts-Team zusammenzuwachsen. So etwas braucht Zeit."

In der NBA lebt seit ein paar Jahren auf der organisatorischen Seite ein Trend zu einer völlig verkopften Arbeit mit den Spielern der 30 Mann-

schaften statt. So wuchs der typische Trainerstab, der einst aus einem verantwortlichen Coach und seinem Stellvertreter bestand, auf eine ziemlich unübersichtliche Abteilung heran. Bei den Dallas Mavericks hat Rick Carlisle – geht man nach der Webseite des Clubs – fünf Assistenten mit unterschiedlichen Aufgaben. Allerdings tauchen dort einige Personen überhaupt nicht auf. Zum Beispiel nicht Jennifer Dawn Boucek, die im Juli 2018 als eine von wenigen Frauen in den Carlisle-Stab geholt wurde.

Nowitzkis Erben (2013)

Es ist nicht ganz einfach, sich in der besten Basketball-Liga der Welt einen Namen zu machen, wenn man mit einem Umlaut antritt. Selbst dann, wenn man für einen Klub spielt, der einem ein Trikot mit der korrekten Schreibweise bedruckt. Denn amerikanische Journalisten ignorieren gewohnheitsmäßig die Feinheiten fremder Sprachen und sorgen auf diese Weise dafür, dass alle Varianten kursieren: Schröder, Schroder und – am häufigsten – Schroeder.

Natürlich meinen sie alle denselben: Dennis Schröder, jenes 20-jährige Ausnahmetalent aus Braunschweig, das im Laufe der vergangenen Monate zu einer vielversprechenden sportlichen Karriere in den Vereinigten Staaten aufgebrochen ist. Sie meinen den Spielmacher, der bei dem traditionellen Schaulaufen im Frühjahr, dem *Nike Hoop Summit* in Portland, zum ersten Mal die Scouts beeindruckte. Der im Juni von den Atlanta Hawks gedraftet wurde und kurz darauf einen Vertrag über knapp 1,4 Millionen Dollar brutto im Jahr unterschrieb. Der in der Summer League, dem alljährlichen Nachwuchs-Turnier der National Basketball Association, mit seinen Würfen und seinem Passspiel die Fachleute neugierig machte. Und der im Trainingslager Skeptiker wie seinen sehr viel älteren Mannschaftskameraden Elton Brand überzeugte.

Brand, der schon für die Chicago Bulls, die Los Angeles Clippers, die Philadelphia 76ers und die Dallas Mavericks gespielt hat, fand anfänglich den Vergleich zwischen Schröder und dem quirligen Rajon Rondo von den Boston Celtics, einem der besten Aufbauspieler, ziemlich verwegen. Aber nach nur zwei Wochen gemeinsamen Trainings gab er zu: „Ich lag falsch. Ich kann eindeutig sehen, wie das entstanden ist. Es ist schon unheimlich."

Und damit meint Brand vor allem die Pässe, die ihm Schröder im Spiel sicher serviert. Wenigstens ist noch niemand auf die Idee gekommen, ihn mit Dirk Nowitzki zu vergleichen, dem bislang erfolgreichsten Basketball-Export aus Deutschland, der in Dallas in diesem Jahr in seine sechzehnte Saison geht. Was nicht nur am Größenunterschied

– Nowitzki ist 2,13 Meter lang, Schröder misst 1,85 Meter – liegen dürfte und auch nicht an der Hautfarbe. Dennis Schröder, Sohn einer gambischen Mutter, der im Skateboard- und Streetball-Milieu seiner Heimatstadt Braunschweig aufgewachsen ist, bringt ein ganz anderes Spielverständnis mit. Und damit verbunden auch sehr viel mehr Selbstbewusstsein als der schlaksige Würzburger, der in seinem ersten Jahr in der NBA ziemlich verloren wirkte – auf dem Platz und auch außerhalb.

Dennis Schröder hat sein Mittel gegen den Blues der ersten Monate schon gefunden: Er brachte eine ganze Entourage nach Atlanta mit. Zu der gehören seine Schwester, sein Bruder, eine Nichte und ein guter Freund. Eine Konstellation, die er mit einer Tätowierung unterstrich: *„Family Over Everything"*, die Familie ist wichtiger als alles andere. Obwohl – eine Parallele zwischen Nowitzki und Schröder gibt es. „Er kann wirklich schießen", sagte Brand neulich: „Besser, als ich das von einem Rookie erwarten würde."

Seine besondere Qualität zeigt sich in sogenannten Catch-and-shoot-Situationen, in denen ein Spieler den Ball bekommt und sofort auf den Korb zielt. Was Basketballreporter Jacob Eisenberg, der die Hawks begleitet, zur optimistischen Prognose verleitet: „Schröder wird einschlagen."

Dabei ist der junge Deutsche in den Planungen des neuen Hawks-Trainers Mike Budenholzer nur als Reservespieler mit zeitlich beschränktem Einsatz vorgesehen. Die Hauptlast im Aufbauspiel trägt der Amerikaner Jeff Teague, der im Sommer einen Vertrag mit den Hawks aushandelte, der ihm 8 Millionen Dollar im Jahr garantiert. In dessen Windschatten könnte sich Schröder rasch entwickeln. Budenholzer sieht seine derzeitigen Qualitäten vor allem in der Defensive. „Wir ermutigen ihn, aggressiv zu sein und an seinem Abschluss zu arbeiten. Natürlich werden wir ihm zeigen, in welchen Bereichen er noch besser werden kann."

Besser werden – das war in den vergangenen Monaten auch das Motto eines anderen Deutschen, dem, wenn auch auf eher mühevolle

Weise, der Sprung in die NBA gelang. Elias Harris aus Speyer, der vier Jahre lang in der Basketball-Hochburg Gonzaga im Nordwesten der Vereinigten Staaten studiert hatte und phasenweise wie ein chancenreicher Draft-Kandidat wirkte, aber im Juni von keinem Team ausgewählt wurde, demonstrierte die Fortschritte auf seine Art. Erst trainierte er wochenlang intensiv in Chicago, dann fand er einen Platz im Kader der Los Angeles Lakers im Rahmen der Summer League in Las Vegas.

Dort zeigte sich der 2,03 Meter große Flügelspieler in Bestform. Der Lohn: ein Zweijahresvertrag mit den Lakers, der populärsten Mannschaft der Liga. Die ersten Wochen im Trainingslager grenzten ans Surreale, sagte er. Denn der 24-Jährige fand sich auf einmal in derselben Umkleidekabine wieder mit legendären Figuren wie Kobe Bryant und Steve Nash. Und in einem Vorbereitungsspiel gegen die Golden State Warriors kam er sogar erstmals zum Einsatz. In den insgesamt acht Minuten steuerte er vier Punkte zum 104:95-Sieg bei. Die Aussichten von Harris auf einen festen Platz im Kader schienen vielversprechend, aber wurden nicht zur Realität.

Ähnlich wie bei Tim Ohlbrecht. Der 25-jährige Center aus Wuppertal gab irgendwann bei den Houston Rockets sein kurzes NBA-Debüt und kam anschließend zumindest im Trainingslager bei den Philadelphia 76ers unter. Aber dann wurde dort der Vertrag aufgelöst. „Natürlich bin ich enttäuscht. Aber ich habe mir nichts vorzuwerfen, habe meine Leistung angeboten", sagte Ohlbrecht. Dass er sich aber selbst in Philadelphia nicht durchsetzen konnte, stimmt bedenklich. Die 76ers dürften in der am 29. Oktober beginnenden Spielzeit zu den schlechtesten Teams der nordamerikanischen Basketball-Profiliga zählen. Eine Zukunft Ohlbrechts in der NBA war daher schon deshalb sehr unwahrscheinlich.

Als er 48 Stunden auf der sogenannten *Waiver*-Liste stand, aber ihn niemand haben wollte, wurde er ein sogenannter *Free Agent* und konnte zumindest theoretisch frei über ein neues Arbeitspapier verhandeln.

Ohlbrecht hatte im vergangenen Herbst das Abenteuer Amerika in Angriff genommen und war in Texas in der D-League bei den Rio

Grande Valley Vipers untergekommen. Was in der Bundesliga – in Bamberg und in Frankfurt – nicht funktioniert hatte, klappte hier. Der 2,10-Meter-Mann klang schwer begeistert, als ihn die Rockets verpflichteten: „Ich habe es geschafft!!!", teilte er via Internet mit: „Ich kann es nicht glauben."

Nun ist er wieder in der Realität angekommen.

Die Pipeline Richtung NBA mit Basketballern aus Deutschland war in den letzten Jahren gut gefüllt. Der Erfolg von Dirk Nowitzki wirkte anregend, sowohl für die Nachwuchsarbeit in Deutschland als auch auf die Menschen, die ausländische Begabungen frühzeitig zu erspähen versuchen. Wobei interessanterweise Spieler, die gleich nach dem Abitur mithilfe eines Stipendiums zu einem College in den USA gingen, kaum zum Zuge kamen.

Über die Gründe kann man – in so gut wie jedem Einzelfall – nur spekulieren, wie etwa beim Berliner Niels Giffey, der mit der Universität Connecticut in seinen vier Studienjahren sogar zweimal amerikanischer Meister wurde, aber notgedrungen in seine Heimatstadt zurückkehrte und bei ALBA Berlin unterkam. Auch Elias Harris aus Speyer, der in der Basketballhochburg Gonzaga im Bundesstaat Washington studiert hatte, blieb nach einer kurzen Episode im Kader der Los Angeles Lakers nichts anderes übrig, als die Heimreise anzutreten und sich in Bamberg mit einem Platz in der Bundesliga zufrieden zu geben. Dem Wuppertaler Tim Ohlbrecht erging es nicht anders, denn sein Engagement in der D-League (heute G-League genannt, weil sie vom Getränkehersteller Gatorade gesponsert wird) führte nicht zum gewünschten Resultat. Und so zog er nach Ulm um, wo er seine Karriere in konventionellen Bahnen fortsetzte.

Hingegen klappte der direkte Wechsel in die NBA ohne Umweg über eine Universität für eine Reihe von deutschen Talenten relativ gut. Positive Erfahrungen machte Maxi Kleber, der von Dirk Nowitzkis Dallas Mavericks verpflichtet wurde. Auch Daniel Theis, der einst in Braunschweig mit Dennis Schröder zusammengespielt hatte, konnte sich bei den Boston Celtics einen Stammplatz erarbeiten. Doch für solche Spieler bedeuten derartige Arrangements nicht notwendigerweise eine langfristige Perspektive. Basketballer, die von Scouts und Trainern als sogenannte role player *identifiziert und nur wegen ganz bestimmter Fähigkeiten eingekauft werden, gelten als auswechselbar und werden beim Tausch mit anderen Teams gerne als zweite Wahl mit in die Pakete gepackt oder irgendwann einfach entlassen.*

Beim Heidelberger Paul Zipser zum Beispiel, der zeitweilig im Kader der Chicago Bulls reüssierte, ging das Abenteuer NBA nach zwei Jahren auf eine enttäuschende Weise zu Ende. Nachdem er sich einen Ermüdungsbruch im Fuß zugezogen hatte, hatte er ganz offensichtlich seine Schuldigkeit getan und musste gehen. Für Tibor Pleiß aus Bergisch-Gladbach war das Erlebnis bei den Utah Jazz nicht minder frustrierend. Zunächst parkte man ihn in der D-League, dann gab man ihn an die Philadelphia 76ers ab, die ihn aus allen vertraglichen Verpflichtungen entließen („waiver"). Bei den beiden letzten stimmte wenigstens die Kasse. Pleiß verdiente in der NBA insgesamt 5,5 Millionen Dollar brutto, Zipser etwas über zwei Millionen Dollar.

Große Erwartungen verknüpfen sich derweil mit dem Berliner Moritz Wagner, einem Spielertyp wie Dirk Nowitzki und mit einem ähnlichen Repertoire an Würfen ausgestattet. Er wurde nach einer stark beachteten Saison am College mit der Universität Michigan bei der Draft 2018 von den Los Angeles Lakers unter Vertrag genommen – und zwar noch ehe man dort LeBron James unter Vertrag nahm[29]*. Ähnlich wie einst beim Jungen aus Würzburg lief die Profi-Laufbahn nicht sehr rund an. Der 2,11 Meter große Wagner, der im April 2019 seinen 22. Geburtstag feierte, kommt nur selten zum Einsatz und hat bei solchen Gelegenheiten kaum Chancen, seine Qualitäten zu zeigen. Auch für ihn gilt, dass er, weil er bereits in der ersten Draft-Runde gezogen wurde, zumindest wirtschaftlich keinen Stress hat. Die ersten beiden Jahre seines Vertrags sind garantiert (zusammen 4,1 Millionen Dollar brutto). Danach kann das Team diese Abmachung verlängern. Falls nicht, darf er seine Dienste auf dem freien Markt anbieten.*

LeBron James: Hollywood, here he comes (2018)

Beim ersten Mal wirkte die Inszenierung wie die Folge einer ziemlich billigen Seifenoper. Was unter anderem am Format lag: eine sage und schreibe 75 Minuten lange Sondersendung des amerikanischen Sportfernsehimperiums *ESPN,* in der man über eine halbe Stunde lang künstliche Spannung aufbaute, ehe der beste Basketballer Amerikas dem Publikum schließlich seine Entscheidung über den Wechsel zu einem anderen Klubs bekanntgab.

Der Mann, der auf seinen Schultern die Tätowierung „Der Auserwählte" trägt, hatte beschlossen, nach Jahren voller Enttäuschungen seine sportliche Heimat zu verlassen und zu den Miami Heart zu wechseln. Was noch viel bemerkenswerter war: Insgesamt acht Millionen amerikanische Haushalte verfolgten im Sommer 2010 diese Show, die unter dem Titel *„the decision"* in das sportliche Vokabular des Landes einging.

Als er einige Jahre später der Öffentlichkeit erklären wollte, weshalb die Episode in Miami zu Ende war und er in seine alte Heimat zurückkehren würde, war das Tamtam beileibe nicht kleiner. Nur die mediale Aufarbeitung wirkte seriöser. Denn diesmal präsentierte LeBron James seine Entscheidung mithilfe einer ausführlichen, kontemplativen Ich-Geschichte im Magazin *Sports Illustrated.* „Meine Beziehung zu Nordost-Ohio ist bedeutender als Basketball", verlautbarte er 2014 in diesem Artikel und ließ parallel in einem Werbespot seines Vertragspartners Nike durchblicken, weshalb er zu den Cleveland Cavaliers zurückgekehrt war und sich mit dem Klubbesitzer an einen Tisch gesetzt hatte, der ihn vier Jahre zuvor bei seinem Abgang noch öffentlich beschimpft hatte.

Das Video war James' Ode an eine verschwommene Solidarität mit einer ganzen, wirtschaftlich angeschlagenen Region: „Kommt", rief er seinen Mitspielern zu, ehe sie gemeinsam aufs Spielfeld gingen. „Wir müssen das für Cleveland machen. Jeden Abend, bei jedem Training müssen wir alles geben, was wir haben." Natürlich hatte der kurze Film einen eigenen Titel: „Together". Und er war eingebettet in ein ganzes Trommelfeuer aus anderen Werbespots, mit denen Sponsoren wie *Sprite* und *Beats by Dre* und *R/GA* den Basketballprofi als authentischen Typen und Ausnahmeerscheinung des schwarzen Amerikas feiern. Solche Videos erreichen über *YouTube* Millionen von Zuschauern und werden immer wieder hochgeladen, auch wenn die offiziellen Abspielkanäle irgendwann die Bilder wieder vom Netz nehmen. James weiß um die Bedeutung vitaler Videoimpressionen. Sonst hätte er nicht in eine spezielle Plattform für prominente Sportler investiert, die die Filterfunktionen klassischer Medien zu umschiffen versucht. Sie heißt *Uninterrupted.*

Im Vergleich zu den beiden Kampagnen in der Vergangenheit fiel die Nachricht ausgesprochen prosaisch aus. Eine karge Pressemitteilung seiner Managementfirma war alles, was er zum Besten gab. Dabei ist die Entscheidung nicht weniger bemerkenswert: LeBron James hat bei den Los Angeles Lakers unterschrieben. Der neue Vertrag läuft über vier Jahre und garantiert ihm eine Brutto-Einnahme von 154 Millionen Dollar.

Denn die Tatsache, dass LeBron James im Alter von 33 Jahren nach Hollywood umzieht, ist mindestens ebenso folgenreich wie schon die Karriereentscheidungen der Jahre 2010 und 2014. Damit löste er sowohl bei den Miami Heat und den Cavaliers ein Versprechen ein, mit dem der 2,03 Meter große, muskelbepackte Basketballer identifiziert wird, seit er 2003 als 18-jähriges Ausnahmetalent in die NBA kam: Er sorgte in beiden Fällen dafür, dass diese Teams Meister wurden.

Weshalb man sich einem Club wie den Los Angeles Lakers anschließt, muss man allerdings nicht groß erklären. Das Team, das, wie der Name bereits andeutet, 1960 aus der Seenplatte von Minnesota an die Westküste verpflanzt wurde, gehört schon seit Jahrzehnten unter anderem dank seiner sechzehn NBA-Titel zum Edelsten, was die Liga zu bieten hat. Mit seiner Historie sind so legendäre Spielernamen wie George Mikan, Wilt Chamberlain, Kareem Abdul-Jabbar, Magic Johnson und zuletzt Shaquille O'Neal und Kobe Bryant verbunden, die dafür sorgten, dass das verwöhnte Publikum wenigstens alle zehn Jahre immer wieder hervorragenden Basketball serviert bekam.

Das Glamour-Image, das sich das Team parallel als das sportliche Aushängeschild der in Los Angeles ansässigen Film- und Fernsehindustrie verdiente, geht auf jene Spielergeneration zurück, die in den achtziger Jahren Profi-Basketball als zirzensisches, temporeiches Unterhaltungsprogramm etablierte: Man gab dem das attraktive Level „Showtime". Damals angeführt von Magic Johnson, einem brillanten Spielmacher, der seit Anfang 2017 die Lakers-Eigentümerfamilie in allen wichtigen Fragen berät. Seine Strategie ist es seitdem, das zwischendurch in den Tabellenkeller abgerutschte Team mit mehreren Spielerpersönlichkeiten auszustatten. Der Plan ging auf, als James nach einem Kurzurlaub auf der Karibikinsel Anguilla all seine Optionen noch einmal gründlich durchdeklinierte und sich gegen sehr reelle Alternativen – die Houston Rockets, die Philadelphia 76ers und den Heimatklub Cleveland Cavaliers – entschied.

Sein Wechsel verbessert nicht nur die Aussichten der Lakers, schon bald wieder um den NBA-Titel mitzuspielen. Er sorgt für eine noch stärkere Verschiebung des Kräfteverhältnisses zu Lasten der Eastern und zu Gunsten der Western Conference. Dorthin zieht es seit einer Weile beharrlich dominierende Spielerpersönlichkeiten. Was den Effekt hat, dass aufgrund des schwerpunktmäßig auf Regionen setzenden Spielplans der Liga die attraktivsten Auseinandersetzungen hauptsächlich im Westen ausgetragen werden. Dort, wo die Meistermannschaft der Golden State Warriors und die Houston Rockets als deren aktuell stärkster Hauptherausforderer residieren.

Für Moritz Wagner, den Magic Johnson und Trainer Luke Walton wegen seiner Größe, seiner Sprungwurfqualitäten und seiner Spielintelligenz wenige Wochen vorher bei der Draft nach Los Angeles geholt hatten, könnte die Ausgangslage nicht besser sein. Sie nimmt ihm den Druck, sich allzu früh zu einem Leistungsträger entwickeln zu müssen. Etwas, woran die Karriere von Dirk Nowitzki vor zwanzig Jahren in seiner ersten Saison in Dallas beinahe zerschellt wäre.

Die Verpflichtung von James kommentierte der Rookie auf Twitter bislang nur auf kryptische Weise mit einem Emoji, das aus nicht mehr als zwei Augäpfeln besteht und vieles bedeuten kann. Darunter: Neugier und Überraschung.

Wer nach den Parallelen zwischen den beiden Basketballern Dirk Nowitzki und LeBron James sucht, wird auf den ersten Blick nicht gleich fündig. Irgendwann erinnert man sich aber wenigstens an die Konkurrenzsituationen zwischen beiden, die sich in der Finalserie von 2011 am stärksten manifestierte. James war nach Miami gewechselt, um dort endlich den ersehnten ersten NBA-Titel zu gewinnen, und hatte das Gefühl, zusammen mit seinen beiden exzellenten Nebenleuten Dwyane Wade und Chris Bosh die eindeutig bessere Mannschaft zu bilden. Das 26-jährige Jahrhunderttalent, 2,03 Meter groß, athletisch, sprunggewaltig, ein präziser Schütze egal aus welcher Distanz und seit acht Jahren in der NBA auf der Hatz nach einer Meisterschaft, unterschrieb damals beim neuen Klub für ein Gehalt weit unter seinem Marktwert. Seine Kalkulation ging jedoch schon nach mehreren Monaten auf. Das Trio, das von seinen Bewunderern gerne „The Big 3" genannt wurde, zeigte oft nicht nur Kabinettstückchen auf dem Weg zum gegnerischen Korb. Ihr größter Wert bestand in ihrer reaktionsschnellen und athletischen Arbeit in der eigenen Deckung. Kaum eine NBA-Mannschaft vermochte damals Gegner so einzuschnüren wie die Miami Heat.

Große Begeisterung löste das allerdings außerhalb von Florida nicht aus. Im Gegenteil. Selten schien ein Basketballprofi so viele Antipathien zu provozieren wie James. „Die Mehrheit der NBA-Fans hat das Gefühl, dass er ein Feigling ist, der nie wieder der Star einer Mannschaft sein wird", erklärte der vielgelesene Sport-Blog „Bleacher Report" das Phänomen der Hassgesänge. Eine demoskopische Untersuchung ergab: Die Miami Heat galten als eine der arrogantesten Sportmarken in den USA, nur übertroffen vom reichen Baseballclub New York Yankees und dem Topgolfer Tiger Woods.

Echte Fans vermochten nicht, Respekt für eine zusammengekaufte Bühnenshow zu entwickeln, weil sie lieber den Prototyp der authentischen Schweiß- und Tränen-Gemeinschaft goutieren, mit deren Aufstieg zum Meisterschaftsanwärter sich der normale Anhänger sehr viel leichter identifizieren kann. James fing sich aus allen Windrichtungen hässliche Kommentare ein, wie etwa er sei „der weinerlichste, am meisten von seinem Ego getriebene Verlierer aller Zeiten", wie die Sportkolumnistin Jennifer Engel vom Fort Worth Star-Telegram auf Twitter schrieb. „Er kann so oft gewinnen, wie er will", sagte Charles Barkley damals, Mitglied des Dream Teams von 1992. „Er wird nie ein zweiter Jordan werden."

Es war ein Vorwurf, der wie ein Echo auf die Vorbehalte gegen den sehr viel bescheidener auftretenden Dirk Nowitzki wirkte, dem sowohl Gegner als auch Teile des Publikums vorwarfen, er sei zu weich und habe nicht die Persönlichkeitsstruktur, eine Führungsrolle zu übernehmen. Während der Finalserie 2011 spitzte sich das Ganze zu einer witzig gemeinten, aber tatsächlich unsportlichen Veräppelung von Nowitzki zu, der trotz einer fiebrigen Erkältung und einer Verletzung an einem Finger seiner linken Hand spielte und dafür von allen Seiten Sympathien entgegengebracht bekam. Wade wurde zufällig von einer Kamera beobachtet, wie er seinem Gefährten James gegenüber einen Hustenanfall vortäuschte und sagte: „Habt ihr gehört, wie ich gehustet habe? Ich glaube, ich bin krank." Und James reagierte mit einem eigenen Pseudo-Hustenanfall.

Später spielten beide den Vorfall herunter. Aber Dirk Nowitzki fand das gar nicht amüsant, sondern höchst unkollegial: „Das war kindisch und ignorant. Ich bin seit 13 Jahre in der Liga und habe noch nie eine Krankheit vorgetäuscht. Dies ist die NBA-Finalserie, wenn du dich jetzt noch einmal irgendwie extra motivieren musst, dann hast du ein echtes Problem."

Als LeBron James im Herbst 2018 auf Werbetour in Berlin war und nach seinem Verhältnis zu Nowitzki gefragt wurde, war die schlechte Stimmung allerdings längst verklungen. Der Amerikaner lobte den Deutschen und nannte ihn „einen meiner Lieblingsspieler aller Zeiten".

Die beiden kamen sich wenig später zumindest im statistischen Teil der beinahe 70-jährigen Geschichte der NBA noch einmal ganz nahe. Das war Ende Oktober 2018 beim Spiel gegen die San Antonio Spurs, als James Nowitzki, der sich von einer Operation an seinem Knöchel erholte und damals in der ewigen Bestenliste der Korbschützen 31.187 Punkte aufwies, überholte und ihn vom sechsten auf den siebten Platz zurückschob. Sollte er fit bleiben, hat er eine realistische Chance, solche Legenden wie Michael Jordan (32.292 Punkte), wenn nicht sogar das Top-Trio Kareem Abdul-Jabbar (38.387 Punkte), Karl Malone (36.928 Punkte) und Kobe Bryant (33.643 Punkte) zu überholen. Für Dirk Nowitzki blieb seitdem nur noch eine Latte in Reichweite: die 31.419 Punkte von Wilt Chamberlain. Aber auch die noch zu übertreffen wäre für den besten Basketballes Europas eine höchst bemerkenswerte Leistung.

Ausgewählte Daten und Bestmarken aus Dirk Nowitzkis Karriere

NBA

Reguläre Saison (Bestmarken aus 21 Jahren)
2005-06: 26.6 Punkte pro Spiel
2. Dezember 2004: 53 Punkte gegen die Houston Rockets, die meisten Zähler in einem Spiel
2005-06: 42,1 Prozent Drei-Punkt-Trefferquote
2010-11: 51,7 Prozent generelle Trefferquote
2009-10: 91,5 Prozent Trefferquote Freiwürfe
2006-07: 1,6 Offensive Rebounds pro Spiel
2002-03: 8,9 Defensive Rebounds pro Spiel
2000-01: 3,0 Fouls pro Spiel
2004-05: 3,6 gegnerische Fouls pro Spiel
2006-07: 50,2 Prozent generelle Trefferquote, 41,6 Drei-Punkt-Trefferquote, 90,4 Prozent Freiwurf-Trefferquote, eine Saison mit Durchschnittsquoten, die quer durch die Bank seine spielerische Extraklasse demonstrieren. Insbesondere für einen Basketballer seiner Größe. Solche Zahlen inspirierten andere, seinem Beispiel zu folgen.

Karrierewerte (Stand 3. März 2019, 1502 Spiele reguläre Saison insgesamt)
20,9 Punkte pro Spiel
38,1 Prozent Drei-Punkt-Trefferquote
49,6 Prozent generelle Trefferquote
87,9 Prozent Trefferquote Freiwürfe
1,0 Offensive Rebounds pro Spiel
6,6 Defensive Rebounds pro Spiel

Playoffs
2011: 27,7 Punkte, beste Punktausbeute in den Playoffs in einer Saison pro Spiel
1. Juni 2006: 50 Punkte gegen die Phoenix Suns, die meisten Zähler in einem Playoff-Spiel
2002 und 2010: jeweils 57,1 Prozent, beste Drei-Punkt-Trefferquote in den Playoffs in einer Saison
20110: 54,7 Prozent beste Playoff-Saison generelle Trefferquote
2010: 95,2 Prozent beste Saison Trefferquote Freiwürfe
2007: 2,0 Offensive Rebounds pro Spiel
2007: 9,6 Defensive Rebounds pro Spiel
2003: 3,1 Fouls pro Spiel
2006: 3,5 gegnerische Fouls pro Spiel

Karrierewerte Playoffs (Stand 3. März 2019, 145 Spiele insgesamt)
25,3 Punkte pro Spiel
36,5 Prozent Drei-Punkt-Trefferquote
49,0 Prozent generelle Trefferquote
89,2 Prozent Trefferquote Freiwürfe
1,5 Offensive Rebounds pro Spiel
8,5 Defensive Rebounds pro Spiel

Deutsche Nationalmannschaft

(Länge der Begegnungen laut FIBA-Regeln: 40 anstatt 48 Minuten)
153 Spiele
21,1 Punkte pro Spiel
32,5 Prozent Drei-Punkt-Trefferquote
42,2 Prozent generelle Trefferquote
88,6 Prozent Trefferquote Freiwürfe
8,2 Rebounds pro Spiel
2,3 Fouls pro Spiel

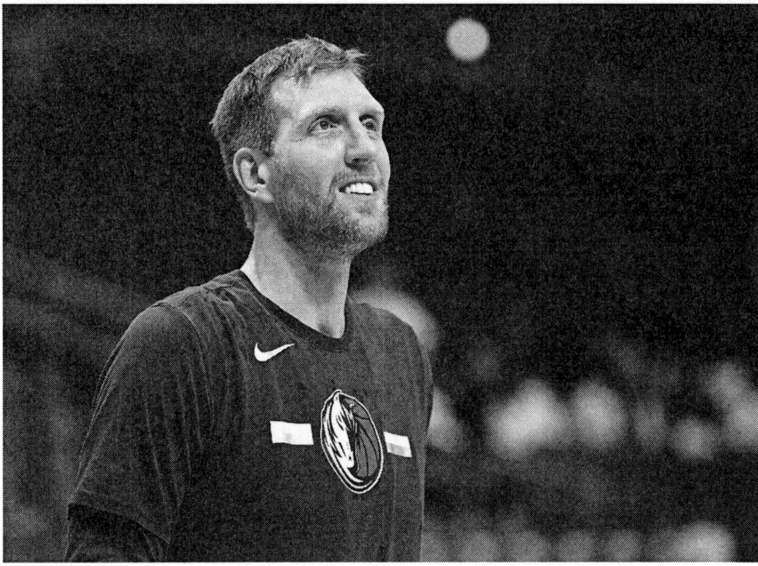

Kann voller Stolz auf eine großartige Karriere zurückblicken: Nowitzki im Dezember 2018

Anmerkungen

1 Übersetzung des vollständigen Protokolls der Ansprache und der Übergabe eines blauen Mavericks-Trikots mit dem Namen Obama und der Rückennummer 23 durch Mannschaftskapitän Dirk Nowitzki nach: http://whitehouse.gov.

2 Dazu mehr im Kapitel „Oktober 2010: Sehnsucht geht unter die Haut", ab Seite 171.

3 Es darf einen deshalb auch nicht überraschen, dass Don Nelson mehrere Jahre später, nach seinem Wechsel zurück zu den Golden State Warriors bei der Draft am 25. Juni 2009 mit dem siebten Pick Stephen Curry auswählte. Curry wurde der Eckstein für eine der kreativsten und erfolgreichsten Mannschaften der NBA-Geschichte, die bereits drei Meisterschaftserfolge aufweisen kann. Curry wurde bislang zweimal mit der Auszeichnung „Wertvollster Spieler der Saison" geehrt.

4 *Tractor trailer* ist der *terminus technicus* in den USA für den Anhänger eines schweren Sattelzugs.

5 Nachzulesen unter https://www.zeit.de/sport/2011-06/stanley-cup-ehrhoff-seidenberg.

6 An Platz 10 lauerten die Boston Celtics, deren Trainer total auf Nowitzki fixiert war, wie der *Boston Globe* am 26. Juni 1998 schrieb: („*Celtics hoped for Nowitzki*"). Celtics-Coach Rick Pitino hatte sich während eines Italien-Urlaubs den Würzburger in einer individuellen Trainingssession angeschaut und das Management zuhause überzeugt: „Ich habe den nächsten Larry Bird gefunden." Man zog, weil Nowitzki nicht mehr zur Verfügung stand, den Amerikaner Paul Pierce und legte auf diese Weise ebenfalls einen Grundstein für spätere Erfolge. Zu spät für Pitino, der sich 2001 aus der NBA zurückzog und in Louisville zum höchstbezahlten College-Trainer in den USA wurde.

7 Holger Geschwindner: „Nowitzki. Die Geschichte", Hamburg 2012, Seite 27.

8 Christian Witt: „Die Riesen aus Rattelsdorf, Focus, 2003, Nr. 22.

9 Witt, ebenda

10 Geschwindner, Seite 30

11 Frank Joung: „Dirk Nowitzkis Durchbruch ‚Nimm die Pille, zieh durch, ramm das Ding da oben rein'", Spiegel Online, „Eines Tages"; http://www.spiegel.de/einestages/nba-basketballer-aus-wuerzburg-dirk-nowitzkis-durchbruch-1998-a-1200123.html

12 Siehe auch das Kapitel „Februar 1999: Das erste Spiel", ab Seite 79.

13 „Gefälschte Liebe" von Cathrin Gilbert; www.spiegel.de/spiegel/a-631868-2.html

14 Ankündigung BR Fernsehen: „Nowitzki – Der perfekte Wurf"; www.br.de/br-fernsehen/programmkalender/ausstrahlung-432654.html

15 Der Film kam 2014 in die Kinos und enthält Interviews mit seinen Eltern, seiner Schwester, seinem Mentor und persönlichen Trainer Holger Geschwindner, seinem ersten NBA-Coach Don Nelson und Mavericks-Club-Besitzer Mark Cuban. Siehe auch https://de.wikipedia.org/wiki/Nowitzki._Der_perfekte_Wurf.

16 Jonas Beckenkamp: Nowitzki-Kinofilm „Der perfekte Wurf" – Ewiger Azubi; www.sueddeutsche.de/sport/nowitzki-kinofilm-der-perfekte-wurf-aus-rattelsdorf-ins-rodeo-land-1.2126441

17 Im Interview mit faz.net: Dirk Nowitzki – „Immer noch der Junge von nebenan"; www.faz.net/aktuell/sport/interview-dirk-nowitzki-immer-noch-der-junge-von-nebenan-124153.html

18 Zitiert nach Dino Reisner: „Dirk – Die Dirk-Nowitzki-Story", München 2010, Seite 56.

19 Siehe auch das Kapitel „Mai 2009: Verliebt in eine Betrügerin", ab Seite 164.

20 Siehe auch das Kapitel „Dezember 2012: Eine Begegnung mit dem Erfinder des Spiels", ab Seite 197.

21 Siehe auch das Kapitel „Oktober 2010: Sehnsucht geht unter die Haut", ab Seite 171.

22 Siehe auch den Nachspann im Kapitel „Mark Cuban (2) – Der Ball-Artist" auf Seite 243.

[23] Taylor sah auch nach der Inhaftierung ihre beste Chance im Erfinden von Geschichten. So behauptete, sie sei während der Beziehung zu Nowitzki schwanger geworden. Weshalb dessen Rechtsanwalt den Auftrag bekam, das Sorgerecht für das Kind zu beantragen, obwohl weder dessen Existenz noch seine Vaterschaft geklärt war. Er wolle „in dem unwahrscheinlichen Fall, dass die Behauptungen dieser Frau Bestand haben“, alles tun, um „das Wohlergehen des Kindes sicherzustellen."

[24] Siehe auch das Kapitel „Chris Kaman – ‚Der beste unbekannte Profi'“, ab Seite 244.

[25] Siehe auch das Kapitel „Der Traktor-Faktor“, ab Seite 35.

[26] Siehe auch das Kapitel „Oktober 2017: Auf der Suche nach einem Logo“, ab Seite 221.

[27] Siehe auch das Kapitel „LeBron James: Hollywood, here he comes“, ab Seite 257.

[28] Weitere statistische Informationen im Anhang.

[29] Siehe das folgende Kapitel.